Supply Chain Finance

Europäische Hochschulschriften Recht

European University Studies in Law

Publications Universitaires Européennes de Droit

Band / Volume **6232**

Jill Catherine Klüber

Supply Chain Finance
Rechtsfragen der Lieferkettenfinanzierung

Bibliografische Information der Deutschen Nationalbibliothek
Die Deutsche Nationalbibliothek verzeichnet diese Publikation in der Deutschen
Nationalbibliografie; detaillierte bibliografische Daten sind im Internet über
http://dnb.d-nb.de abrufbar.

Zugl.: Frankfurt (Main), Univ., Diss., 2020

D 30
ISSN 0531-7312
ISBN 978-3-631-83062-8 (Print)
E-ISBN 978-3-631-83678-1 (E-PDF)
E-ISBN 978-3-631-83679-8 (EPUB)
E-ISBN 978-3-631-83680-4 (MOBI)
DOI 10.3726/b17644

© Peter Lang GmbH
Internationaler Verlag der Wissenschaften
Berlin 2021
Alle Rechte vorbehalten.
Peter Lang – Berlin · Bern · Bruxelles · New York · Oxford · Warszawa · Wien

Das Werk einschließlich aller seiner Teile ist urheberrechtlich geschützt.
Jede Verwertung außerhalb der engen Grenzen des Urheberrechtsgesetzes ist
ohne Zustimmung des Verlages unzulässig und strafbar.
Das gilt insbesondere für Vervielfältigungen, Übersetzungen, Mikroverfilmungen
und die Einspeicherung und Verarbeitung in elektronischen Systemen.

Diese Publikation wurde begutachtet.

www.peterlang.com

Für meine Eltern

Inhaltsverzeichnis

1. Teil: Einleitung und Grundbegriffe 13

§ 1 Die Absatzfinanzierung 17
    I. Der Lieferanten-/Warenkredit 18
    II. Factoring 19
        1. Echtes Factoring 20
        2. Rechtliche Gestaltung 21
    III. Zusammenfassung 25

2. Teil: Die Einkaufsfinanzierung 27

§ 2 Reverse Factoring 31
    I. Darstellung des Finanzierungsinstruments und seiner Funktionsweise 31
        1. Herkunft und Zielsetzung des Reverse Factoring 31
        2. Funktionsweise des Reverse Factoring 33
    II. Rechtliche Gestaltung 34
        1. Die rechtliche Beziehung zwischen Abnehmer und Factor 34
        2. Die rechtliche Beziehung zwischen Lieferant und Factor 39
        3. Die rechtliche Beziehung zwischen Abnehmer und Lieferant 42
        4. Zusammenfassung 43
    III. Rechtliche Problemfelder 44
        1. Anfechtung des Kaufvertrages durch den Abnehmer 44
            a) Vor erfolgter Zahlung an den Factor 45
            b) Nach erfolgter Zahlung an den Factor 47
            c) Zusammenfassung 51
        2. Rücktritt vom Kaufvertrag durch den Abnehmer 52
            a) Vor erfolgter Zahlung an den Factor 52

b) Nach erfolgter Zahlung an den Factor 53
c) Zusammenfassung 53
3. Erlaubnispflicht nach KWG 54
4. Bilanzielle Bewertung 57
   a) Hintergrund der Problematik 59
   b) Rechtliche Einordnung 61
      aa) Entbindung aus ursprünglicher Verpflichtung
          gegenüber dem Lieferanten 61
         (1) Entbindung durch Abtretung 61
         (2) Entbindung durch Schuldübernahme 62
         (3) Entbindung durch Vertragsübernahme 62
         (4) Entbindung durch Novation 63
         (5) Zwischenergebnis 64
      bb) Entstehen einer neuen Verbindlichkeit gegenüber
          dem Factor 64
         (1) Rechtliche Einordnung der
             Freistellungserklärung des Abnehmers 65
         (2) Zwischenergebnis 67
      cc) Substantielle Änderung der Vertragsbedingungen 67
         (1) Einredeverzicht des Kunden 68
         (2) Verlängerung des Zahlungsziels 69
         (3) Vereinbarung von Zinszahlungen zwischen den
             Parteien 71
         (4) Änderung der Preise der zugrunde liegenden Waren 72
         (5) Ankaufspflicht mit festem Volumen 72
         (6) Maßgeblicher Zeitpunkt 73
         (7) Zwischenergebnis 75
   c) Zusammenfassung 75
IV. Zusammenfassung 76

§ 3 Finetrading ... 79

I. Darstellung des Finanzierungsinstruments und seiner Funktionsweise ... 79
   1. Herkunft und Zielsetzung des Finetrading ... 79
   2. Funktionsweise des Finetrading ... 80

II. Rechtliche Gestaltung ... 81
   1. Finetrading als Darlehensgewährung ... 81
   2. Finetrading als Kommissionsgeschäft ... 83
   3. Finetrading als Streckengeschäft ... 85
      a) Die rechtliche Beziehung zwischen Abnehmer und Finetrader ... 85
      b) Die rechtliche Beziehung zwischen Lieferant und Finetrader ... 93
      c) Die rechtliche Beziehung zwischen Abnehmer und Lieferant ... 95
      d) Zusammenfassung ... 96

III. Rechtliche Problemfelder ... 96
   1. Gewährleistungsansprüche ... 96
      a) Abtretungskonstruktion ... 97
      b) Untersuchungs- und Rügeobliegenheit ... 100
      c) Nacherfüllung ... 103
         aa) Nutzungsersatzanspruch des Lieferanten ... 103
         bb) Verweigerung der Nacherfüllung durch den Lieferanten ... 104
      d) Rücktritt ... 106
         aa) Rücktritt vom Kaufvertrag zwischen Lieferant und Finetrader ... 106
         bb) Rücktritt vom Kaufvertrag zwischen Finetrader und Abnehmer ... 107
      e) Minderung ... 110
      f) Zurückbehaltungsrecht ... 112
         aa) Einschränkung des Zurückbehaltungsrechts ... 112
         bb) Rückwirkendes Entfallen des Zurückbehaltungsrechts ... 115

g) Schadensersatz ... 116
h) Informationspflicht ... 117
i) Zusammenfassung ... 117
2. Erlaubnispflicht nach KWG ... 119
a) Finetrading als Bankgeschäft i.S.d. § 32 Abs. 1 KWG ... 119
b) Finetrading als Finanzdienstleistung i.S.d. § 1 Abs. 1a KWG ... 120
c) Zusammenfassung ... 122
3. Erlaubnispflicht nach ZAG ... 122
4. Bilanzielle Bewertung ... 127
IV. Zusammenfassung ... 127

3. Teil: Vergleichende Betrachtung ... 129

§ 4 Zusammenfassende Gegenüberstellung ... 131

I. Einsatzgebiet ... 131
1. Reverse Factoring ... 131
2. Finetrading ... 131
a) Finanzierung durch Konsignationslager ... 132
b) Importfinanzierung ... 133
3. Ergebnis ... 133
II. Zielsetzung ... 134
III. Kosten ... 135
IV. Funktionsweise ... 136
V. Rechtliche Gestaltung ... 136
VI. Rechtliche Problemfelder ... 137
1. Gewährleistungsansprüche des Abnehmers ... 137
2. Erlaubnispflicht nach dem KWG/ZAG ... 138
3. Bilanzielle Bewertung ... 139

VII. Vor- und Nachteile der Finanzierungsformen 140
   1. Reverse Factoring 140
   2. Finetrading 142
   3. Ergebnis 142

§ 5 Abschließende Gesamtbetrachtung 143

Literaturverzeichnis 147

1. Teil: Einleitung und Grundbegriffe

Die sogenannte Lieferkettenfinanzierung (engl. *„supply chain finance"*) betrifft die Finanzierung entlang der gesamten Lieferkette und ihre Optimierung.[1] Die Euro Banking Association (EBA) definiert Supply Chain Finance als den Einsatz von Finanzinstrumenten, -praktiken und -technologien zur Optimierung des Umlaufvermögen-Managements und der Liquidität, welche in Lieferkettenprozessen für kooperierende Geschäftspartner gebunden sind.[2] Abzugrenzen ist dieser Begriff von dem betriebswirtschaftlichen Supply Chain Management, das sich mit den logistischen Aspekten und deren Optimierung befasst.[3]

Die Notwendigkeit und wachsende Bedeutung der Supply Chain Finance ergibt sich aus folgender Problematik. Viele kleine und mittelständische, im Handel tätige Unternehmen in Deutschland stecken immer mehr in einer Finanzierungsklemme.[4] Hohe Außenstände, zu großzügige Zahlungsziele, zu viele Außenstandstage und eine anhaltend schlechte Zahlungsmoral belasten die Liquidität von Unternehmen.[5] Sie führen zur Bindung von Kapital, welches das Unternehmen teuer finanzieren muss. Je weniger Kapital frei verfügbar ist, desto stärker ist der unternehmerische Handlungsspielraum eingeschränkt.[6]

---

1 *Clausnitzer/Stumpf*, BB 2016, 2311; *Von Bernstorff*, RIW 2018, 634; *Hofmann* in Lasch/Janker, Logistik Management, 203, 205; *Lan/Hua* in Hua, Supply Chain Perspectives in China, S. 118.
2 *EBA*, Supply Chain Finance, S. 44, abrufbar unter: https://www.abe-eba.eu/media/azure/production/1544/eba-market-guide-on-supply-chain-finance-version-20.pdf.
3 *Clausnitzer/Stumpf*, BB 2016, 2311; *Von Bernstorff*, RIW 2018, 634 f.; *Hofmann* in Lasch/Janker, Logistik Management, 203, 207.
4 *Waschbusch/Knoll/Staub*, StB 2009, 182, 186; *Pape*, DStR 2003, 950.
5 *Heide*, BC 2014, 146; *Verse*, ZIP 2014, 1809.
6 *Unrein/Üzmez*, BC 2011, 176.

Zudem gibt es abnehmerseitig Unternehmen, welche die Überschreitung von Zahlungszielen bewusst zur eigenen Unternehmensfinanzierung ausnutzen.[7] Vor allem marktstarke Unternehmen bedienen sich häufig struktureller Marktungleichgewichte, um auf Kosten marktschwächerer Vertragspartner entweder lange Zahlungsziele durchzusetzen oder einfach die Erfüllung fälliger Zahlungen zu verzögern, um so in den Genuss quasi kostenloser Lieferantenkredite zu gelangen.[8]

Diese Interessengegensätzlichkeit zwingt viele mittelständische Unternehmen dazu, sich Liquidität anderweitig zu beschaffen.[9] Neben dem traditionellen Bankkredit ist der bereits etablierte Lieferantenkredit das wichtigste Finanzierungsinstrument für mittelständische Unternehmen, gefolgt vom Factoring.[10] Insbesondere die Bewältigung von Finanzierungskosten stellt dabei für diese Unternehmen die größte Herausforderung dar.[11] Das Bedürfnis nach Nutzung alternativer Finanzierungsformen gewinnt daher zunehmend an Bedeutung.[12]

Eine neuartige alternative Finanzierungsform stellt die sogenannte Einkaufsfinanzierung innerhalb der Supply Chain Finance dar.[13] Ihr ist immanent, dass die Finanzierung des Wareneinkaufs vom Abnehmer initiiert und übernommen wird. Die Idee dahinter ist, insbesondere in Konstellationen, in denen der Abnehmer das marktstärkere Unternehmen ist, die Kosten der Finanzierung vom Lieferanten auf den Abnehmer zu verlagern, damit die Liquidität des Lieferanten sicherzustellen und gleichzeitig dem Abnehmer ein seinen Anforderungen entsprechendes, verlängertes Zahlungsziel zu gewähren.[14] Voraussetzung auf Seiten des Einkäufers ist dabei eine gute Bonität.[15] Denn insbesondere Lieferanten

---

7 *Weller/Harms*, WM 2012, 2305, 2306; *Von Bernstorff*, RIW 2018, 634, 635; *Klose*, NJ 2014, 272.
8 *Weller/Harms*, WM 2012, 2305; *Von Bernstorff*, RIW 2018, 634, 635; *Klose*, NJ 2014, 272.
9 *Koch*, CF 2014, 460; *Bardens/Geisel/Kuhn/Meurer*, WPg 24/2015, 1281; *Waschbusch/Knoll/Staub*, StB 2009, 182.
10 *Waschbusch/Knoll/Staub*, StB 2009, 182, 185, 187; *Koch*, CF 2014, 460.
11 *Koch*, CF 2014, 460.
12 *Pape*, DStR 2003, 950.
13 *Clausnitzer/Stumpf*, BB 2016, 2311; *Krieg*, BC 2016, 123, 127.
14 Vgl. *Baums*, Unternehmensfinanzierung, § 20, Rn. 32.
15 *Krieg*, BC 2016, 123, 127; vgl. *Baums*, Unternehmensfinanzierung, § 20, Rn. 32; *Locker/Grosse-Ruyken*, Chefsache Finanzen, S. 186; *Groth*, Ein Herz für Lieferanten, Handelsblatt v. 13.02.2009, abrufbar unter: https://www.handelsblatt.com/unternehmen/mittelstand/strategie_und_finanzierung/reverse-factoring-ein-herz-fuer-lieferanten/3111130.html?ticket=ST-695656-DYy3nPRBWbzupwNZ5y5Y-ap1.

profitieren vom Einsatz der Einkaufsfinanzierung, wenn der Abnehmer eine bessere Bonität aufweist als sie.[16] Die Einkaufsfinanzierung vereint folglich die eigentlich gegensätzlichen Interessen von Lieferant und Abnehmer,[17] indem sie beiden das gibt, was sie wollen: sie reduziert die Kapitalbindung im Umlaufvermögen sowohl des Lieferanten als auch des Abnehmers. Durch die Verringerung der Kapitalbindung erhöht sich die Liquidität, da der Lieferant früher Geld (zurück)bekommt und der Abnehmer es zudem länger zur Verfügung hat.[18]

Zwei derzeit viel diskutierte Instrumente der Einkaufsfinanzierung, welche in der Lage sind, die gegenläufigen Interessen der Parteien in Einklang zu bringen, sind das sogenannte Reverse Factoring und das Finetrading.[19] Beide Finanzierungsinstrumente arbeiten mit der Zwischenschaltung einer dritten Partei, welche den Einkauf des Abnehmers vorfinanziert und so den Lieferanten entlastet. In der Presse werden diese beiden Instrumente häufig fälschlicherweise miteinander gleichgesetzt.[20] Oftmals wird auch irrtümlich davon ausgegangen, dass sich Reverse Factoring und Supply Chain Finance entsprechen[21] oder Finetrading Einkaufsfinanzierung[22] bedeutet.

Dabei ist Supply Chain Finance oder eben Lieferkettenfinanzierung zunächst einmal der Oberbegriff sowohl für die verschiedenen Arten der

---

16 *Backhaus*, Das Versprechen: Schneller Zugang zu Liquidität, FAZ v. 26.09.2017, Sonderbeilage Mittelstandsfinanzierung, S. V2; vgl. *Baums*, Unternehmensfinanzierung, § 20, Rn. 32; *Randall/Farris*, Int. Journal of Physical Distribution & Logistics Management 2009, 669, 677 f.
17 *Koch*, CF 2014, 460; *Locker/Grosse-Ruyken*, Chefsache Finanzen, S. 186; vgl. auch *Fellenz/Augustenborg/Brady/Greene*, Communications of the IBIMA 2009, 227, 229; *Lan/Hua* in Hua, Supply Chain Perspectives in China, S. 119 f.
18 *Unrein/Üzmez*, BC 2011, 176, 177; *Locker/Grosse-Ruyken*, Chefsache Finanzen, S. 186.
19 *Koch*, CF 2014, 460.
20 Vgl. *Erben*, Vorschuss vom Zwischenhändler, Handelsblatt v. 04.12.2009, abrufbar unter: https://www.handelsblatt.com/unternehmen/mittelstand/strategie_und_finanzierung/finetrading-vorschuss-vom-zwischenhaendler/3318816.html.
21 Vgl. *Seifert/Seifert*, Supply Chain Finance – What's it worth?, S. 1, abrufbar unter: https://pdfs.semanticscholar.org/e49e/b10fd1329021d46f7dd68d6f4e0e0f18fb9d.pdf; *Jansen*, Supply Chain Finance, S. 3, abrufbar unter: https://www.researchgate.net/publication/305391903_Supply_Chain_Finance_Is_SCF_ready_to_be_applied_in_SMEs.
22 Vgl. *Compeon*, Einkaufsfinanzierung online finden: So profitieren Unternehmer, Handelsblatt v. 02.08.2018, abrufbar unter: https://innovationen.handelsblatt.com/2018/08/02/einkaufsfinanzierung-online-finden/.

Absatzfinanzierung als auch für die verschiedenen Formen der Einkaufsfinanzierung.[23] Innerhalb des Bereichs der Einkaufsfinanzierung sind Reverse Factoring und Finetrading jeweils wiederum nur Finanzierungsinstrumente entlang der Lieferkette, mitnichten jedoch dasselbe wie Supply Chain Finance. Trotz einiger Gemeinsamkeiten sind aber auch Reverse Factoring und Finetrading nicht ein und dasselbe. Das wird besonders deutlich, wenn man sich mit ihrer rechtlichen Ausgestaltung befasst.

Ziel dieser Arbeit ist daher, die vorherrschenden Unklarheiten in Bezug auf die Finanzierungsinstrumente der Supply Chain Finance und ihre Unterschiede zu beseitigen. Dabei soll zunächst, zur Abgrenzung von Absatz- und Einkaufsfinanzierung innerhalb der Supply Chain Finance, im Folgenden kurz auf zwei der bekanntesten Instrumente der Absatzfinanzierung entlang der Lieferkette eingegangen werden. Sodann werden im 2. Teil exemplarisch zwei Instrumente der Einkaufsfinanzierung anhand ihrer Funktion, ihrer rechtlichen Gestaltung und der ihnen anhaftenden rechtlichen Problemfelder erörtert. Die Arbeit endet im 3. Teil mit einer Gegenüberstellung der beiden Instrumente der Einkaufsfinanzierung und einer abschließenden Betrachtung ihres Verhältnisses zu den Instrumenten der Absatzfinanzierung und der Absatzfinanzierung im Allgemeinen.

---

23 *Clausnitzer/Stumpf*, BB 2016, 2311; *Redenius-Hövermann*, Jura 2019, 803.

§ 1 Die Absatzfinanzierung

Die lieferantenbasierte Finanzierung geht, wie der Begriff schon impliziert, vom Lieferanten aus, das heißt, der Lieferant initiiert die Finanzierung. Lieferant ist dabei eine Person oder ein Unternehmen, die bzw. das eine Ware liefert,[24] sprich der Verkäufer. Sie resultiert in der Regel aus der bestehenden Nachfrage auf der Kundenseite.[25] Unter dieser Absatzfinanzierung werden verschiedene Maßnahmen verstanden, die zur Erleichterung der Finanzierung von Waren und Konsumgütern ergriffen werden und welche Händler ihren jeweiligen Kunden zur Absatzförderung gewähren.[26] Diese Art der Finanzierung wird auch als „*downstream finance*" bezeichnet, da sie sozusagen abwärts vom Lieferanten zum Kunden gewährt wird.[27]

Die Absatzfinanzierung lässt sich in direkte und indirekte Formen unterteilen. Die direkte Absatzfinanzierung ist sozusagen ein Zwei-Parteien-System, bei dem der Lieferant seinem Abnehmer unmittelbar eine Finanzierung zum Erwerb der jeweiligen Ware gewährt.[28] Ein Beispiel dieser direkten Absatzfinanzierung ist der Lieferanten- bzw. Warenkredit (I.). Die indirekte Absatzfinanzierung ist hingegen dadurch gekennzeichnet, dass eine dritte Partei in die Finanzierung eingeschaltet wird, wie z. B. ein Kreditinstitut. Diese Art der Absatzfinanzierung dient, neben dem Absatz der Ware, der Refinanzierung des Lieferanten und ermöglicht ihm dadurch wiederum, Finanzierungshilfen, wie z. B. einen Lieferantenkredit, an seine Kunden zu gewähren.[29] Ein solches Refinanzierungsinstrument ist das echte Factoring (II.).

---

24 Siehe Duden, abrufbar unter: https://www.duden.de/rechtschreibung/Lieferant.
25 *Wuttke/Blome/Foerstl/Henke*, Journal of Business Logistics 2013, 148, 159.
26 Siehe Wirtschaftslexikon24, abrufbar unter: http://www.wirtschaftslexikon24.com/d/absatzfinanzierung/absatzfinanzierung.htm.
27 *Wuttke/Blome/Foerstl/Henke*, Journal of Business Logistics 2013, 148, 149.
28 Siehe Wirtschaftslexikon24, abrufbar unter: http://www.wirtschaftslexikon24.com/d/absatzfinanzierung/absatzfinanzierung.htm.
29 Siehe Wirtschaftslexikon24, abrufbar unter: http://www.wirtschaftslexikon24.com/d/absatzfinanzierung/absatzfinanzierung.htm.

I. Der Lieferanten-/Warenkredit

Gerade im Mittelstand hat die Absatzfinanzierung durch Lieferanten in Form der Gewährung von Zahlungszielen oder Zwischenfinanzierungen eine hohe Bedeutung.[30] Der Lieferantenkredit gehört zum Bereich der Außenfinanzierung, da die Finanzierung durch eine unternehmensexterne Quelle erfolgt.[31] Bei dieser Fremdfinanzierung über den Leistungsprozess handelt es sich um eine kurzfristige Kapitalbeschaffung.[32] Der Lieferantenkredit ist von jeher ein wichtiges Element der Unternehmensfinanzierung.[33]

Die Formulierung „Lieferantenkredit" ist insofern missverständlich, als es sich hierbei nicht um einen Kredit[34], sprich einen Darlehensvertrag gemäß § 488 BGB handelt, sondern um einen Kaufvertrag gemäß § 433 BGB. Dem Käufer wird hierbei lediglich die Möglichkeit eingeräumt, die Kaufpreisforderung zu stunden und somit den Kaufpreis ratenweise abzuzahlen.[35] Dies wird insbesondere deutlich, wenn man sich das jeweilige Interesse der Parteien ansieht. Dem Lieferanten geht es gerade nicht darum, dem Käufer eine Wertverschaffung auf Zeit zu gewähren, sondern um eine endgütige Vermögensverschiebung, indem die von ihm gelieferte Ware endgültig in das Vermögen der anderen Partei übergehen soll,[36] gegen Zahlung des vereinbarten Kaufpreises.

Der Lieferantenkredit ist rechtlich eine Abweichung vom Zug-um-Zug-Grundsatz gemäß § 320 BGB, indem die Fälligkeit der Zahlungsverpflichtung nach § 271 Abs. 1 BGB hinausgeschoben wird. In der Regel wird vereinbart, dass die Kaufpreiszahlung nach Erhalt der Rechnung oder nach Ablauf einer bestimmten Frist nach Lieferung fällig ist. Oftmals enthält die Rechnung auch die Angabe eines Zahlungsziels.[37] Die Fälligkeiten bewegen sich je nach Branche

---

30 *Steffan*, ZIP 2016, 2147, 2148.
31 *Weitnauer* in Weitnauer, Handbuch Venture Capital, Teil D., Rn. 6.
32 *Fleischer* in Michalski, GmbHG, Systematische Darstellung 5, Rn. 96.
33 *Pape*, DStR 2003, 950, 952.
34 Von lat. *credere*: glauben, vertrauen; vgl. *Steffek* in Langenbucher/Bliesener/Spindler, Bankrechts-KO, Kap. 12, vor § 488 ff., Rn. 2.
35 *Berger* in MüKo-BGB, Vor § 488, Rn. 14; *Baums*, Unternehmensfinanzierung, § 32, Rn. 8; *Hopt* in Baumbach/Hopt, HGB, 2. Teil, Kap. V, (7), Rn. G/1; *Schäfer* in KWG, § 1, Rn. 57; *Westermann* in MüKo-BGB, Vor § 433, Rn. 30; vgl. auch BaFin-Merkblatt – Kreditgeschäft, Stand 02. Mai 2016, Ziff. 1 a) bb) (1).
36 *Berger* in MüKo-BGB, Vor § 488, Rn. 14.
37 *Baums*, Unternehmensfinanzierung, § 32, Rn. 5.

zwischen 30 und 90 Tagen.[38] Dem steht es gleich, wenn nachträglich die Stundung der fälligen Forderung vereinbart wird.[39]

Durch das Hinausschieben der Fälligkeit steht dem Verkäufer das Kapital bis zur Kaufpreiszahlung nicht zur Verfügung. Diese wirtschaftliche Einbuße wird in der Regel durch einen Aufschlag auf den Kaufpreis kompensiert. Im umgekehrten Fall gewähren Verkäufer regelmäßig Skonto,[40] wenn die Kaufpreiszahlung sofort erfolgt.[41] Gegen das durch den Verzicht auf die Zahlung Zug-um-Zug entstehende Kredit- oder Ausfallrisiko verbleibt dem Verkäufer die Einrede des § 321 BGB.[42] Zusätzlich wird er sich das Eigentum bis zur endgültigen Kaufpreiszahlung gemäß § 449 BGB vorbehalten.[43]

Die Bereitschaft zur Gewährung eines Lieferantenkredits hängt aus Sicht des Lieferanten maßgeblich von der Bonität des kontrahierenden Unternehmens ab.[44] Der Käufer kann im Fall des Lieferantenkredits den ihm so lange zur Verfügung stehenden Kaufpreis derweil anderweitig nutzen und so Finanzierungskosten sparen. Jedoch muss er abwägen, was für ihn letztlich günstiger ist: die Ausnutzung des Zahlungsziels oder die sofortige Zahlung unter Inanspruchnahme des Skontos.[45]

II. Factoring

Das Factoring ist ebenfalls eines der klassischen Instrumente der Absatzfinanzierung.[46] Die Initiative zum Abschluss des Forderungsvertrags geht dabei stets vom Gläubiger der Forderung, sprich dem Lieferanten, aus.[47] Beim Factoring

---

38 *Pape*, DStR 2003, 950, 952.
39 *Baums*, Unternehmensfinanzierung, § 32, Rn. 5.
40 Ein Skonto ist ein Preisnachlass auf den Rechnungsbetrag für den Fall, dass Zahlung innerhalb einer angegebenen Frist erfolgt; von ital. *scontare*: abziehen, abrechnen; vgl. *Baums*, Unternehmensfinanzierung, § 32, Fn. 9.
41 *Baums*, Unternehmensfinanzierung, § 32, Rn. 6; *Pape*, DStR 2003, 950, 952; *Drukarczyk*, Finanzierung, S. 260.
42 *Baums*, Unternehmensfinanzierung, § 32, Rn. 7.
43 *Baums*, Unternehmensfinanzierung, § 32, Rn. 7; *Haertlein* in Langenbucher/Bliesener/Spindler, Bankrechts-KO, Kap. 27, Rn. 45; *Drukarczyk*, Finanzierung, S. 260.
44 *Pape*, DStR 2003, 950, 953.
45 *Baums*, Unternehmensfinanzierung, § 32, Rn. 6.
46 *Clausnitzer/Stumpf*, BB 2016, 2311, 2312 f.; *Koch*, CF 2014, 460, 463; *Koch/Schade*, FLF 2015, 136, 138; *Wagner* in Ebenroth/Boujong/Joost/Strohn, HGB, Kap. V, Rn. V 3; *Martinek/Omlor* in Schimansky/Bunte/Lwowski, Bankrechts-Handbuch, § 102, Rn. 2.
47 *Clausnitzer/Stumpf*, BB 2016, 2311, 2312 f.; *Redenius-Hövermann*, Jura 2019, 803, 806.

handelt es sich um einen laufenden Ankauf von Forderungen aus Lieferungen und Leistungen durch einen Factor.[48] Die Forderungen entstehen dadurch, dass der Factoringkunde, der Lieferant, seinen Abnehmern einen Lieferantenkredit gewährt, indem er ihnen ein Zahlungsziel einräumt.[49] Der Forderungsverkäufer, hier der Lieferant, beabsichtigt durch den Verkauf der gegenüber seinen Abnehmern bestehenden Forderungen eine kurzfristige sowie dauerhafte Liquidität. Diese erreicht er durch die Abtretung der Forderungen und die daraus resultierenden verkürzten Zahlungsziele und reduzierten Außenstände.[50] Der entscheidende Unterschied zwischen echtem und unechtem Factoring ist dabei, ob das Ausfallrisiko vom Factor übernommen wird oder beim Forderungsverkäufer verbleibt.[51]

1. Echtes Factoring

Unter „echtem" Factoring wird der gewerbsmäßige, regresslose Ankauf von Forderungen durch einen Factor verstanden.[52] Der Factor erwirbt dabei im Rahmen einer langfristigen Vertragsbeziehung die gewerblichen Forderungen seines Vertragspartners gegen dessen Kunden (Debitor) aus Lieferungen und Leistungen gegen Abtretung der Forderungen.[53] Der Begriff des Factoring bezeichnet folglich einen entgeltlichen Ankauf von Forderungen durch den Factor zur Geltendmachung und zur Einziehung im eigenen Namen und auf eigene Rechnung.[54] Der Zedent, hier der Lieferant, überträgt seine künftigen Forderungen gegen seine Drittschuldner auf den Zessionar, hier den Factor, und erhält von diesem im Gegenzug den Wert der Forderung abzüglich Gebühren, Vorfälligkeitszinsen und Risikoabschlag sofort ausbezahlt.[55] Der vereinbarte Kaufpreis ist auf etwa 80 – 90 % des Rechnungsbetrages reduziert.[56]

---

48 *Koch/Schade*, FLF 2015,136, 138; *Koch*, CF 2014, 460, 463; *Waschbusch/Staub/Knoll*, StB 2009, 390, 391.
49 *Waschbusch/Staub/Knoll*, StB 2009, 390, 391.
50 *Koch*, CF 2014, 460, 463.
51 *Clausnitzer/Stumpf*, BB 2016, 2311, 2312 f.; *Redenius-Hövermann*, Jura 2019, 803.
52 *Stumpf*, BB 2012, 1045; *Clausnitzer/Stumpf*, BB 2016, 2311, 2312; *Redenius-Hövermann*, Jura 2019, 803, 804.
53 *Clausnitzer/Stumpf*, BB 2016, 2311, 2312; *Eilers/Teufel* in Eilers/Rödding/Schmalenbach, S. 44, Kap. A. Rn. 91.
54 *Omlor* in Langenbucher/Bliesener/Spindler, Bankrechts-KO, Kap. 18, B., Rn. 1; *Wagner* in Ebenroth/Boujong/Joost/Strohn, HGB, Kap. V, Rn. V 1.
55 *Omlor* in Langenbucher/Bliesener/Spindler, Bankrechts-KO, Kap. 18, B., Rn. 1.
56 *Waschbusch/Staub/Knoll*, StB 2009, 390, 391.

2. Rechtliche Gestaltung

Das Kausalgeschäft zwischen dem Factor und dem Lieferanten besteht in einem Rahmenvertrag,[57] der die gegenseitigen Rechte und Pflichten der Parteien festlegt[58] und die vom Factoring erfassten Debitoren des Lieferanten sowie die Zuordnung des Limits zu jedem Debitor umfasst. Der Factor verpflichtet sich in diesem Rahmenvertrag zum Ankauf der Forderungen des Lieferanten gegen dessen Kunden im Rahmen des vereinbarten Limits. Der Lieferant verpflichtet sich im Gegenzug gegenüber dem Factor zum Andienen seiner Forderungen.[59] Der Rahmenvertrag ist ein sog. Typenkombinationsvertrag verschiedener schuldrechtlicher Verträge, der Elemente des Kaufvertrags, der Geschäftsbesorgung und des Darlehensvertrags kombiniert. Zusätzlich enthält er verfügende Elemente wie die Globalzession und die Einziehungsermächtigung und begründet ein Dauerschuldverhältnis nach § 314 BGB.[60]

Den auf die einzelnen Forderungen bezogenen Verträgen liegt ein Forderungskauf nach §§ 453, 433 BGB zugrunde, der von kaufrechtlichen Elementen dominiert wird.[61] Der Lieferant schuldet aus dem Einzelvertrag nur die Forderungsübertragung nach §§ 453 Abs. 1, 433 Abs. 1 BGB, also die Verschaffung der Forderungsinhaberschaft in der Person des Factors als neuem Gläubiger im Wege eines dinglichen Abtretungsvertrages.[62] Zu allem weiteren verpflichtet ihn bereits der Rahmenvertrag, wie z.B. zur Abtretungsanzeige, zu umfassender,

---

57 *Baums*, Unternehmensfinanzierung, § 20, Rn. 25; *Schott/Bartsch* in Eilers/Rödding/Schmalenbach, S. 616, E. Rn. 59; *Omlor* in Langenbucher/Bliesener/Spindler, Bankrechts-KO, Kap. 18, B., Rn. 26; *Wagner* in Ebenroth/Boujong/Joost/Strohn, HGB, Kap. V, Rn. V 6; *Martinek/Omlor* in Schimansky/Bunte/Lwowski, Bankrechts-Handbuch, § 102, Rn. 36; *Redenius-Hövermann*, Jura 2019, 803, 804.
58 *Omlor* in Langenbucher/Bliesener/Spindler, Bankrechts-KO, Kap. 18, B., Rn. 26; *Wagner* in Ebenroth/Boujong/Joost/Strohn, HGB, Kap. V, Rn. V 6.
59 *Stumpf*, BB 2012, 1045, 1047; *Baums*, Unternehmensfinanzierung, § 20, Rn. 25; *Schott/Bartsch* in Eilers/Rödding/Schmalenbach, S. 616, E. Rn. 59; *Omlor* in Langenbucher/Bliesener/Spindler, Bankrechts-KO, Kap. 18, B., Rn. 27; *Wagner* in Ebenroth/Boujong/Joost/Strohn, HGB, Kap. V, Rn. V 16.
60 *Omlor* in Langenbucher/Bliesener/Spindler, Bankrechts-KO, Kap. 18, B., Rn. 27; *Wagner* in Ebenroth/Boujong/Joost/Strohn, HGB, Kap. V, Rn. V 6; *Martinek/Omlor* in Schimansky/Bunte/Lwowski, Bankrechts-Handbuch, § 102, Rn. 38.
61 *Omlor* in Langenbucher/Bliesener/Spindler, Bankrechts-KO, Kap. 18, B., Rn. 31; *Stumpf*, BB 2012, 1045, 1047; *Redenius-Hövermann*, Jura 2019, 803, 804; *Martinek/Omlor* in Schimansky/Bunte/Lwowski, Bankrechts-Handbuch, § 102, Rn. 32 (m.w.N.).
62 *Martinek/Omlor* in Schimansky/Bunte/Lwowski, Bankrechts-Handbuch, § 102, Rn. 32; *Wagner* in Ebenroth/Boujong/Joost/Strohn, HGB, Kap. V, Rn. V 18.

§ 402 BGB übersteigender Information und seiner Mitwirkung bei etwaigen Leistungsstörungen etc.[63] Der Factor schuldet aus dem Einzelvertrag die Zahlung des Kaufpreises gemäß § 433 Abs. 2 BGB, deren Bemessungsfaktoren und Leistungsmodalitäten ebenfalls bereits im Rahmenvertrag geregelt sind.[64] Das Angebot zum Abschluss des Kaufvertrags nach §§ 145 ff., 433 BGB liegt in der Andienung der Forderung durch den Lieferanten, konkludent durch die Einreichung der entsprechenden Rechnung an den Debitor beim Factor. Die Annahme des Angebots durch den Factor erfolgt in der Regel durch die Einleitung der Zahlung des vereinbarten Entgelts,[65] unter Verzicht auf eine ausdrückliche Annahmeerklärung nach § 151 BGB.[66]

Davon ist jedoch nur auszugehen, sofern die Forderung innerhalb des jeweils vereinbarten Limits liegt.[67] Dieses Limit beschreibt die summenmäßige Begrenzung, bis zu welcher der Factor bereit ist, das Zahlungsausfall- bzw. Delkredererisiko zu tragen. Häufig werden neben einem Gesamtlimit für alle Forderungen des Lieferanten auch Limitierungen für Einzelforderungen vorgesehen,[68] die sich aus der jeweiligen Bonitätsprüfung durch den Factor ergeben.[69] Die Ankaufspflicht des Factors ist folglich – im Gegensatz zur in der Regel unbeschränkten Andienungspflicht des Lieferanten – durch bestimmte Ankaufsvoraussetzungen beschränkt.[70] Diese sind zum einen die vollständige Leistungserbringung des Lieferanten an seinen Abnehmer gemäß § 320 BGB – um die Einrede des nicht erfüllten Vertrages auszuschließen – sowie die Einhaltung des vereinbarten Höchstbetrages, des sog. Limits.[71] Bietet der Lieferant dem Factor eine Forderung

---

63 *Wagner* in Ebenroth/Boujong/Joost/Strohn, HGB, Kap. V, Rn. V 18.
64 *Wagner* in Ebenroth/Boujong/Joost/Strohn, HGB, Kap. V, Rn. V 18; *Martinek/Omlor* in Schimansky/Bunte/Lwowski, Bankrechts-Handbuch, § 102, Rn. 32.
65 *Omlor* in Langenbucher/Bliesener/Spindler, Bankrechts-KO, Kap. 18, B., Rn. 31; *Stumpf*, BB 2012, 1045, 1047; *Wagner* in Ebenroth/Boujong/Joost/Strohn, HGB, Kap. V, Rn. V 17.
66 *Wagner* in Ebenroth/Boujong/Joost/Strohn, HGB, Kap. V, Rn. V 17; *Stumpf*, BB 2012, 1045, 1047.
67 *Stumpf*, BB 2012, 1045, 1047.
68 *Omlor* in Langenbucher/Bliesener/Spindler, Bankrechts-KO, Kap. 18, B., Rn. 30; *Martinek/Omlor* in Schimansky/Bunte/Lwowski, Bankrechts-Handbuch, § 102, Rn. 21.
69 *Wagner* in Ebenroth/Boujong/Joost/Strohn, HGB, Kap. V, Rn. V 16; *Martinek/Omlor* in Schimansky/Bunte/Lwowski, Bankrechts-Handbuch, § 102, Rn. 21.
70 *Martinek/Omlor* in Schimansky/Bunte/Lwowski, Bankrechts-Handbuch, § 102, Rn. 17; *Wagner* in Ebenroth/Boujong/Joost/Strohn, HGB, Kap. V, Rn. V 16; *Krüger* in Krüger, Hdb. FactoringR, § 3, Rn. 17 ff.
71 *Wagner* in Ebenroth/Boujong/Joost/Strohn, HGB, Kap. V, Rn. V 16.

an, die das jeweilige Limit übersteigt, hat der Factor das Recht, den Ankauf dieser Forderung abzulehnen. Der Factor hat folglich eine „Annahmepflicht mit Ablehnungsberechtigung".[72] Nach dem sog. „Siloprinzip" kann eine Forderung, die das Limit anfänglich überschreitet, jedoch nachrücken, sobald und soweit das Limit durch Zahlung des Kunden an den Factor wieder frei wird.[73] In diesem Fall erfolgt die Annahme des Forderungsangebots konkludent mit Zahlung durch den Factor. Auch besteht die Möglichkeit der Anpassung des Limits an die Bonität oder das Auftragsvolumen des Debitors während der Vertragslaufzeit.[74]

Die Abtretung der Forderung des Lieferanten an den Factor erfolgt in der Regel im Wege der antizipierten Globalzession, die bereits mit Abschluss des Factoringrahmenvertrages vereinbart wird.[75] Die antizipierte Globalzession beschreibt die vorweggenommene Abtretung aller nach Vertragsschluss entstehenden Geldforderungen des Lieferanten gegen alle seine bzw. bestimmte Kunden.[76] Aufgrund des sachenrechtlichen Spezialitätsgrundsatzes setzt sich die Globalzession aus der Summe aller Einzelabtretungen zusammen. Diese antizipierte Abtretung künftiger Forderungen ist zulässig, denn diese sind ihrem Schuldgrund nach bestimmbar.[77]

Der Lieferant tritt im Factoringrahmenvertrag alle gegenwärtigen und zukünftigen Forderungen gemäß § 398 BGB an den Factor unter der aufschiebenden Bedingung des Ankaufs der Forderung nach § 158 Abs. 1 BGB ab.[78]

---

72 *Omlor* in Langenbucher/Bliesener/Spindler, Bankrechts-KO, Kap. 18, B., Rn. 30; *Stumpf*, BB 2012, 1045, 1047.
73 *Omlor* in Langenbucher/Bliesener/Spindler, Bankrechts-KO, Kap. 18, B., Rn. 30; *Stumpf*, BB 2012, 1045, 1047; *Wagner* in Ebenroth/Boujong/Joost/Strohn, HGB, Kap. V, Rn. V 16; *Martinek/Omlor* in Schimansky/Bunte/Lwowski, Bankrechts-Handbuch, § 102, Rn. 21.
74 *Stumpf*, BB 2012, 1045, 1047.
75 *Stumpf*, BB 2012, 1045, 1047; *Baums*, Unternehmensfinanzierung, § 20, Rn. 25; *Omlor* in Langenbucher/Bliesener/Spindler, Bankrechts-KO, Kap. 18, B., Rn. 34; *Wagner* in Ebenroth/Boujong/Joost/Strohn, HGB, Kap. V, Rn. V 13; *Martinek/Omlor* in Schimansky/Bunte/Lwowski, Bankrechts-Handbuch, § 102, Rn. 41; *Redenius-Hövermann*, Jura 2019, 803, 804.
76 *Omlor* in Langenbucher/Bliesener/Spindler, Bankrechts-KO, Kap. 18, B., Rn. 34; *Wagner* in Ebenroth/Boujong/Joost/Strohn, HGB, Kap. V, Rn. V 13; *Martinek/Omlor* in Schimansky/Bunte/Lwowski, Bankrechts-Handbuch, § 102, Rn. 41.
77 *Martinek/Omlor* in Schimansky/Bunte/Lwowski, Bankrechts-Handbuch, § 102, Rn. 41.
78 *Stumpf*, BB 2012, 1045, 1047; *Baums*, Unternehmensfinanzierung, § 20, Rn. 25; *Schott/Bartsch* in Eilers/Rödding/Schmalenbach, S. 616, E. Rn. 59; *Wagner* in Ebenroth/Boujong/Joost/Strohn, HGB, Kap. V, Rn. V 13; *Martinek/Omlor* in Schimansky/Bunte/

Durch Verfügung unter aufschiebender Bedingung ist der Factor gem. § 161 Abs. 1 BGB vor Zwischenverfügungen des Lieferanten und dessen Gläubigern geschützt.[79] Die Forderungen werden dabei zusammen mit etwaigen Nebenrechten, wie Ansprüchen aus Eigentumsvorbehalten und akzessorischen Sicherheiten gemäß § 401 BGB abgetreten.[80] Die Abtretung der Forderungen stellt zugleich das Erfüllungsgeschäft des jeweiligen Kaufvertrages über die Einzelforderungen nach § 362 Abs. 1 BGB dar, denn mit ihr vollzieht sich die erforderliche Verschaffung des Forderungsrechts.[81]

Mit der Abtretung ist der Factor neuer Gläubiger geworden. Dies hat zur Folge, dass der Debitor gemäß § 407 BGB schuldbefreiend nur noch an ihn leisten kann, es sei denn, er hatte keine Kenntnis von der Abtretung.[82] Kenntnis erlangt der Abnehmer von der Factoringzession in der Regel mit der Rechnungsstellung, welche der Kenntnis aus § 406 BGB gleichsteht. Einreden und Einwendungen gegen den Zahlungsanspruch des Lieferanten stehen dem Abnehmer gemäß §§ 404, 406 ff. BGB auch dem Factor gegenüber zu.[83] Ein zwischen Lieferant und Debitor vereinbartes Abtretungsverbot steht der Globalzession und somit dem Erwerb der Forderung durch den Factor grundsätzlich entgegen.[84]

Eine Ausnahme bildet § 354a HGB. Nach § 354a Abs. 1 Satz 1 HGB ist die Abtretung trotz eines zwischen Gläubiger und Schuldner gemäß § 399 Satz 2 BGB vereinbarten Abtretungsverbots dennoch wirksam, sofern das zugrundeliegende Kausalgeschäft zwischen Lieferant und Debitor ein Handelsgeschäft ist.[85] Dies ist in der hier behandelten Fallgruppe sowie auch generell beim Factoring in der

---

Lwowski, Bankrechts-Handbuch, § 102, Rn. 41; *Redenius-Hövermann*, Jura 2019, 803, 804.
79 *Omlor* in Langenbucher/Bliesener/Spindler, Bankrechts-KO, Kap. 18, B., Rn. 34; *Wagner* in Ebenroth/Boujong/Joost/Strohn, HGB, Kap. V, Rn. V 13; *Martinek/Omlor* in Schimansky/Bunte/Lwowski, Bankrechts-Handbuch, § 102, Rn. 41.
80 *Stumpf*, BB 2012, 1045, 1047; *Wagner* in Ebenroth/Boujong/Joost/Strohn, HGB, Kap. V, Rn. V 15.
81 *Martinek/Omlor* in Schimansky/Bunte/Lwowski, Bankrechts-Handbuch, § 102, Rn. 39.
82 *Stumpf*, BB 2012, 1045, 1048; *Schmeisser/Thiermeier/Greulich*, DStR 2005, 1199, 1201; *Wagner* in Ebenroth/Boujong/Joost/Strohn, HGB, Kap. V, Rn. V 21; *Redenius-Hövermann*, Jura 2019, 803, 804.
83 *Wagner* in Ebenroth/Boujong/Joost/Strohn, HGB, Kap. V, Rn. V 21.
84 *Stumpf*, BB 2012, 1045, 1048; *Schmeisser/Thiermeier/Greulich*, DStR 2005, 1199, 1201; *Omlor* in Langenbucher/Bliesener/Spindler, Bankrechts-KO, Kap. 18, B., Rn. 59.
85 *Wagner* in Ebenroth/Boujong/Joost/Strohn, HGB, Kap. V, Rn. V 14, 21; *Martinek/Omlor* in Schimansky/Bunte/Lwowski, Bankrechts-Handbuch, § 102, Rn. 118; *Redenius-Hövermann*, Jura 2019, 803, 804 f.

Regel der Fall,[86] da eine für das Factoring relevante ständige Geschäftsbeziehung regelmäßig nur im unternehmerischen Verkehr vorliegt.[87] Die Ausnahme des § 354a Abs. 1 Satz 1 HGB führt zwar nicht zur Unwirksamkeit des vereinbarten Abtretungsverbots, hat jedoch zur Folge, dass die Forderung fungibel bleibt. Der Factor wird Forderungsinhaber und der abtretende Lieferant verliert die Forderungszuständigkeit und damit auch die Einziehungsberechtigung.[88]

Zu beachten ist allerdings, dass gemäß § 354a Abs. 1 Satz 2 HGB eine schuldbefreiende Leistung des Debitors an den ursprünglichen Gläubiger, also den Lieferanten, trotz Kenntnis der Abtretung, anders als bei § 407 BGB, möglich bleibt.[89] Der Debitor erhält folglich ein echtes Wahlrecht, an wen er leisten möchte. Indes begründet § 354a Abs. 1 Satz 2 HGB keine Einziehungsbefugnis des Zedenten, hier des Lieferanten, denn die Norm soll ausschließlich dem Schuldnerschutz dienen.[90] Einziehungsbefugt kraft Abtretung ist allein der Factor. Abweichende Vereinbarungen sind nach § 354a Abs. 1 Satz 3 HGB unwirksam.[91]

III. Zusammenfassung

Den hier dargestellten Instrumenten der Absatzfinanzierung ist gemein, dass sie vom Lieferanten initiiert werden, um seinen Kunden eine Finanzierungshilfe gewähren zu können und somit seinen Absatz zu fördern. Beim Lieferanten-/Warenkredit besteht die „Kreditgewährung" darin, dass der Warenverkäufer bzw. Lieferant abweichend zu dem in § 320 BGB normierten Zug-um-Zug-Prinzip in Vorleistung geht. Er wendet insofern Kapital auf, als er für die Zeit bis

---

86 *Stumpf*, BB 2012, 1045, 1048; *Schmeisser/Thiermeier/Greulich*, DStR 2005, 1199, 1201; *Omlor* in Langenbucher/Bliesener/Spindler, Bankrechts-KO, Kap. 18, B., Rn. 59; *Redenius-Hövermann*, Jura 2019, 803, 805.
87 *Stumpf*, BB 2012, 1045, 1048; *Schmeisser/Thiermeier/Greulich*, DStR 2005, 1199, 1201.
88 *Omlor* in Langenbucher/Bliesener/Spindler, Bankrechts-KO, Kap. 18, B., Rn. 59; *Martinek/Omlor* in Schimansky/Bunte/Lwowski, Bankrechts-Handbuch, § 102, Rn. 120.
89 *Stumpf*, BB 2012, 1045, 1048; *Schott/Bartsch* in Eilers/Rödding/Schmalenbach, S. 619, E. Rn. 64; *Omlor* in Langenbucher/Bliesener/Spindler, Bankrechts-KO, Kap. 18, B., Rn. 59; *Wagner* in Ebenroth/Boujong/Joost/Strohn, HGB, Kap. V, Rn. V 14, 21; *Martinek/Omlor* in Schimansky/Bunte/Lwowski, Bankrechts-Handbuch, § 102, Rn. 118, 121; *Redenius-Hövermann*, Jura 2019, 803, 805.
90 *Martinek/Omlor* in Schimansky/Bunte/Lwowski, Bankrechts-Handbuch, § 102, Rn. 121.
91 *Martinek/Omlor* in Schimansky/Bunte/Lwowski, Bankrechts-Handbuch, § 102, Rn. 118.

zur Zahlung durch seinen Kunden auf die Liquidität verzichtet bzw. sich diese anderweitig beschafft.

Eine Möglichkeit, diese Liquiditätslücke zu überbrücken, ist das echte Factoring. Der Lieferant wendet sich an einen Factor, um sich die vom Kunden fehlende Liquidität für den Zeitraum bis zur Zahlung durch den Kunden zu beschaffen. Hierdurch muss er jedoch auf einen Teil des vollen Kaufpreises verzichten und dem Factor Gebühren entrichten.

Kennzeichnend für die Absatzfinanzierung ist folglich zum einen, dass der Lieferant in jedem Fall Kapital aufwenden muss, um seine Waren abzusetzen und seine Liquidität zu erhalten. Zum anderen ist der Abnehmer in die Finanzierungsvorgänge des Lieferanten nicht eingebunden. Er nimmt zwar den Lieferantenkredit in Anspruch, ist jedoch in die Refinanzierung des Lieferanten für den Zeitraum bis zur Zahlung nicht involviert.

Die Zwecke der verschiedenen Finanzierungsmodelle unterscheiden sich hingegen voneinander. Der Lieferanten- bzw. Warenkredit ist eine unmittelbare Finanzierung in Form einer Stundung, welche vom Lieferanten an seinen Abnehmer zum Erwerb der Ware durch den Letzteren gewährt wird. Er ist gerade keine Finanzierungsform des Lieferanten, das heißt der Lieferant erlangt hierdurch gerade keine Liquidität, sondern muss im Gegenteil für die Dauer bis zur Zahlung durch den Kunden auf die in der offenen Forderung gebundene Liquidität verzichten.

Um diese Liquiditätslücke zu überbrücken, kann der Lieferant auf das Factoring zurückgreifen. Dieses Finanzierungsinstrument dient, wie gezeigt, der Refinanzierung des Lieferanten in der Zeit zwischen Lieferung der Ware und Erhalt des Kaufpreises. Die Finanzierung erfolgt hierbei nicht zwischen Lieferant und Abnehmer, sondern durch Einschaltung einer dritten Person, nämlich des Factors, an den die Forderungen gegenüber dem Abnehmer abgetreten werden.

2. Teil: Die Einkaufsfinanzierung

Die abnehmerbasierte Finanzierung geht, wie der Begriff bereits impliziert, vom Abnehmer aus. Sie wird auch als „*upstream finance*" bezeichnet, da sie sozusagen aufwärts vom Abnehmer an den Lieferanten gewährt wird.[92] Der Abnehmer ist in diesem Fall stets der Käufer.

Ein bereits bekanntes Beispiel einer direkten abnehmerbasierten Finanzierung im Zwei-Parteien-Verhältnis ist die Kundenanzahlung. Sie kommt häufig in Branchen zur Anwendung, in denen die Produkte oder Waren nach den Wünschen und Bedürfnissen des Abnehmers erst einzeln angefertigt werden müssen, es sich also gerade nicht um eine Massenproduktion für eine Vielzahl von Abnehmern handelt, sowie im Groß- und Einzelhandel hochpreisiger Produkte, die durch den Händler erst noch beschafft werden müssen.[93] Bei der Kundenanzahlung leistet der Abnehmer an den Lieferanten, also den Verkäufer oder Hersteller, teilweise auf die gegen ihn bestehende Kaufpreisforderung vor, die gemäß § 362 BGB in der vorgeleisteten Höhe gegen ihn erlischt. Sie wird oft auch als „Abnehmerkredit" oder „Anzahlungskredit" bezeichnet.[94] Dabei handelt es sich jedoch nicht um ein Darlehen des Abnehmers an den Lieferanten im Sinne des § 488 BGB,[95] denn es findet eine endgütige Vermögensverschiebung statt. Die Kundenanzahlung stellt lediglich eine Abweichung vom Grundsatz der Zug-um-Zug-Leistung gemäß § 320 BGB dar.[96] Durch die Kundenanzahlung ist der Lieferant in der Lage das gewünschte Produkt vorzufinanzieren und kann so seine Zwischenfinanzierungskosten senken. Weiterhin minimiert die

---

92 *Wuttke/Blome/Foerstl/Henke*, Journal of Business Logistics 2013, 148, 149.
93 *Baums*, Unternehmensfinanzierung, § 32, Rn. 2; *Pape*, DStR 2003, 950, 952.
94 *Baums*, Unternehmensfinanzierung, § 32, Rn. 1.
95 *Baums*, Unternehmensfinanzierung, § 32, Rn. 4; *Westermann* in MüKo-BGB, Vor § 433, Rn. 30.
96 *Baums*, Unternehmensfinanzierung, § 32, Rn. 4; siehe auch oben zum Lieferantenkredit unter § 1 I.

Kundenanzahlung das Risiko der Nichtabnahme oder Nichtzahlung durch den Abnehmer,[97] was insbesondere bei Sonderanfertigungen von Bedeutung für den Lieferanten ist, da er in der Regel Einzelanfertigungen nicht anderweitig absetzen kann. Der Abnehmer kommt durch die Vorleistung regelmäßig in den Genuss von kürzeren Lieferzeiten sowie Preisnachlässen, er trägt jedoch das Risiko, dass die Lieferung nicht oder nicht vertragsgemäß erfolgt. Dieses Risiko lässt sich jedoch durch Leistungsgarantien, die der Lieferant zu stellen hat, beseitigen.[98] Die Kundenanzahlung ist regelmäßig zinslos und entlastet somit die Finanzierung des Umlaufvermögens.[99] Oftmals wird die Kundenanzahlung jedoch auch verzinst und der Zins von vorneherein vom Kaufpreis abgezogen.[100] Durch die Kundenanzahlung wird dem Lieferanten eine Finanzierung zur Herstellung oder Beschaffung der an den Abnehmer zu verkaufenden Ware gewährt. Die Finanzierungsleistung des Abnehmers durch die Vorleistung setzt dabei an einem sehr frühen Zeitpunkt an, nämlich bereits bei der Herstellung oder Beschaffung der zu verkaufenden Ware. Sie erfolgt zudem direkt zwischen dem Abnehmer und dem Lieferanten.

Im Gegensatz dazu ist für die hier darzustellenden Formen der abnehmerbasierten Finanzierung, in diesem Zusammenhang auch als „Einkaufsfinanzierung"[101] oder *„Supplier Finance"*[102] bezeichnet, ein Drei-Parteien-System zwischen Lieferant, Abnehmer und zwischengeschaltetem Finanzierer kennzeichnend.

Die „Einkaufsfinanzierung" wird vielfältig als Mittel der Optimierung des *„Net Working Capital"* angepriesen.[103] Net Working Capital oder auch Nettoumlaufvermögen wird definiert als Forderungen aus Lieferungen und Leistungen abzüglich der Verbindlichkeiten aus Lieferungen und Leistungen.[104] Es stellt gebundenes Kapital dar und engt so den finanziellen Handlungsspielraum des Lieferanten ein.[105] Die Herausforderung, die sich gerade für kleinere

---

97 *Baums*, Unternehmensfinanzierung, § 32, Rn. 3; *Drukarczyk*, Finanzierung, S. 261.
98 *Baums*, Unternehmensfinanzierung, § 32, Rn. 3; *Drukarczyk*, Finanzierung, S. 261.
99 *Pape*, DStR 2003, 950, 952.
100 *Baums*, Unternehmensfinanzierung, § 32, Rn. 3.
101 *Clausnitzer/Stumpf*, BB 2016, 2311; *Krieg*, BC 2016, 123, 127.
102 *Locker/Grosse-Ruyken*, Chefsache Finanzen, S. 176; *Berger/Fischer*, BB 2019, 1451, 1454.
103 *Krieg*, BC 2016, 123, 127; *Stange*, FLF 2014, 262.
104 *Pfohl/Gomm*, Logistics Research 2009, 149, 152; *Unrein/Üzmez*, BC 2011, 176; *Immel/Schilling*, BC 2013, 206; *Ertl*, BC 2000, 86, 89.
105 *Unrein/Üzmez*, BC 2011, 176; *Immel/Schilling*, BC 2013, 206; *Ertl*, BC 2000, 86, 89.

Unternehmen stellt, ist, dass große Teile ihres Kapitals durch Außenstände gebunden sind, während ihnen die verbleibende Liquidität nicht ausreicht, um sich am Markt bietende Chancen entsprechend zu nutzen.[106] Zusätzlich dient das Net Working Capital gerade Fremdkapitalgebern als Beurteilungsmaßstab für die Bonität eines Unternehmens.[107]

Eine Optimierung des Net Working Capital ist zu erreichen, wenn man die vermeintlich gegenläufigen Interessen zwischen Abnehmer und Lieferant unter Berücksichtigung ihrer spezifischen Bedürfnisse versucht in Einklang zu bringen.[108] So stellen auf der einen Seite aus Sicht des Lieferanten die Reduktion des Zahlungsziels und auf der anderen Seite aus Sicht des Abnehmers die Verlängerung des Zahlungsziels wesentliche Maßnahmen zu solch einer Optimierung dar.[109] Ziel der Einkaufsfinanzierung ist daher, diese gegenläufigen Interessen durch die Einschaltung einer dritten Person, dem Finanzierer, in Einklang zu bringen, indem dem „Einkäufer", also dem Abnehmer, ein verlängertes Zahlungsziel mit flexiblen Rückzahlungsmöglichkeiten gewährt und dadurch seine Liquidität und seine Position gegenüber dem Lieferanten verbessert wird. Der Lieferant kann durch diese Finanzierungsform das Zahlungsausfallrisiko verringern und erhält die Zahlung pünktlich und zuverlässig.[110]

Zwei dieser neuartigen abnehmerbasierten Finanzierungsmodelle, welche auf der Zusammenarbeit zwischen Lieferant und Abnehmer basieren,[111] sollen im Folgenden näher untersucht werden. Das ist zum einen das Reverse Factoring (§ 2) und zum anderen das Finetrading (§ 3).

---

106 *Koch,* CF 2014, 460.
107 *Muñoz,* JR 2013, 2.
108 *Koch,* CF 2014, 460.
109 *Koch,* CF 2014, 460.
110 *Krieg,* BC 2016, 123, 127.
111 *Koch,* CF 2014, 460.

§ 2 Reverse Factoring

I. Darstellung des Finanzierungsinstruments und seiner Funktionsweise

Das sogenannte Reverse Factoring oder auch umgekehrtes Factoring genannt[112] ist ein relevantes, neues Instrument der Einkaufsfinanzierung.[113] Anders als beim klassischen Factoring, das auf die Verkaufsseite abzielt und vom Gläubiger initiiert wird, geht die Initiative zum Abschluss des Finanzierungsvertrages beim Reverse Factoring in der Regel vom Abnehmer, sprich dem Schuldner, aus.[114] Auf dieser, im Gegensatz zum regulären Factoring, „umgekehrten" Vertragsanbahnung beruht auch die Bezeichnung als Reverse Factoring.[115]

1. Herkunft und Zielsetzung des Reverse Factoring

Das Reverse Factoring wurde Ende der 90er Jahre[116] in Spanien entwickelt.[117] Es entstand dort aus einer Not heraus, die sich aufgrund der in Spanien üblichen,

---

112 *Baums*, Unternehmensfinanzierung, § 20, Rn. 32; *Wagner*, FLF 2008, 281; *Von Bernstorff*, RIW 2018, 634, 637; *Malzahn*, BB 2016, 1964; *Freiberg*, PiR 2015, 148; *Moseschus/Wessel* in Krüger, Hdb. FactoringR, § 1, Rn. 40; *Krüger* in Krüger, Hdb. FactoringR, § 14, Rn. 1; *Redenius-Hövermann*, Jura 2019, 803, 806.
113 *Clausnitzer/Stumpf*, BB 2016, 2311, 2313; *Hartenberger* in Driesch/Riese/Schlüter/Senger, IFRS-Handbuch, § 3, Rn. 119; *Bardens/Geisel/Kuhn/Meurer*, WPg 24/2015, 1281; *Koch*, CF 2014, 460, 464; *Koch/Schade*, FLF 2015, 136, 138; *Stumpf*, BB 2012, 1045, 1051; *Berger/Fischer*, BB 2019, 1451, 1455; *Krüger* in Krüger, Hdb. FactoringR, § 14, Rn. 1; *Redenius-Hövermann*, Jura 2019, 803, 806.
114 *Clausnitzer/Stumpf*, BB 2016, 2311, 2313; *Hartenberger* in Driesch/Riese/Schlüter/Senger, IFRS-Handbuch, § 3, Rn. 119; *Bardens/Geisel/Kuhn/Meurer*, WPg 24/2015, 1281; *Stumpf*, BB 2012, 1045, 1051; *Von Bernstorff*, RIW 2018, 634, 635; *Wagner*, FLF 2008, 281; *Malzahn*, BB 2016, 1964; *Locker/Grosse-Ruyken*, Chefsache Finanzen, S. 191; *Hartmann-Wendels*, Factoring-Hdb., S. 8; *Moseschus/Wessel* in Krüger, Hdb. FactoringR, § 1, Rn. 40; *Krüger* in Krüger, Hdb. FactoringR, § 14, Rn. 1; *Redenius-Hövermann*, Jura 2019, 803, 806.
115 *Moseschus/Wessel* in Krüger, Hdb. FactoringR, § 1, Rn. 40; *Krüger* in Krüger, Hdb. FactoringR, § 14, Rn. 1; *Redenius-Hövermann*, Jura 2019, 803, 806.
116 *Locker/Grosse-Ruyken*, Chefsache Finanzen, S. 191; *Muñoz*, JR 2013, 2; *Redenius-Hövermann*, Jura 2019, 803, 806.
117 *Muñoz*, JR 2013, 2; *Von Bernstorff*, RIW 2018, 634, 637; *Redenius-Hövermann*, Jura 2019, 803, 806.

sehr langen Zahlungsziele ergab. Während in Deutschland die von Lieferanten üblicherweise eingeräumten Zahlungsziele zwischen 22 und 24 Tagen liegen, sind in Spanien Zahlungsziele von 48 bis 67 Tagen, teilweise sogar bis zu 6 Monaten, keine Seltenheit.[118] Gerade mittelständische Unternehmen sahen sich angesichts der großen Zeitspanne bis zum Liquiditätszufluss aus den offenen Forderungen gegenüber ihren Abnehmern dem Problem gegenüber, dass sie selbst ihre Verbindlichkeiten insbesondere ausländischen Lieferanten gegenüber in wesentlich kürzeren Zeitspannen begleichen mussten.[119] Ohne Zuhilfenahme des Reverse Factoring ist der Lieferant folglich gezwungen, zur Deckung der Verbindlichkeit gegenüber seinem Lieferanten liquide Mittel einzusetzen, die ihm folglich sofort abfließen, während seine Forderung gegen den Abnehmer bis zur Begleichung durch Letzteren bis zu einem Jahr in seinem Umlaufvermögen verbleibt.[120] Diese Diskrepanz zwischen den Zahlungszielen wirkt sich auch erheblich negativ auf das Working Capital der jeweiligen Unternehmen aus.[121]

Genau in dieser Situation soll das Reverse Factoring Abhilfe schaffen. Das Factoringunternehmen vereinbart mit dem Abnehmer den Ankauf der Forderung des Lieferanten gegenüber dem Abnehmer und gleichzeitig ein längeres Zahlungsziel.[122] Durch den Einsatz von Reverse Factoring kann der Abnehmer Zahlungsziele zwischen 90 und 180 Tagen erreichen.[123] Auf diesem Wege wird der Abnehmer in die Lage versetzt, die liquiden Mittel, die er ansonsten kurzfristig zur Tilgung der Forderung des Lieferanten hätte verwenden müssen, länger in seinem Umlaufvermögen zu halten.[124] Reverse Factoring ist folglich auch ein Mittel zur Optimierung des Working Capital.[125]

---

118 *Muñoz*, JR 2013, 2; *Von Bernstorff*, RIW 2018, 634, 637; *Redenius-Hövermann*, Jura 2019, 803, 806.
119 *Muñoz*, JR 2013, 2; *Redenius-Hövermann*, Jura 2019, 803, 806.
120 *Muñoz*, JR 2013, 2, 3.
121 *Muñoz*, JR 2013, 2.
122 *Muñoz*, JR 2013, 2, 3; *Koch*, CF 2014, 460, 464.
123 *Koch*, CF 2014, 460, 464.
124 *Muñoz*, JR 2013, 2, 3.
125 *Wagner*, FLF 2008, 281; *Koch*, CF 2014, 460, 463; *Krüger* in Krüger, Hdb. FactoringR, § 14, Rn. 2.

2. Funktionsweise des Reverse Factoring

Reverse Factoring basiert auf einer Dreiecksbeziehung zwischen Lieferant, Abnehmer und Factor.[126] Während die Initiative zum Einsatz von Reverse Factoring vom Abnehmer ausgeht, muss der Lieferant dem insofern zustimmen, als auch er eine vertragliche Bindung mit dem Factor eingehen muss. Zunächst schließt der Factor mit dem Abnehmer einen Rahmenvertrag, in dem sich der Factor verpflichtet, die Verbindlichkeiten des Abnehmers aus Lieferungen und Leistungen revolvierend gegenüber den im Rahmenvertrag aufgelisteten Lieferanten innerhalb eines vordefinierten Limits zu begleichen.[127] Im Gegenzug verpflichtet sich der Abnehmer gegenüber dem Factor zur flexiblen Rückzahlung der Forderungen aus Lieferungen und Leistungen innerhalb eines fest definierten Zeitraums.[128]

Auf Grundlage der im Rahmenvertrag zwischen Abnehmer und Factor aufgelisteten Lieferanten schließt der Factor sodann mit jedem dieser Lieferanten einen gesonderten Factoringvertrag ab.[129] In diesem verpflichtet sich der Lieferant zur Abtretung seiner Forderung(en) gegen seinen Abnehmer an den Factor. Im Gegenzug verpflichtet sich der Factor zur umgehenden Begleichung der Forderung(en) unter Inanspruchnahme eines Skontos.[130] Der Kaufvertrag, der zwischen Lieferant und Abnehmer geschlossen wird, schließt das Dreieck.[131]

Nach dem Zustandekommen der vertraglichen Grundlagen tätigt der Abnehmer wie gewohnt beim Lieferanten die Bestellung zu den ausgehandelten Konditionen und lässt sich die Ware liefern. Der Lieferant sendet zeitgleich eine Kopie der Rechnung an den Factor und tritt ihm, wie vertraglich vereinbart, die Forderung ab. Nach Eingang und Untersuchung der Ware durch den Abnehmer im Rahmen seiner Untersuchungs- und Rügepflicht gegenüber dem Lieferanten erteilt der Abnehmer dem Factor die Zahlungsfreigabe.[132] Daraufhin zahlt der Factor umgehend innerhalb der Skontofrist den Kaufpreis, sprich bis zu 100 %

---

126 *Baums*, Unternehmensfinanzierung, § 20, Rn. 32; *Koch,* CF 2014, 460, 464; *Von Bernstorff,* RIW 2018, 634, 637; *Wagner,* FLF 2008, 281; *Redenius-Hövermann,* Jura 2019, 803, 807.
127 *Baums*, Unternehmensfinanzierung, § 20, Rn. 32; *Koch,* CF 2014, 460, 464; *Von Bernstorff,* RIW 2018, 634, 637; *Wagner,* FLF 2008, 281.
128 *Koch,* CF 2014, 460, 464.
129 *Baums*, Unternehmensfinanzierung, § 20, Rn. 32; *Koch,* CF 2014, 460, 464; *Von Bernstorff,* RIW 2018, 634, 637; *Wagner,* FLF 2008, 281.
130 *Koch,* CF 2014, 460, 464.
131 *Koch,* CF 2014, 460, 464.
132 *Koch,* CF 2014, 460, 464.

der in Rechnung gestellten Forderung, an den Lieferanten. Der Abnehmer ist sodann dem Factor gegenüber zur Rückzahlung innerhalb der zwischen ihm und dem Factor vereinbarten Zahlungsfrist sowie zur Zahlung der Finanzierungskosten verpflichtet.[133]

II. Rechtliche Gestaltung

Beim Reverse Factoring bestehen die rechtlichen Beziehungen im Dreiecksverhältnis zwischen Abnehmer und Factor, Lieferant und Factor und Lieferant und Abnehmer.[134] Die Reverse Factoring Transaktion kann dabei rechtlich entweder als Dreiparteien-Vereinbarung oder im Wege zwei getrennter, jedoch aufeinander abgestimmter Vereinbarungen erfolgen.[135] Da letztere Variante die in der Praxis Übliche ist,[136] beschränkt sich die nachfolgende Darstellung nur auf diese.

1. Die rechtliche Beziehung zwischen Abnehmer und Factor

Der Abnehmer und der Factor schließen zunächst einen Rahmenvertrag,[137] der rechtlich als Geschäftsbesorgungsvertrag gemäß § 675 Abs. 1 BGB einzuordnen ist.[138] Denn in diesem verpflichtet sich der Factor, jeweils auf Anweisung des Abnehmers hin, dessen Verbindlichkeiten gegenüber den im Rahmenvertrag aufgelisteten Lieferanten anzukaufen und damit zu begleichen. Der Abnehmer verpflichtet sich im Gegenzug, die vom Factor bezahlte Forderung diesem gegenüber innerhalb eines bestimmten, festgelegten Zahlungsziels zu tilgen und für den Zeitraum bis zur Begleichung der Forderung Zinsen und die Factor- bzw. eine Verwaltungsgebühr zu zahlen.[139] Dabei werden die Vertragsbedingungen

---

133 *Koch*, CF 2014, 460, 464; *Baums*, Unternehmensfinanzierung, § 20, Rn. 32; *Stumpf*, BB 2012, 1045, 1051; *Wagner*, FLF 2008, 281.
134 *Muñoz*, JR 2013, 2, 3.
135 *Bardens/Geisel/Kuhn/Meurer*, WPg 24/2015, 1281, 1282; *Krüger* in Krüger, Hdb. FactoringR, § 14, Rn. 5; *Redenius-Hövermann*, Jura 2019, 803, 809.
136 *Deutscher Factoring Verband e.V.*, Kommentierung zum Entwurf IDW RS HFA 48 v. 30.10.2015, S. 2, abrufbar unter: https://www.idw.de/blob/86454/f77ffeaa81582a 422cf266feea7474a5/down-idwershfa9-dt-factoring-verband-data.pdf; *Vogel/Maier*, RWZ 2016, 360, 361; *Krüger* in Krüger, Hdb. FactoringR, § 14, Rn. 6; *Redenius-Hövermann*, Jura 2019, 803, 809.
137 *Muñoz*, JR 2013, 2, 3; *Clausnitzer/Stumpf*, BB 2016, 2311, 2313; *Stumpf*, BB 2012, 1045, 1051; *Krüger* in Krüger, Hdb. FactoringR, § 14, Rn. 15; *Redenius-Hövermann*, Jura 2019, 803, 808.
138 So auch *Redenius-Hövermann*, Jura 2019, 803, 808.
139 *Muñoz*, JR 2013, 2, 3; *Krüger* in Krüger, Hdb. FactoringR, § 14, Rn. 15.

der ursprünglichen Forderung in der Regel im Nachhinein geändert.[140] Diese Änderung umfasst üblicherweise einen Einredeverzicht des Abnehmers gegenüber dem Factor und die Vereinbarung von Zinszahlungen gemäß § 311 Abs. 1 BGB zwischen den Vertragsparteien.[141] Inhalt des Vertrages ist zudem regelmäßig eine Verlängerung des Zahlungsziels gemäß § 271 Abs. 1 BGB.[142] Diese kann bereits in dem Kaufvertrag zwischen Lieferant und Abnehmer vereinbart werden oder im Rahmen des Reverse Factoring Vertrages zwischen Abnehmer und Factor.[143]

Vor Abschluss des Rahmenvertrages zwischen Factor und Abnehmer muss sich dieser einer umfassenden Bonitätsprüfung unterziehen. Sie hat neben dem grundsätzlichen Zustandekommen der einzelnen Verträge auch Einfluss auf die Kreditversicherbarkeit und das zu gewährende Limit sowie den anfallenden Factoringzinssatz für die Zeit der Kapitalüberlassung.[144]

Die Gesamtkosten des Reverse Factoring berechnen sich aus der sogenannten Factoringgebühr und einem Finanzierungszinssatz.[145] Die Factoringgebühr, die der Abnehmer an den Factor zu entrichten hat, bemisst sich in der Regel nach der Anzahl der zu zahlenden Rechnungen und der Streuung der Lieferanten.[146] Zusätzlich wird üblicherweise das vom Factor übernommene Delkredererisiko eingepreist, welches sich wiederum nach der Bonität des Abnehmers richtet.[147] Der vom Abnehmer zu zahlende Finanzierungszins ist regelmäßig marktüblich, entspricht also dem Zinssatz, den Banken für einen kurzfristigen Kredit berechnen würden.[148] Er ist wiederum abhängig von der Bonität des Abnehmers und der Dauer der Kreditierung.[149] Die Ausgaben für Zins und Factoringgebühr kann der Abnehmer in der Regel zumindest teilweise über die Inanspruchnahme

---

140 *Hartenberger* in Driesch/Riese/Schlüter/Senger, IFRS-Handbuch, § 3, Rn. 119; *Bardens/Geisel/Kuhn/Meurer*, WPg 24/2015, 1281, 1282.
141 *Bardens/Geisel/Kuhn/Meurer*, WPg 24/2015, 1281, 1286.
142 *Hartenberger* in Driesch/Riese/Schlüter/Senger, IFRS-Handbuch, § 3, Rn. 119; *Bardens/Geisel/Kuhn/Meurer*, WPg 24/2015, 1281, 1282, 1286.
143 *Clausnitzer/Stumpf*, BB 2016, 2311, 2313; *Hartenberger* in Driesch/Riese/Schlüter/Senger, IFRS-Handbuch, § 3, Rn. 119; *Bardens/Geisel/Kuhn/Meurer*, WPg 24/2015, 1281, 1282; *Redenius-Hövermann*, Jura 2019, 803, 807.
144 *Koch*, CF 2014, 460, 464.
145 *Koch*, CF 2014, 460, 464.
146 *Muñoz*, JR 2013, 2, 3.
147 *Koch*, CF 2014, 460, 464.
148 *Muñoz*, JR 2013, 2, 3; *Koch*, CF 2014, 460, 464.
149 *Koch*, CF 2014, 460, 464.

der von Lieferanten bei frühzeitiger Zahlung gewährten Skonti refinanzieren.[150] Diese verbleiben zunächst beim Factor und decken die anfallende Factoringgebühr sowie die Factoringzinsen in den ersten 30 Tagen.[151]

Durch den Ankauf der Forderung beim Lieferanten ist der Factor als neuer Forderungsinhaber sämtlichen Risiken ausgesetzt, die sich aus der Forderung und dem zugrundeliegenden Kaufvertrag zwischen Lieferant und Abnehmer ergeben. Diese Risiken sind zum einen das Veritätsrisiko hinsichtlich des Bestehens der Forderung und zum anderen das Geltendmachen etwaiger Gewährleistungsansprüche durch den Abnehmer. Denn dies setzt den Factor dem Risiko aus, dass er die Forderung gegenüber dem Lieferanten bereits in voller Höhe beglichen hat, er aufgrund der Mangelhaftigkeit der Ware aber keinen vollwertigen Ausgleichsanspruch gegenüber dem Abnehmer hätte. Ein Regress gegenüber dem Lieferanten ist zwar rechtlich darstellbar, in der Regel aber vom Factor aufgrund der daraus resultierenden Übernahme des Ausfallrisikos des Lieferanten nicht gewollt.[152] Aus diesem Grund ist es aus Sicht des Factors wichtig und notwendig, dass der Abnehmer den Factor von den forderungsbezogenen Risiken und insbesondere dem Veritätsrisiko freistellt.[153]

Diese Freistellung besteht üblicherweise in dem Verzicht des Abnehmers, gegen den zugrundeliegenden Liefervertrag Einwendungen geltend zu machen.[154] Dieser Verzicht kann rechtlich unterschiedlich ausgestaltet sein.[155]

Zum einen kann der Abnehmer gegenüber dem Factor ein konstitutives Schuldanerkenntnis abgeben.[156] Ein Schuldanerkenntnis ist gemäß § 781 Satz 1 BGB ein einseitig verpflichtender Vertrag,[157] durch den der Schuldner dem Gläubiger gegenüber unabhängig vom Schuldgrund eine Schuld als bestehend

---

150 *Muñoz*, JR 2013, 2, 3; *Koch,* CF 2014, 460, 464.
151 *Koch,* CF 2014, 460, 464.
152 *Malzahn,* BB 2016, 1964, 1965; *Redenius-Hövermann,* Jura 2019, 803, 808.
153 *Malzahn,* BB 2016, 1964, 1965; *Redenius-Hövermann,* Jura 2019, 803, 808.
154 *Clausnitzer/Stumpf,* BB 2016, 2311, 2313; *Hartenberger* in Driesch/Riese/Schlüter/Senger, IFRS-Handbuch, § 3, Rn. 119; *Bardens/Geisel/Kuhn/Meurer,* WPg 24/2015, 1281, 1282; *Redenius-Hövermann,* Jura 2019, 803, 808 f.
155 *Malzahn,* BB 2016, 1964, 1965; *Clausnitzer/Stumpf,* BB 2016, 2311, 2314; *Redenius-Hövermann,* Jura 2019, 803, 809; zusammenfassend *Krüger* in Krüger, Hdb. FactoringR, § 14, Rn. 16.
156 *Clausnitzer/Stumpf,* BB 2016, 2311, 2314; *Klüwer,* Die Bank Nr. 10, Oktober 2016, 18; *Redenius-Hövermann,* Jura 2019, 803, 809.
157 *Stadler* in Jauernig, BGB, § 781, Rn. 4; *Bardens/Geisel/Kuhn/Meurer,* WPg 24/2015, 1281, 1284.

anerkennt.[158] Das konstitutive Schuldanerkenntnis schafft einen zusätzlichen Rechtsgrund für die Zahlung[159] und führt zu einer eigenständigen, unbedingten Zahlungsverpflichtung.[160] Dementsprechend können dem konstitutiven Schuldanerkenntnis Einwendungen aus dem Grundverhältnis nur sehr begrenzt entgegengesetzt werden.[161] So kann der Gläubiger trotz etwa bestehender Einwendungen aus dem Grundverhältnis Erfüllung verlangen.[162] Das konstitutive Schuldanerkenntnis wird vor allem in den Supply Chain Finance Programmen von Großbanken gefordert.[163]

Zum anderen ist die Abgabe eines deklaratorischen Schuldanerkenntnisses denkbar.[164] Im Gegensatz zum abstrakten schafft das deklaratorische Schuldanerkenntnis keinen neuen, selbstständigen Anspruch.[165] Es verfolgt den Zweck, das Schuldverhältnis insgesamt oder zumindest in bestimmten Beziehungen dem Streit oder der Ungewissheit der Parteien zu entziehen und es (insoweit) endgültig festzulegen.[166] Es schließt alle Einwendungen tatsächlicher und rechtlicher Art für die Zukunft aus, die der Abnehmer bei Abgabe kannte oder mit denen er zumindest rechnen musste.[167] Ein Verzicht auf unbekannte Einwendungen kann hingegen nur ausnahmsweise angenommen werden.[168] Das deklaratorische Schuldanerkenntnis wird vor allem von Finanzdienstleistungsinstituten der qualifizierten Factoring-Anbieter gefordert.[169]

---

158 *Stadler* in Jauernig, BGB, § 781, Rn. 4.
159 *Clausnitzer/Stumpf*, BB 2016, 2311, 2314; *Ehmann*, WM 2007, 329, 330; *Redenius-Hövermann*, Jura 2019, 803, 809.
160 *Bardens/Geisel/Kuhn/Meurer*, WPg 24/2015, 1281, 1284; *Stadler* in Jauernig, BGB, § 781, Rn. 10.
161 *Sprau* in Palandt, BGB, § 780, Rn. 9.
162 *Sprau* in Palandt, BGB, § 780, Rn. 1b.
163 *Clausnitzer/Stumpf*, BB 2016, 2311, 2314; *Stumpf/Clausnitzer*, FLF 2016, 208, 209; *Krüger* in Krüger, Hdb. FactoringR, § 14, Rn. 16.
164 *Clausnitzer/Stumpf*, BB 2016, 2311, 2314; *Stumpf*, BB 2012, 1045, 1051; *Malzahn*, BB 2016, 1964, 1966; *Redenius-Hövermann*, Jura 2019, 803, 809.
165 *Stadler* in Jauernig, BGB, § 781, Rn. 18.
166 BGH, Urteil v. 24.03.1976, Az. IV ZR 222/74, NJW 1976, 1259, 1260; BGH, Beschluss v. 11.10.1994, Az. XI ZR 18/94, NJW 1995, 961; BGH, Urteil v. 9.10.1997, Az. IX ZR 296/96, NJW 1998, 306 f.; *Malzahn*, BB 2016, 1964, 1966; *Stadler* in Jauernig, BGB, § 781, Rn. 15; *Redenius-Hövermann*, Jura 2019, 803, 809.
167 *Stadler* in Jauernig, BGB, § 781, Rn. 19; *Stumpf/Clausnitzer*, FLF 2016, 208, 209; *Redenius-Hövermann*, Jura 2019, 803, 809.
168 *Stadler* in Jauernig, BGB, § 781, Rn. 19.
169 *Clausnitzer/Stumpf*, BB 2016, 2311, 2314; *Stumpf/Clausnitzer*, FLF 2016, 208, 209.

Eine weitere Möglichkeit, wenn auch die schwächste Sicherung aus Sicht des Factors, ist ein Einwendungsverzicht des Abnehmers nach § 404 BGB.[170] Dieser schließt lediglich das Geltendmachen von Einwendungen oder Einreden durch Berufung auf Leistungsstörungen aus dem ursprünglichen Schuldverhältnis aus.[171] Der Abnehmer kann dem Factor als neuem Gläubiger folglich die Einwendungen nicht entgegenhalten, die ihm gegenüber dem bisherigen Gläubiger zustanden.[172] Dem Lieferanten als bisherigem Gläubiger kann er diese Einwendungen jedoch nach wie vor entgegensetzen.[173]

Wie dieser Verzicht des Abnehmers im Rahmen einer Reverse Factoring Transaktion letztendlich beurteilt wird, muss durch Auslegung gemäß §§ 133, 157 BGB ermittelt werden.[174] Welche der verschiedenen Varianten von den Parteien gewählt wird, hängt zudem nicht selten von ihrer jeweiligen Marktmacht ab.[175]

Sobald der Abnehmer eine Verbindlichkeit mit einem der im Rahmenvertrag aufgelisteten Lieferanten eingeht, prüft er die erhaltene Rechnung auf ihre Richtigkeit und weist den Factor an, diese zu begleichen.[176] Diese Anweisung ist eine Willenserklärung und bedarf grundsätzlich der Annahme durch den Factor. Zur Annahme ist der Factor jedoch ohnehin aus dem Rahmenvertrag bereits verpflichtet, sodass im Falle einer gerichtlichen Durchsetzung des Anspruchs diese Willenserklärung mit Rechtskraft des Urteils nach § 894 ZPO fingiert würde.[177] In der Regel verpflichtet sich der Abnehmer im Rahmenvertrag auch dazu, auf das ihm aus § 790 Satz 1 1. Halbsatz BGB zustehende Widerrufsrecht zu verzichten, sodass seine Anweisung gegenüber dem Factor unwiderruflich ist und eine komplizierte Rückabwicklung ausgeschlossen wird. Unbedingt notwendig ist solch ein vertraglicher Ausschluss jedoch nicht, denn, wie sich aus § 790 Satz 1

---

170 *Clausnitzer/Stumpf*, BB 2016, 2311, 2314; *Hartenberger* in Driesch/Riese/Schlüter/Senger, IFRS-Handbuch, § 3, Rn. 119; *Redenius-Hövermann*, Jura 2019, 803, 809.
171 *Bardens/Geisel/Kuhn/Meurer*, WPg 24/2015, 1281, 1284.
172 *Stumpf/Clausnitzer*, FLF 2016, 208, 209.
173 *Deutscher Factoring Verband e.V.*, Kommentierung zum Entwurf IDW RS HFA 48 v. 30.10.2015, S. 3, abrufbar unter: https://www.idw.de/blob/86454/f77ffeaa81582a4 22cf266feea7474a5/down-idwershfa9-dt-factoring-verband-data.pdf.
174 *Malzahn*, BB 2016, 1964, 1965.
175 *Bardens/Geisel/Kuhn/Meurer*, WPg 24/2015, 1281, 1282.
176 *Muñoz*, JR 2013, 2, 3; *Clausnitzer/Stumpf*, BB 2016, 2311, 2313.
177 *Muñoz*, JR 2013, 2, 3.

2. Halbsatz Alt. 2 BGB ergibt, die Anweisung ist ohnehin unwiderruflich, sobald die Leistung durch den Factor bewirkt ist, der Factor also bereits gezahlt hat.[178]

Nach Begleichen der Rechnung durch den Factor zahlt der Abnehmer entsprechend dem mit dem Factor vereinbarten Zahlungsziel bei Fälligkeit den Rechnungsbetrag nebst dem Factoringzinssatz.[179] Der Zahlungsanspruch des Factors ergibt sich grundsätzlich aus §§ 398, 433 Abs. 2 BGB. Hinsichtlich der Factoringgebühr hat er einen Zahlungsanspruch gegen den Abnehmer aus §§ 675 Abs. 1, 612 Abs. 1 BGB, und aus der Zinsabrede gemäß § 311 Abs. 1 BGB[180] einen Anspruch auf den vereinbarten Factoringzins.

2. Die rechtliche Beziehung zwischen Lieferant und Factor

Wie beim regulären Factoring wird zwischen den Lieferanten, die im Rahmenvertrag zwischen Factor und Abnehmer aufgelistet sind,[181] und dem Factor ein Rahmenvertrag geschlossen, in dem sich der Lieferant verpflichtet, dem Factor alle gegenwärtigen und zukünftigen Forderungen gegen seinen Abnehmer anzudienen und sie dem Factor abzutreten.[182] Auch dieser Rahmenvertrag wird rechtlich als sog. Typenkombinationsvertrag einzuordnen sein, da er wie beim regulären Factoring auch Elemente des Kaufvertrags und der Geschäftsbesorgung enthält.[183] Lediglich das Element des Darlehensvertrags fällt beim Reverse Factoring zwischen Lieferant und Factor weg. Zusätzlich enthält der Vertrag wie beim regulären Factoring auch das verfügende Element der Globalzession und eine Einziehungsermächtigung des Factors.[184]

Im Gegensatz zum Rahmenvertrag zwischen Factor und Lieferant beim regulären Factoring sind die Verträge zwischen diesen beiden Parteien beim Reverse Factoring erheblich verschlankt, weil die meisten der üblichen Regelungen

---

178 *Muñoz*, JR 2013, 2, 3.
179 *Malzahn*, BB 2016, 1964; *Koch*, CF 2014, 460, 464; *Baums*, Unternehmensfinanzierung, § 20, Rn. 32; *Stumpf*, BB 2012, 1045, 1051.
180 Vgl. *Grundmann* in MüKo-BGB, § 246, Rn. 24.
181 *Muñoz*, JR 2013, 2, 3; *Krüger* in Krüger, Hdb. FactoringR, § 14, Rn. 7.
182 *Clausnitzer/Stumpf*, BB 2016, 2311, 2313; *Stumpf*, BB 2012, 1045, 1051; *Malzahn*, BB 2016, 1964; *Redenius-Hövermann*, Jura 2019, 803, 808.
183 Vgl. *Omlor* in Langenbucher/Bliesener/Spindler, Bankrechts-KO, Kap. 18, B., Rn. 27; *Wagner* in Ebenroth/Boujong/Joost/Strohn, HGB, Kap. V, Rn. V 6; *Martinek/Omlor* in Schimansky/Bunte/Lwowski, Bankrechts-Handbuch, § 102, Rn. 38.
184 Vgl. *Omlor* in Langenbucher/Bliesener/Spindler, Bankrechts-KO, Kap. 18, B., Rn. 27; *Wagner* in Ebenroth/Boujong/Joost/Strohn, HGB, Kap. V, Rn. V 6; *Martinek/Omlor* in Schimansky/Bunte/Lwowski, Bankrechts-Handbuch, § 102, Rn. 38.

bereits im Rahmenvertrag zwischen Abnehmer und Factor niedergelegt sind.[185] So sind Regelungen über weitere Dienstleistungen im Zusammenhang mit dem Erwerb der Forderung, wie etwa die Übernahme der Debitorenbuchhaltung oder des Mahnwesens durch den Factor beim Reverse Factoring überflüssig.[186] Schließlich begleicht der Factor gegenüber dem Lieferanten die Verbindlichkeit des Abnehmers, sodass eine Debitorenbuchhaltung oder das Betreiben eines Mahnwesens nicht nötig sind. Zudem besteht auch hier wieder – im Gegensatz zum regulären Factoring – der Unterschied, dass der Vertrag zwischen Lieferant und Factor jeweils nur einen Abnehmer betrifft[187] und nicht ein Bündel von Forderungen gegen eine Vielzahl verschiedener Abnehmer.

Aus Sicht des Lieferanten ist es allerdings sinnvoll, im Rahmenvertrag festzulegen, dass es sich um echtes Factoring handelt, der Factor also das Delkredererisiko übernimmt und bei Ausfall des Abnehmers keinen Anspruch gegen den Lieferanten hat.[188]

Da beim Reverse Factoring der Factor die Verbindlichkeiten des Abnehmers gegenüber dem Lieferanten nur auf Anweisung des Abnehmers übernimmt, muss im Factoringvertrag zwischen Lieferant und Factor wie beim regulären Factoring folglich eine Andienungspflicht seitens des Lieferanten vereinbart werden, aber gerade keine Ankaufspflicht für den Factor.[189] Ankaufsvoraussetzung ist neben der Anweisung durch den Abnehmer auch die vollständige Leistungserbringung durch den Lieferanten gegenüber dem Abnehmer gemäß § 320 BGB,[190] um die Einrede des nicht erfüllten Vertrages auszuschließen.[191]

Wie beim regulären Factoring werden die Forderungen des Lieferanten gegen den Abnehmer auch beim Reverse Factoring in der Regel im Wege der antizipierten Globalzession gemäß § 398 BGB auf den Factor übertragen. Diese Globalzession steht dann wie beim regulären Factoring auch gemäß § 158 Abs. 1

---

185 *Muñoz*, JR 2013, 2, 3.
186 *Muñoz*, JR 2013, 2, 4; *Redenius-Hövermann*, Jura 2019, 803, 806.
187 *Muñoz*, JR 2013, 2, 4; *Redenius-Hövermann*, Jura 2019, 803, 806.
188 *Muñoz*, JR 2013, 2, 4.
189 *Muñoz*, JR 2013, 2, 4; *Malzahn*, BB 2016, 1964; *Martinek/Omlor* in Schimansky/Bunte/Lwowski, Bankrechts-Handbuch, § 102, Rn. 17; *Wagner* in Ebenroth/Boujong/Joost/Strohn, HGB, Kap. V, Rn. V 16; *Krüger* in Krüger, Hdb. FactoringR, § 3, Rn. 17 ff.; *Redenius-Hövermann*, Jura 2019, 803, 808.
190 *Clausnitzer/Stumpf*, BB 2016, 2311, 2313; *Stumpf*, BB 2012, 1045, 1051; *Wagner* in Ebenroth/Boujong/Joost/Strohn, HGB, Kap. V, Rn. V 16; *Redenius-Hövermann*, Jura 2019, 803, 808.
191 *Wagner* in Ebenroth/Boujong/Joost/Strohn, HGB, Kap. V, Rn. V 16.

BGB unter der aufschiebenden Bedingung des Zustandekommens des in den Ausführungsverträgen geregelten schuldrechtlichen Kausalgeschäfts.[192] Für den Factor hat diese Konstruktion den Vorteil, dass gemäß § 161 Abs. 1 BGB in der Schwebezeit erfolgende Abtretungen der Forderung durch den Lieferanten dem Factor gegenüber relativ unwirksam sind.[193]

Zusätzlich zum Rahmenvertrag zwischen Lieferant und Factor schließen sie für jede Forderung gesondert einen Ausführungsvertrag. In diesem wird die Forderung hinreichend bestimmt und der Kaufpreis festgelegt.[194] Bei diesen Verträgen handelt es sich wie beim regulären Factoring ebenfalls um einen Forderungskauf nach §§ 453, 433 BGB,[195] der den Lieferanten zur Verschaffung der Forderungsinhaberschaft durch Abtretung[196] und den Factor zur Zahlung des Kaufpreises verpflichtet.[197] Alle weiteren Verpflichtungen der Parteien sind bereits im Rahmenvertrag niedergelegt.[198] Wie beim regulären Factoring, liegt das Angebot zum Abschluss des Kaufvertrags nach §§ 145 ff., 433 BGB in der Andienung der Forderung durch den Lieferanten, konkludent durch Einreichen der entsprechenden Rechnung an den Abnehmer beim Factor. Die Annahme des Angebots durch den Factor erfolgt in der Regel durch die Zahlung des

---

192 *Muñoz*, JR 2013, 2, 4; *Stumpf*, BB 2012, 1045, 1047; *Baums*, Unternehmensfinanzierung, § 20, Rn. 25; *Schott/Bartsch* in Eilers/Rödding/Schmalenbach, S. 616, E. Rn. 59; *Wagner* in Ebenroth/Boujong/Joost/Strohn, HGB, Kap. V, Rn. V 13; *Martinek/Omlor* in Schimansky/Bunte/Lwowski, Bankrechts-Handbuch, § 102, Rn. 41.
193 *Muñoz*, JR 2013, 2, 4; *Omlor* in Langenbucher/Bliesener/Spindler, Bankrechts-KO, Kap. 18, B., Rn. 34; *Wagner* in Ebenroth/Boujong/Joost/Strohn, HGB, Kap. V, Rn. V 13; *Martinek/Omlor* in Schimansky/Bunte/Lwowski, Bankrechts-Handbuch, § 102, Rn. 41.
194 *Muñoz*, JR 2013, 2, 4.
195 *Omlor* in Langenbucher/Bliesener/Spindler, Bankrechts-KO, Kap. 18, B., Rn. 31; *Stumpf*, BB 2012, 1045, 1047; *Redenius-Hövermann*, Jura 2019, 803, 808; *Krüger* in Krüger, Hdb. FactoringR, § 14, Rn. 7; *Martinek/Omlor* in Schimansky/Bunte/Lwowski, Bankrechts-Handbuch, § 102, Rn. 32 (m.w.N.).
196 *Martinek/Omlor* in Schimansky/Bunte/Lwowski, Bankrechts-Handbuch, § 102, Rn. 32; *Wagner* in Ebenroth/Boujong/Joost/Strohn, HGB, Kap. V, Rn. V 18; *Krüger* in Krüger, Hdb. FactoringR, § 14, Rn. 7.
197 *Wagner* in Ebenroth/Boujong/Joost/Strohn, HGB, Kap. V, Rn. V 18; *Martinek/Omlor* in Schimansky/Bunte/Lwowski, Bankrechts-Handbuch, § 102, Rn. 32.
198 *Wagner* in Ebenroth/Boujong/Joost/Strohn, HGB, Kap. V, Rn. V 18.

vereinbarten Entgelts,[199] unter Verzicht auf eine ausdrückliche Annahmeerklärung nach § 151 BGB.[200]

Der Factor überweist sodann den vollen Kaufpreis ohne Abzüge an den Lieferanten. Eine Vereinbarung über einen Abschlag auf den Forderungswert erfolgt nur, sofern der Lieferant sofortige Zahlung vor Fälligkeit der Forderung verlangt.[201]

Der Abschluss eines Rahmenvertrags zwischen Factor und Lieferant ist jedoch nur dann sinnvoll, wenn zwischen dem Abnehmer und dem Lieferanten eine laufende Geschäftsbeziehung besteht. Ist dies nicht der Fall und handelt es sich lediglich um eine einzelne Forderung des Lieferanten gegen den Abnehmer, ist der Abschluss eines Rahmenvertrages überflüssig. Es wird dann ausreichend sein, lediglich den Ausführungsvertrag abzuschließen und diesen um die notwendigen Bestimmungen des Rahmenvertrages zu ergänzen.

3. Die rechtliche Beziehung zwischen Abnehmer und Lieferant

Zwischen Lieferant und Abnehmer besteht ein Kaufvertrag i.S.d. § 433 BGB.[202] Dieser verpflichtet den Lieferanten zur Übergabe einer mangelfreien Sache und zur Verschaffung des Eigentums gemäß § 433 Abs. 1 BGB und den Abnehmer als Käufer zur Abnahme der gekauften Sache und zur Zahlung des Kaufpreises an den Lieferanten gemäß § 433 Abs. 2 BGB.

Infolge der Abtretung der Forderung gegen den Abnehmer an den Factor nach § 398 BGB kann der Lieferant selbst den Kaufpreis vom Abnehmer zwar nicht mehr fordern. Das Schuldverhältnis zwischen Lieferant und Abnehmer bleibt an sich aber bestehen.[203]

---

199 *Malzahn*, BB 2016, 1964; *Omlor* in Langenbucher/Bliesener/Spindler, Bankrechts-KO, Kap. 18, B., Rn. 31; *Stumpf*, BB 2012, 1045, 1047; *Wagner* in Ebenroth/Boujong/Joost/Strohn, HGB, Kap. V, Rn. V 17; *Redenius-Hövermann*, Jura 2019, 803, 808.
200 *Wagner* in Ebenroth/Boujong/Joost/Strohn, HGB, Kap. V, Rn. V 17; *Stumpf*, BB 2012, 1045, 1047.
201 *Muñoz*, JR 2013, 2, 4.
202 *Muñoz*, JR 2013, 2, 4; *Krüger* in Krüger, Hdb. FactoringR, § 14, Rn. 20; *Redenius-Hövermann*, Jura 2019, 803, 807.
203 *Muñoz*, JR 2013, 2, 4; *Rohe* in Bamberger/Roth/Hau/Poseck, BGB, § 398, Rn. 59; *Redenius-Hövermann*, Jura 2019, 803, 808.

4. Zusammenfassung

Die rechtlichen Beziehungen der Beteiligten an der Reverse Factoring Transaktion bestehen in einem Dreiecksverhältnis zwischen Lieferant, Factor und Abnehmer. Factor und Abnehmer schließen einen Rahmenvertrag, der rechtlich einen Geschäftsbesorgungsvertrag gemäß § 675 BGB darstellt. In diesem verpflichtet sich der Factor gegenüber dem Abnehmer, jeweils auf dessen Anweisung hin, die Verbindlichkeiten des Abnehmers aus den Kaufverträgen mit denen im Rahmenvertrag aufgelisteten Lieferanten anzukaufen und zu begleichen. Der Abnehmer verpflichtet sich im Gegenzug, die vom Factor bezahlte Forderung innerhalb des zwischen den Parteien vereinbarten Zahlungsziels gemäß § 271 Abs. 1 BGB zu tilgen. Zudem verpflichtet der Abnehmer sich zur Zahlung der Factoringgebühr und des im Rahmenvertrag festgelegten Factoringzinssatzes. Zur Absicherung des Factors gegen die Realisierung von Veritätsrisiken und etwaige Gewährleistungsansprüche des Abnehmers erklärt der Abnehmer gegenüber dem Factor zusätzlich einen Verzicht, der den Factor von ebendiesen forderungsbezogenen Risiken freistellt. Rechtlich kann dieser Verzicht unterschiedlich ausgestaltet sein. In Betracht kommen neben einem konstitutiven Schuldanerkenntnis gemäß § 781 BGB auch ein deklaratorisches Schuldanerkenntnis sowie ein Einwendungsverzicht nach § 404 BGB. Welche rechtliche Ausgestaltung dieser Verzicht letztendlich hat, ist durch Auslegung der Parteivereinbarungen nach §§ 133, 157 BGB zu beurteilen und hängt nicht selten von der jeweiligen Marktmacht der Parteien ab.

Um seiner Verpflichtung aus dem Rahmenvertrag nachzukommen, schließt der Factor mit dem Lieferanten wiederum einen weiteren Rahmenvertrag, in dem er sich verpflichtet, die Forderung des Lieferanten gegen den Abnehmer gemäß §§ 453, 433 BGB anzukaufen. Der Factor verpflichtet sich im Gegenzug zur Andienung und zur Abtretung der Forderung gemäß § 398 BGB gegen den Abnehmer. Bei dem Rahmenvertrag zwischen Lieferant und Factor handelt es sich, wie beim regulären Factoring auch, um einen Typenkombinationsvertrag, der Elemente des Kauf- und des Geschäftsbesorgungsvertrages vereint. Er ist im Gegensatz zum regulären Factoring erheblich verschlankt, da die meisten der beim regulären Factoring üblichen Regelungen bereits im Rahmenvertrag mit dem Abnehmer niedergelegt sind. Zudem entfallen beim Reverse Factoring weitere vom regulären Factoring her bekannte Dienstleitungen, wie das Debitorenmanagement und das Mahnwesen. Die Zahlung des Factors an den Lieferanten erfolgt je nach Vereinbarung umgehend unter Ausnutzen eines etwa gewährten Skontos.

Der Kaufvertrag gemäß § 433 BGB zwischen Lieferant und Abnehmer über die zu beziehenden Waren schließt das Dreieck.

III. Rechtliche Problemfelder

1. Anfechtung des Kaufvertrages durch den Abnehmer

Die Anfechtung des zugrunde liegenden Kaufvertrages zwischen Lieferant und Abnehmer durch den Letzteren führt gemäß § 142 Abs. 1 BGB zur anfänglichen Nichtigkeit dieses Vertragsverhältnisses und löst die bereicherungsrechtliche Rückabwicklung nach § 812 Abs. 1 Satz 1 1. Alt. BGB aus.[204]

Aufgrund der Dreieckskonstellation beim Reverse Factoring stellt sich jedoch die Frage, wie sich eine solche Anfechtung und die damit verbundene Rückabwicklung des Kaufvertrages auf das Vertragsverhältnis zwischen dem Abnehmer und dem Factor auswirkt.[205] Denn besteht die der Reverse Factoring Transaktion zugrunde liegende Forderung mangels eines wirksamen Kaufvertrages nicht, muss die Abtretung an den Factor ins Leere gehen.[206]

Voraussetzung für die Berufung des Abnehmers auf die Nichtigkeit des Kaufvertrages gegenüber dem Factor ist jedoch, dass die Parteien keinen Einwendungsverzicht im Sinne des § 404 BGB im Rahmenvertrag vereinbart haben.[207] Denn dies würde dazu führen, dass der Abnehmer dem Factor die rechtshindernde Einwendung der Anfechtung nicht entgegensetzen könnte.[208] Er könnte folglich Ansprüche nur gegenüber dem Lieferanten geltend machen.

Besteht ein solcher Einwendungsverzicht nicht, kann der Abnehmer dem Factor als neuem Gläubiger gemäß § 404 BGB alle Einwendungen entgegensetzen, die ihm auch gegen den Lieferanten als altem Gläubiger zugestanden hätten. Voraussetzung hierfür ist lediglich, dass das Anfechtungsrecht im Zeitpunkt des Übergangs der Forderung bereits begründet war.[209] Begründet war

---

204 *Busche* in MüKo-BGB, § 142, Rn. 15; *Wendtland* in Bamberger/Roth/Hau/Poseck, BGB, § 142, Rn. 6 f.; *Muñoz*, JR 2013, 2, 4; *Clausnitzer/Stumpf*, BB 2016, 2311, 2314; *Redenius-Hövermann*, Jura 2019, 803, 810.
205 Vgl. *Muñoz*, JR 2013, 2, 4; *Clausnitzer/Stumpf*, BB 2016, 2311, 2314.
206 *Martinek/Omlor* in Schimansky/Bunte/Lwowski, Bankrechts-Handbuch, § 102, Rn. 130.
207 *Muñoz*, JR 2013, 2, 4; *Clausnitzer/Stumpf*, BB 2016, 2311, 2314; *Redenius-Hövermann*, Jura 2019, 803, 810.
208 *Roth/Kieninger* in MüKo-BGB, § 404, Rn. 19, 7; *Stürner* in Jauernig, BGB, § 404, Rn. 6, 3; *Muñoz*, JR 2013, 2, 4; *Clausnitzer/Stumpf*, BB 2016, 2311, 2314.
209 Vgl. *Roth/Kieninger* in MüKo-BGB, § 404, Rn. 7; *Muñoz*, JR 2013, 2, 5; *Clausnitzer/Stumpf*, BB 2016, 2311, 2314.

das Anfechtungsrecht dann, wenn es bereits zur Zeit der Abtretung in dem Schuldverhältnis seine Grundlage respektive seinen Rechtsgrund hatte und sich sein Tatbestand erst nach Abtretung erfüllt. Das ist in aller Regel der Fall.[210] Des Weiteren ist danach zu differenzieren, ob der Abnehmer bereits an den Factor gezahlt hat oder nicht.[211]

a) Vor erfolgter Zahlung an den Factor

Hat der Abnehmer noch nicht an den Factor gezahlt und kann er die Anfechtung des Kaufvertrages zwischen ihm und dem Lieferanten gemäß § 404 BGB dem Factor einredeweise entgegenhalten, kann er die Zahlung an den Factor verweigern. Der Factor muss sich dann an den Lieferanten zwecks Rückzahlung des Kaufpreises wenden.[212]

In Betracht kommt ein Anspruch des Factors gegen den Lieferanten aus Gewährleistungsrecht gemäß §§ 453 Abs. 1, 433 Abs. 1, 437 BGB. Voraussetzung hierfür ist jedoch der Gefahrübergang nach §§ 453 Abs. 1, 446 Satz 1 BGB.[213] Dieser erfolgt bei einem Rechtskauf im Zeitpunkt der Übertragung des Rechts.[214] Da die Anfechtung des Kaufvertrages durch den Abnehmer jedoch ex tunc Wirkung entfaltet,[215] ist die Forderung als von Anfang an nicht entstanden zu betrachten. Die Anwendung der Gewährleistungsrechte scheitert folglich an der fehlenden Übertragung der Forderung, sprich dem fehlenden Gefahrübergang.[216]

Mangels Anwendbarkeit der Gewährleistungsrechte ist sodann an den Erfüllungsanspruch aus §§ 453 Abs. 1, 433 Abs. 1 BGB des Factors gegen den Lieferanten zu denken. Dieser scheitert jedoch ebenfalls an dem Nichtbestehen der Forderung. Denn dem Lieferanten ist es gemäß § 275 Abs. 1 BGB objektiv unmöglich, eine nicht bestehende Forderung zu übertragen.[217]

---

210 Vgl. *Roth/Kieninger* in MüKo-BGB, § 404, Rn. 7; *Stürner* in Jauernig, BGB, § 404, Rn. 4.
211 Vgl. *Muñoz,* JR 2013, 2, 4; *Clausnitzer/Stumpf,* BB 2016, 2311, 2314; *Redenius-Hövermann,* Jura 2019, 803, 809.
212 *Clausnitzer/Stumpf,* BB 2016, 2311, 2314; *Muñoz,* JR 2013, 2, 5; *Redenius-Hövermann,* Jura 2019, 803, 810.
213 *Muñoz,* JR 2013, 2, 5.
214 *Westermann* in MüKo-BGB, § 453, Rn. 14.
215 *Busche* in MüKo-BGB, § 142, Rn. 15; *Mansel* in Jauernig, BGB, § 142, Rn. 3.
216 *Weidenkaff* in Palandt, BGB, § 453, Rn. 19; *Muñoz,* JR 2013, 2, 5.
217 Vgl. *Weidenkaff* in Palandt, BGB, § 453, Rn. 19; *Muñoz,* JR 2013, 2, 5.

Somit kommt lediglich ein Anspruch aus dem allgemeinen Leistungsstörungsrecht in Betracht.[218] Zu denken ist dabei an die Veritätshaftung des Lieferanten,[219] denn dieser haftet zwar nicht, wie beim echten Factoring auch, für die Bonität des Abnehmers, jedoch für das Bestehen der Forderung. Genau daran fehlt es jedoch im vorliegenden Fall.[220] Die Anspruchsgrundlage ergibt sich dabei aus § 311a Abs. 2 Satz 1 BGB.[221]

Das Schuldverhältnis bildet der Forderungskaufvertrag zwischen Factor und Lieferant gemäß §§ 453 Abs. 1, 433 Abs. 1 BGB. Unmöglichkeit liegt vor, da es dem Lieferanten aufgrund der Anfechtung des Kaufvertrages durch den Abnehmer gemäß § 275 Abs. 1 BGB objektiv unmöglich ist, die Forderung zu übertragen. Diese Unmöglichkeit ist auch eine anfängliche, da durch die ex tunc Wirkung der Anfechtung der Kaufvertrag als von Anfang an nichtig anzusehen ist.[222] Im Gegensatz zur früher geltenden verschuldensunabhängigen Veritätshaftung des Forderungsverkäufers besteht der Schadensersatzanspruch des Factors gegen den Lieferanten indes nur dann nicht, sofern dieser gemäß § 311a Abs. 2 Satz 2 BGB das Leistungshindernis bei Vertragsschluss nicht kannte und seine Unkenntnis auch nicht zu vertreten hat.[223] Durch die doppelte Verneinung in § 311a Abs. 2 Satz 2 BGB hat der Gesetzgeber einen vermuteten, aber der Entlastung zugänglichen, Verschuldenstatbestand geschaffen,[224] welcher durch Umkehr der Beweislast für fehlendes Vertretenmüssen dem Forderungskäufer, sprich dem Factor, die Anspruchsdurchsetzung erleichtert.[225]

Dennoch sollten Factoringgesellschaften als Sicherung von dem Lieferanten eine Garantie hinsichtlich des Bestehens der Forderung im Sinne des § 276 Abs. 1

---

218 *Clausnitzer/Stumpf*, BB 2016, 2311, 2314; *Weidenkaff* in Palandt, BGB, § 453, Rn. 19; *Krüger* in Krüger, Hdb. FactoringR, § 14, Rn. 22; *Redenius-Hövermann*, Jura 2019, 803, 810.
219 *Clausnitzer/Stumpf*, BB 2016, 2311, 2314; *Muñoz*, JR 2013, 2, 5; *Redenius-Hövermann*, Jura 2019, 803, 810.
220 *Muñoz*, JR 2013, 2, 5; vgl. *Weidenkaff* in Palandt, BGB, § 453, Rn. 21 f.; *Wagner* in Ebenroth/Boujong/Joost/Strohn, HGB, Kap. V, Rn. V 20.
221 *Martinek/Omlor* in Schimansky/Bunte/Lwowski, Bankrechts-Handbuch, § 102, Rn. 32a; a.A. *Muñoz*, JR 2013, 2, 5, welcher den Anspruch auf §§ 280, 283 BGB stützt.
222 *Busche* in MüKo-BGB, § 142, Rn. 15; *Wendtland* in Bamberger/Roth/Hau/Poseck, BGB, § 142, Rn. 6; *Mansel* in Jauernig, BGB, § 142, Rn. 3.
223 *Martinek/Omlor* in Schimansky/Bunte/Lwowski, Bankrechts-Handbuch, § 102, Rn. 32a; vgl. auch *Westermann* in MüKo-BGB, § 453, Rn. 10.
224 *Westermann* in MüKo-BGB, § 453, Rn. 10.
225 *Martinek/Omlor* in Schimansky/Bunte/Lwowski, Bankrechts-Handbuch, § 102, Rn. 32a; *Faust* in Bamberger/Roth/Hau/Poseck, BGB, § 453, Rn. 17.

BGB verlangen, um dem Risiko einer Prozessverschleppung durch umfangreiche Beweisangebote des Lieferanten zu entgehen.[226] Eine solche Garantie sollte ausdrücklich in dem Rahmenvertrag mit dem Lieferanten vereinbart werden, denn der Gesetzgeber hat bewusst von einer Garantiehaftung als Regelfall abgesehen, sodass diese nur bei konkreten Anhaltspunkten im Vertrag angenommen werden kann.[227]

Der Lieferant schuldet dem Factor sodann Schadensersatz statt der Leistung, der auf das positive Interesse gerichtet ist.[228] Der Factor ist folglich so zu stellen, wie er stünde, hätte der Lieferant vertragsgemäß erfüllt.[229]

b) Nach erfolgter Zahlung an den Factor

Nach erfolgter Zahlung des Abnehmers an den Factor ist fraglich, gegen wen der Abnehmer seinen bereicherungsrechtlichen Rückforderungsanspruch aus § 812 Abs. 1 Satz 1 1. Alt. BGB zu richten hat. Zur Beantwortung dieser Frage bietet sich ein Rückgriff auf die vorherrschenden Argumente zum regulären Factoring an. Auch hier ist umstritten, ob die Rückabwicklung bei Anfechtung des Abnehmers nach erfolgter Zahlung entlang der Kausalverhältnisse zu erfolgen hat oder ob dem Abnehmer ein Direktanspruch gegen den Factor zusteht.

Eine Ansicht[230] geht davon aus, dass der Abnehmer gegen den Zedenten, sprich den Lieferanten, vorgehen muss. Ein Argument, welches von dieser Ansicht regelmäßig vorgebracht wird, ist die Parallele zu den Anweisungsfällen. Dabei entspreche die Abtretung der Forderung der Anweisung des Zedenten an

---

226 *Martinek/Omlor* in Schimansky/Bunte/Lwowski, Bankrechts-Handbuch, § 102, Rn. 32a; *Faust* in Bamberger/Roth/Hau/Poseck, BGB, § 453, Rn. 17; vgl. auch *Westermann* in MüKo-BGB, § 453, Rn. 10; *Muñoz*, JR 2013, 2, 5.
227 *Westermann* in MüKo-BGB, § 453, Rn. 10; *Faust* in Bamberger/Roth/Hau/Poseck, BGB, § 453, Rn. 18; a.A. *Martinek/Omlor* in Schimansky/Bunte/Lwowski, Bankrechts-Handbuch, § 102, Rn. 32a, die für die Annahme einer stillschweigenden Garantie argumentieren.
228 *Grüneberg* in Palandt, BGB, § 311a, Rn. 7; *Ernst* in MüKo-BGB, § 311a, Rn. 65; *Emmerich* in MüKo-BGB, Vorbem. zu § 281, Rn. 3; *Gehrlein* in Bamberger/Roth/Hau/Poseck, BGB, § 311a, Rn. 6.
229 Vgl. *Emmerich* in MüKo-BGB, Vorbem. zu § 281, Rn. 3.
230 *Canaris*, FS Larenz, S. 834 ff.; BGH, Urteil v. 19.01.2005, Az. VIII ZR 173/03, NJW 2005, 1369; *Wagner* in Ebenroth/Boujong/Joost/Strohn, HGB, Kap. V, Rn. V 21; *Clausnitzer/Stumpf*, BB 2016, 2311, 2314; *Wendehorst* in Bamberger/Roth/Hau/Poseck, BGB, § 812, Rn. 247; *Krüger* in Krüger, Hdb. FactoringR, § 14, Rn. 22; *Redenius-Hövermann*, Jura 2019, 803, 810.

den Zessionar zu leisten. Folglich müsse sich der Bereicherungsanspruch wie in den Anweisungsfällen bei einem fehlerhaften Deckungsverhältnis gegen den Anweisenden, sprich den Zedenten, richten.[231]

Ein weiteres Argument sei der Vergleich zur Situation beim Rücktritt. Tritt der Schuldner vom Vertrag mit dem Zedenten zurück, stehen ihm seine vertraglichen Rückgewähransprüche weiterhin nur gegen den Zedenten zu. Dies könne dann im Falle der Anfechtung zu keinem anderen Ergebnis führen.[232]

Des Weiteren dürfe dem Schuldner nicht das Risiko der Insolvenz des Zessionars aufgebürdet werden,[233] denn der Schuldner habe sich den Zedenten und nicht den Zessionar als Vertragspartner ausgesucht.[234] An der Risikozuordnung dürfe sich durch die Abtretung nichts ändern.[235] Daher dürfe die Stellung des Schuldners gemäß § 404 BGB durch die Zession auch weder verschlechtert noch verbessert werden.[236]

Rechtsgrund für die Leistung des Schuldners sei der zwischen ihm und dem Zedenten geschlossene Vertrag, denn der Schuldner sei trotz Abtretung Vertragspartner des Zedenten geblieben.[237] Weiterhin dürften dem Zedenten nicht die Einreden und Einwendungen, die ihm noch gegen den Schuldner zustehen können, abgeschnitten werden.[238] Gleichzeitig solle dem Zessionar nichts entzogen werden, was dieser mit Rechtsgrund erlangt hat.[239]

---

231 BGH, Urteil v. 19.01.2005, Az. VIII ZR 173/03, NJW 2005, 1369, 1370; BGH, Urteil v. 02.11.1988, Az. IVb ZR 102/87, NJW 1989, 900, 901 f.; siehe zum Meinungsstand *Schwab* in MüKo-BGB, § 812, Rn. 233.

232 BGH, Urteil v. 19.01.2005, Az. VIII ZR 173/03, NJW 2005, 1369, 1370; siehe zum Meinungsstand *Schwab* in MüKo-BGB, § 812, Rn. 237.

233 *Canaris*, FS Larenz, S. 835; *Clausnitzer/Stumpf*, BB 2016, 2311, 2314; BGH, Urteil v. 19.01.2005, Az. VIII ZR 173/03, NJW 2005, 1369.

234 *Canaris*, FS Larenz, S. 835; siehe zum Meinungsstand *Schwab* in MüKo-BGB, § 812, Rn. 233.

235 BGH, Urteil v. 19.01.2005, Az. VIII ZR 173/03, NJW 2005, 1369.

236 *Canaris*, FS Larenz, S. 835; *Clausnitzer/Stumpf*, BB 2016, 2311, 2314; BGH, Urteil v. 19.01.2005, Az. VIII ZR 173/03, NJW 2005, 1369.

237 *Canaris*, FS Larenz, S. 835; BGH, Urteil v. 19.01.2005, Az. VIII ZR 173/03, NJW 2005, 1369; siehe zum Meinungsstand *Schwab* in MüKo-BGB, § 812, Rn. 234.

238 *Canaris*, FS Larenz, S. 835; *Wendehorst* in Bamberger/Roth/Hau/Poseck, BGB, § 812, Rn. 247.

239 *Clausnitzer/Stumpf*, BB 2016, 2311, 2314; *Wendehorst* in Bamberger/Roth/Hau/Poseck, BGB, § 812, Rn. 247.

Die Gegenansicht[240] erlaubt dem Abnehmer hingegen, seinen Kondiktionsanspruch direkt gegen den Zessionar, sprich den Factor, zu richten. Durch die Abtretung sei der Zessionar an die Stelle des Zedenten getreten und somit ausschließlich zuständig für den Empfang der Leistung. Folglich leiste der Schuldner auch an den Zessionar, mit dem Ziel sich diesem gegenüber von seiner Verbindlichkeit zu befreien.[241]

Die Parallele zu den Anweisungsfällen hinke aus zwei Gründen. Im Gegensatz zur Anweisung erfolge die Abtretung zum einen meist ohne das Einverständnis des Schuldners,[242] zum anderen sei die Zahlung des Schuldners an den Zessionar gerade keine Leistung des Zedenten, für den der Schuldner nur als Werkzeug oder Zahlstelle auftrete.[243] Denn der Schuldner leiste auf eine eigene Verbindlichkeit gegenüber dem Zessionar, welche keine Drittleistung nach § 267 BGB darstelle.[244]

Auch der Vergleich zum Rücktritt sei verfehlt, denn es bedeute sehr wohl einen Unterschied, ob das Deckungsverhältnis wie beim Rücktritt noch bestehe oder eben durch die Anfechtung nichtig sei.[245]

Auch der Hinweis auf die Schuldnerschutzvorschrift des § 404 BGB gehe fehl, da diese den Schuldner nicht vor dem Gläubigerwechsel als solchem schütze,[246] sondern nur vor einer Verschlechterung seiner Rechtsposition im Zeitpunkt der Abtretung.[247] Wolle der Schuldner sich für die Zukunft vor einer Abtretung schützen, hätte er sich durch Vereinbarung eines Abtretungsverbots nach § 399 BGB absichern müssen.[248]

Die Argumente der beiden Ansichten können nur differenziert auf die Situation beim Reverse Factoring übertragen werden. Denn anders als beim

---

240 *Reuter/Martinek*, Ung. Bereicherung, S. 154 ff.; *Martinek/Omlor* in Schimansky/Bunte/Lwowski, Bankrechts-Handbuch, § 102, Rn. 132 ff.; *Schwab* in MüKo-BGB, § 812, Rn. 238 ff.; *Muñoz*, JR 2013, 2, 5.
241 *Reuter/Martinek*, Ung. Bereicherung, S. 150; *Schwab* in MüKo-BGB, § 812, Rn. 232.
242 *Schwab* in MüKo-BGB, § 812, Rn. 240; *Reuter/Martinek*, Ung. Bereicherung, S. 158.
243 *Martinek/Omlor* in Schimansky/Bunte/Lwowski, Bankrechts-Handbuch, § 102, Rn. 132; *Reuter/Martinek*, Ung. Bereicherung, S. 158 f.
244 *Martinek/Omlor* in Schimansky/Bunte/Lwowski, Bankrechts-Handbuch, § 102, Rn. 132.
245 *Reuter/Martinek*, Ung. Bereicherung, S. 155.
246 *Martinek/Omlor* in Schimansky/Bunte/Lwowski, Bankrechts-Handbuch, § 102, Rn. 133.
247 *Reuter/Martinek*, Ung. Bereicherung, S. 150.
248 *Reuter/Martinek*, Ung. Bereicherung, S. 156; *Martinek/Omlor* in Schimansky/Bunte/Lwowski, Bankrechts-Handbuch, § 102, Rn. 133.

regulären Factoring, bei dem zwischen dem Schuldner und dem Factor in der Regel keinerlei vertragliche Beziehung besteht, zeichnet sich das Reverse Factoring dadurch aus, dass die Initiative zum Verkauf der Forderung durch den Lieferanten gerade vom Abnehmer ausgeht und dieser mit dem Factor eine eigene Vertragsbeziehung unterhält. So lässt sich beim Reverse Factoring das Argument der erstgenannten Ansicht, der Schuldner habe sich den Zedenten und nicht den Zessionar als Vertragspartner ausgesucht und dürfe daher auch nicht mit dem Insolvenzrisiko des Letzteren belastet werden,[249] nicht halten. Denn im Falle des Reverse Factoring ist es gerade der Abnehmer, der die Abtretung der Forderung des Lieferanten initiiert und sich somit den Factor als Vertragspartner ausgesucht hat.[250]

Andererseits ist auch das Argument der Gegenansicht, eine Parallele zu den Anweisungsfällen bestehe nicht, da anders als bei der Anweisung ein Einverständnis des Schuldners bei der Abtretung nicht vorgesehen sei,[251] ebenfalls auf das Reverse Factoring nicht anwendbar. Denn wie gezeigt, erfolgt die Abtretung der Forderung gerade auf Initiative des Abnehmers.

Da die zum Meinungsstreit beim regulären Factoring vorgebrachten Argumente daher nicht einfach auf die Situation des Reverse Factoring übertragen werden können, muss die Lösung anhand der vom BGH[252] entwickelten Grundsätze zu den Dreipersonenverhältnissen gesucht werden. Danach verbiete sich in solchen Fällen jede schematische Lösung. Vielmehr seien die jeweiligen einzelfallbezogenen Besonderheiten zu berücksichtigen. Dabei sei insbesondere eine wirtschaftliche und weniger eine rechtsformale Betrachtung geboten.[253] Wer bereicherungsrechtlich als Leistender und wer als Leistungsempfänger anzusehen ist, richte sich dabei primär nach der mit der Leistung verbundenen Zweckbestimmung. Diese sei objektiv aus der Sicht des Zahlungsempfängers zu beurteilen.[254] Eine Leistung an den Zahlungsempfänger liege dementsprechend

---

249 *Canaris*, FS Larenz, S. 835; *Clausnitzer/Stumpf*, BB 2016, 2311, 2314; BGH, Urteil v. 19.01.2005, Az. VIII ZR 173/03, NJW 2005, 1369; siehe zum Meinungsstand *Schwab* in MüKo-BGB, § 812, Rn. 233.
250 Vgl. *Muñoz*, JR 2013, 2, 5.
251 *Schwab* in MüKo-BGB, § 812, Rn. 240; *Reuter/Martinek*, Ung. Bereicherung, S. 158.
252 Vgl. BGH, Urteil v. 02.11.1988, Az. IVb ZR 102/87, NJW 1989, 900; BGH, Urteil v. 10.02.2005, Az. VII ZR 184/04, NJW 2005, 1356.
253 Vgl. BGH, Urteil v. 02.11.1988, Az. IVb ZR 102/87, NJW 1989, 900, 901.
254 Vgl. BGH, Urteil v. 02.11.1988, Az. IVb ZR 102/87, NJW 1989, 900, 901; BGH, Urteil v. 10.02.2005, Az. VII ZR 184/04, NJW 2005, 1356 f.

vor, wenn aus dessen Sicht erkennbar der Zuwendende ihm gegenüber einen eigenen Leistungszweck verfolgt und nicht die Schuld eines Dritten erfüllt.[255]

Im Falle des Reverse Factoring steht die vertragliche Verbindung zwischen Factor und Abnehmer an erster Stelle. Denn erst aufgrund dieses Vertragsverhältnisses verpflichtet sich der Factor zum Ankauf der Forderung beim Lieferanten. Durch diesen Forderungskauf kommt es zur Abtretung der Forderung des Lieferanten an den Factor. Diese Abtretung ist vom Abnehmer auch gewollt und initiiert, da er aufgrund des mit dem Factor ausgehandelten längeren Zahlungsziels an diesen leisten will, um die Finanzierungsfunktion des Reverse Factoring in Anspruch zu nehmen.[256] Aus Sicht des Factors verfolgt der Abnehmer folglich einen eigenen Leistungszweck gegenüber dem Factor und will nicht die Schuld des Zedenten erfüllen.[257] Folglich ist für den Fall des Reverse Factoring dem Abnehmer ein Direktanspruch gegen den Factor zuzuerkennen.[258]

Dem Abnehmer steht demnach ein bereicherungsrechtlicher Rückforderungsanspruch aus § 812 Abs. 1 Satz 1 1. Alt. BGB gegen den Factor zu. Fordert der Abnehmer die Rückzahlung vom Factor, muss dieser seinen Schadensersatzanspruch aus § 311a Abs. 2 Satz 1 BGB wiederum gegenüber dem Lieferanten durchsetzen.

c) Zusammenfassung

Wie oben erläutert,[259] bestehen Factoringgesellschaften im Rahmen einer Reverse Factoring Vereinbarung mit dem Abnehmer in der Regel auf einem Verzicht des Abnehmers forderungsbezogene Einwendungen gegenüber dem Factor geltend zu machen. Liegt ein solcher Verzicht, aus welchen Gründen auch immer, nicht vor, muss sich der Factor bei einer Anfechtung des Kaufvertrages durch den Abnehmer an den Lieferanten wenden. Sofern der Abnehmer bei Anfechtung des Kaufvertrages noch nicht an den Factor gezahlt hat, steht Letzterem ein Schadensersatzanspruch aus § 311a Abs. 2 Satz 1 BGB gegen den Lieferanten zu. Hat der Abnehmer bei Anfechtung des Kaufvertrages hingegen bereits an den Factor gezahlt, ist der Factor einem bereicherungsrechtlichen Direktanspruch

---

255 BGH, Urteil v. 10.02.2005, Az. VII ZR 184/04, NJW 2005, 1356, 1357; *Sprau* in Palandt, BGB, § 812, Rn. 66.
256 Vgl. *Muñoz*, JR 2013, 2, 5.
257 Vgl. *Muñoz*, JR 2013, 2, 5; a.A. *Clausnitzer/Stumpf*, BB 2016, 2311, 2314.
258 *Muñoz*, JR 2013, 2, 5; a.A. *Clausnitzer/Stumpf*, BB 2016, 2311, 2314; *Krüger* in Krüger, Hdb. FactoringR, § 14, Rn. 22; *Redenius-Hövermann*, Jura 2019, 803, 810.
259 Siehe oben unter § 2 II. 1.

des Abnehmers aus § 812 Abs. 1 Satz 1 1. Alt. BGB ausgesetzt. Dieser ergibt sich aus den Besonderheiten der Reverse Factoring Transaktion, denn anders als beim regulären Factoring erfolgt die Zahlung des Abnehmers an den Factor aus dessen Sicht auf die eigene vertragliche Verbindlichkeit des Abnehmers aus dem Rahmenvertrag mit dem Factor. Der Factor muss sich sodann wiederum an den Lieferanten mit seinem Schadensersatzanspruch aus § 311a Abs. 2 BGB wenden.

2. Rücktritt vom Kaufvertrag durch den Abnehmer

Tritt der Abnehmer vom Kaufvertrag mit dem Lieferanten zurück, wandelt sich dieser gemäß §§ 346 ff. BGB in ein Rückgewährschuldverhältnis um.[260] Zu prüfen ist, ob sich der Rücktritt des Abnehmers auf das Vertragsverhältnis zwischen ihm und dem Factor auswirkt.

a) Vor erfolgter Zahlung an den Factor

Hat der Abnehmer den Rücktritt vom Kaufvertrag vor erfolgter Zahlung an den Factor erklärt und kann ihm gegenüber gemäß § 404 BGB die Zahlung verweigern, muss sich der Factor an den Lieferanten halten.[261] Anders als im Falle der Anfechtung scheitert die Anwendbarkeit der Gewährleistungsrechte nicht am fehlenden Gefahrübergang mangels Bestehen der Forderung, denn im Falle des Rücktritts des Abnehmers bleibt das Vertragsverhältnis zwischen ihm und dem Lieferanten und damit die Forderung grundsätzlich bestehen.[262] Dem Factor stehen folglich die Gewährleistungsrechte aus §§ 453 Abs. 1, 433 Abs. 1, 437 BGB gegenüber dem Lieferanten zu.[263] Die abgetretene Forderung ist auch mit einem Rechtsmangel i.S.d. § 435 BGB behaftet,[264] da ihr Rechte Dritter entgegenstehen,[265] nämlich die Einrede aus dem Rücktrittsrecht des Abnehmers gemäß

---

260 *Clausnitzer/Stumpf*, BB 2016, 2311, 2314; *Muñoz*, JR 2013, 2, 5; BGH, Urteil v. 28.11.2007, Az. VIII ZR 16/07, NJW 2008, 911.
261 *Clausnitzer/Stumpf*, BB 2016, 2311, 2314; *Muñoz*, JR 2013, 2, 5; *Wagner* in Ebenroth/Boujong/Joost/Strohn, HGB, Kap. V, Rn. V 21; *Redenius-Hövermann*, Jura 2019, 803, 811.
262 *Clausnitzer/Stumpf*, BB 2016, 2311, 2314; *Muñoz*, JR 2013, 2, 5; *Redenius-Hövermann*, Jura 2019, 803, 810.
263 *Clausnitzer/Stumpf*, BB 2016, 2311, 2314; *Muñoz*, JR 2013, 2, 5; *Redenius-Hövermann*, Jura 2019, 803, 811.
264 *Clausnitzer/Stumpf*, BB 2016, 2311, 2314; *Redenius-Hövermann*, Jura 2019, 803, 811.
265 *Weidenkaff* in Palandt, BGB, § 453, Rn. 18, 21; *Westermann* in MüKo-BGB, § 453, Rn. 11; *Berger* in Jauernig, BGB, § 453, Rn. 4; *Faust* in Bamberger/Roth/Hau/Poseck, BGB, § 453, Rn. 10; *Munoz*, JR 2013, 2, 5.

§§ 320, 437 Nr. 2, 346 BGB. Der Factor hat folglich gegen den Lieferanten einen Anspruch auf Rückzahlung des Kaufpreises der Forderung aus §§ 453 Abs. 1, 433 Abs. 1, 437 BGB.

b) Nach erfolgter Zahlung an den Factor

Nach erfolgter Zahlung des Abnehmers an den Factor erfolgt die Rückabwicklung nach dem Rücktritt des Abnehmers ausschließlich im Verhältnis zwischen Letzterem und dem Lieferanten.[266] Denn anders als bei der Anfechtung bleibt der Kaufvertrag zwischen Lieferant und Abnehmer bestehen und wandelt sich lediglich in ein Rückgewährschuldverhältnis um.[267] Dem Abnehmer steht folglich kein bereicherungsrechtlicher Anspruch gegen den Factor zu, sodass es auch nicht auf die ursprüngliche Zweckbestimmung der Leistung ankommt.[268] Nach erfolgter Zahlung durch den Abnehmer ist der Factor somit durch den Rücktritt des Abnehmers und die darauf folgende Rückabwicklung nicht betroffen.[269]

c) Zusammenfassung

Beim Rücktritt durch den Abnehmer stellt sich die Situation für den Factor anders dar als bei der Anfechtung, was maßgeblich daraus resultiert, dass anders als bei der Anfechtung das ursprüngliche Schuldverhältnis zwischen Lieferant und Abnehmer bestehen bleibt und sich lediglich in ein Rückgewährschuldverhältnis nach §§ 346 ff. BGB wandelt. Erklärt der Abnehmer dem Lieferanten gegenüber den Rücktritt, bevor er an den Factor gezahlt hat, muss sich der Factor wie bei der Anfechtung auch an den Lieferanten halten. Nur stehen dem Factor im Falle des Rücktritts die Gewährleistungsrechte aus §§ 453 Abs. 1, 433 Abs. 1, 437 BGB und damit ein Rückzahlungsanspruch gegen den Lieferanten zu. Für den Factor am vorteilhaftesten ist hingegen die Situation, in welcher der Abnehmer den Rücktritt erst nach bereits erfolgter Zahlung an den Factor erklärt. Denn in diesem Fall ist der Factor durch die Rückabwicklung des Schuldverhältnisses zwischen Abnehmer und Lieferant gar nicht betroffen. Der Factor steht nach

---

266 *Clausnitzer/Stumpf*, BB 2016, 2311, 2314; *Muñoz*, JR 2013, 2, 5; *Redenius-Hövermann*, Jura 2019, 803, 811.
267 *Clausnitzer/Stumpf*, BB 2016, 2311, 2314; *Muñoz*, JR 2013, 2, 5; *Wagner* in Ebenroth/Boujong/Joost/Strohn, HGB, Kap. V, Rn. V 21; *Redenius-Hövermann*, Jura 2019, 803, 811.
268 *Clausnitzer/Stumpf*, BB 2016, 2311, 2314; *Muñoz*, JR 2013, 2, 5; *Redenius-Hövermann*, Jura 2019, 803, 811.
269 *Muñoz*, JR 2013, 2, 5.

erfolgter Zahlung des Abnehmers folglich im Falle des Rücktritts des Abnehmers vom Kaufvertrag besser als im Falle der Anfechtung des Kaufvertrages durch den Abnehmer.

Diese Erkenntnisse zur Konstellation des Rücktritts ließen sich auch auf die weiteren Gewährleistungsrechte des Abnehmers gegenüber dem Lieferanten übertragen. Hierbei ist, wie beim Rücktritt, zunächst danach zu unterscheiden, ob der Abnehmer bereits an den Factor gezahlt hat oder nicht. Hat der Abnehmer bereits an den Factor gezahlt, werden der Factor und seine Rechtsbeziehung zum Abnehmer durch ein Nacherfüllungs- sowie ein Schadensersatzverlangen des Abnehmers neben der Leistung gegenüber dem Lieferanten nicht tangiert. Bei einer Minderung des Kaufpreises durch den Abnehmer ist der Factor nach erfolgter Zahlung durch den Abnehmer ebenfalls nicht betroffen, da diese, wie der Rücktritt auch, nur im Verhältnis zwischen Abnehmer und Lieferant erfolgt. Das gleiche gilt bei einem Schadensersatzverlangen des Abnehmers statt der (ganzen) Leistung gegen den Lieferanten nach erfolgter Zahlung.

Hat der Abnehmer hingegen noch nicht an den Factor gezahlt, kann er die Zahlung dem Factor gegenüber gemäß § 404 BGB bei Geltendmachung der Gewährleistungsrechte nach Maßgabe des § 320 BGB verweigern.

Da die Factoringgesellschaften jedoch in aller Regel und genau aufgrund der resultierenden, dargestellten Konsequenzen auf einem Einwendungsverzicht des Abnehmers bestehen, werden die aufgezeigten Probleme bei Anfechtung des Kaufvertrages oder der Geltendmachung von Gewährleistungsrechten durch den Abnehmer in der Praxis nahezu ausgeschlossen sein.

3. Erlaubnispflicht nach KWG

Das klassische Factoring wurde bereits im Jahr 2009 durch das Jahressteuergesetz 2009 (JStG 2009)[270] als Finanzdienstleistung dem Erlaubnisvorbehalt des §§ 32 Abs. 1, 1 Abs. 1a Satz 2 Nr. 9 KWG unterstellt.[271] Unter Factoring ist nach der Legaldefinition in § 1 Abs. 1a Satz 2 Nr. 9 KWG der laufende Ankauf von Forderungen auf der Grundlage von Rahmenverträgen mit oder ohne Rückgriff zu verstehen. Tatbestandlich setzt Factoring, um unter den Erlaubnisvorbehalt des §§ 32 Abs. 1, 1 Abs. 1a Satz 2 Nr. 9 KWG zu fallen, voraus, dass erstens ein „Ankauf" von Forderungen stattfindet, dieser zweitens „laufend" ist und auf der

---

270 BGBl. I 2008, 2794.
271 *Reschke*, BKR 2009, 141; *Glos/Sester*, WM 2009, 1209; *Schaaf*, FLF 2016, 117, 122; *Schäfer* in Boos/Fischer/Schulte-Mattler, KWG, § 1, Rn. 181.

Grundlage von Rahmenverträgen basiert, und drittens eine Finanzierungsfunktion erfüllt.[272]

Ankauf ist jeder schuldrechtliche Vertrag, der auf den Erwerb einer Forderung gerichtet ist.[273] Hierunter fällt auch ein Kaufvertrag zwischen Zedent und Factor, bei dem der Factor das Delkredererisiko trägt und der Zedent für die Verität der Forderung haftet.[274] Diese das echte Factoring charakterisierenden Merkmale gelten, wie gezeigt, auch für den Forderungserwerb des Factors vom Lieferanten gemäß §§ 453, 433 BGB in der Situation des Reverse Factoring.[275] Ein Ankauf von Forderungen findet beim Reverse Factoring folglich statt.

Dem Geschäft muss weiterhin eine wie auch immer geartete Finanzierungsfunktion zukommen.[276] Auch diese ist im Rahmen des Reverse Factoring gegeben, da der Factor durch das Einräumen eines längeren Zahlungsziels[277] den Abnehmer in die Lage versetzt, die liquiden Mittel, die er ansonsten kurzfristig zur Tilgung der Forderung des Lieferanten hätte verwenden müssen, länger in seinem Umlaufvermögen zu halten.[278]

Weiterhin muss zwischen Käufer und Verkäufer eine laufende Geschäftsbeziehung bestehen, in deren Rahmen der Factor immer wieder Forderungen ankauft.[279] Darüber hinaus muss diesen Geschäften eine Rahmenvereinbarung zugrunde liegen.[280]

---

272 BaFin-Merkblatt – Hinweise zum Tatbestand des Factoring, Stand 05. Januar 2009, Ziff. III; *Reschke*, BKR 2009, 141, 143.
273 BaFin-Merkblatt – Hinweise zum Tatbestand des Factoring, Stand 05. Januar 2009, Ziff. III. 1.; *Reschke*, BKR 2009, 141, 143; *Martinek/Omlor* in Schimansky/Bunte/Lwowski, Bankrechts-Handbuch, § 102, Rn. 84a; *Figura* in Herzog/Achtelik, GwG, § 2, Rn. 46; *Schäfer* in Boos/Fischer/Schulte-Mattler, KWG, § 1, Rn. 184.
274 BaFin-Merkblatt – Hinweise zum Tatbestand des Factoring, Stand 05. Januar 2009, Ziff. III. 1.; *Reschke*, BKR 2009, 141, 143; *Figura* in Herzog/Achtelik, GwG, § 2, Rn. 46.
275 *Omlor* in Langenbucher/Bliesener/Spindler, Bankrechts-KO, Kap. 18, B., Rn. 31; *Stumpf*, BB 2012, 1045, 1047; *Muñoz*, JR 2013, 2, 3; *Martinek/Omlor* in Schimansky/Bunte/Lwowski, Bankrechts-Handbuch, § 102, Rn. 32 (m.w.N.).
276 BaFin-Merkblatt – Hinweise zum Tatbestand des Factoring, Stand 05. Januar 2009, Ziff. III. 3.; *Reschke*, BKR 2009, 141, 143; *Glos/Sester*, WM 2009, 1209, 1212; *Schäfer* in Boos/Fischer/Schulte-Mattler, KWG, § 1, Rn. 185.
277 *Hartenberger* in Driesch/Riese/Schlüter/Senger, IFRS-Handbuch, § 3, Rn. 119; *Bardens/Geisel/Kuhn/Meurer*, WPg 24/2015, 1281, 1282.
278 *Muñoz*, JR 2013, 2, 3.
279 BaFin-Merkblatt – Hinweise zum Tatbestand des Factoring, Stand 05. Januar 2009, Ziff. III. 2.; *Reschke*, BKR 2009, 141, 143; *Figura* in Herzog/Achtelik, GwG, § 2, Rn. 48.
280 BaFin-Merkblatt – Hinweise zum Tatbestand des Factoring, Stand 05. Januar 2009, Ziff. III. 2.; *Reschke*, BKR 2009, 141, 143; *Figura* in Herzog/Achtelik, GwG, § 2, Rn. 48;

Beim Reverse Factoring betrifft der Vertrag zwischen Lieferant und Factor im Gegensatz zum regulären Factoring jeweils nur einen Abnehmer[281] und nicht ein Bündel von Forderungen gegen eine Vielzahl verschiedener Abnehmer. So ist der Abschluss eines Rahmenvertrages zwischen Factor und Lieferant unter Umständen überflüssig, gerade wenn es sich lediglich um eine einzelne Forderung des Lieferanten gegen den Abnehmer handelt und zwischen dem Abnehmer und diesem Lieferanten keine laufende Geschäftsbeziehung besteht. Stellt man folglich auf die Rahmenvereinbarung zwischen Factor und Lieferant ab, würde das Reverse Factoring, je nach Vertragsgestaltung, aus dem Anwendungsbereich des § 1 Abs. 1a Satz 2 Nr. 9 KWG herausfallen.

Gesetzlich normiert ist allerdings nur, dass der Ankauf der Forderungen „auf der Grundlage von Rahmenverträgen" basieren muss, nicht aber, zwischen welchen Parteien diese Rahmenverträge bestehen müssen.[282] Zwar ist Factoring typischerweise ein Geschäft zwischen Factor als Zessionar und Lieferant als Zedent, der gesetzliche Tatbestand setzt indessen jedoch lediglich voraus, dass überhaupt ein Rahmenvertrag vorliegt.[283] Folglich kommen nicht nur Factor und Lieferant, sondern auch Factor und Abnehmer als Parteien des Rahmenvertrages in Betracht.[284] Die Rahmenvereinbarung zwischen Factor und Abnehmer, die den Factor letztendlich verpflichtet, die Forderungen eines bestimmten Lieferanten anzukaufen, reicht daher für die Zwecke des § 1 Abs. 1a Satz 2 Nr. 9 KWG aus.[285] Zudem schließen Factor und Lieferant üblicherweise, wenn auch nicht immer notwendigerweise, auch noch eine ergänzende Rahmenvereinbarung ab, die nur die Forderungen gegen diesen Abnehmer erfasst, so dass das

---

Glos/Sester, WM 2009, 1209, 1211; *Martinek/Omlor* in Schimansky/Bunte/Lwowski, Bankrechts-Handbuch, § 102, Rn. 84a; *Schäfer* in Boos/Fischer/Schulte-Mattler, KWG, § 1, Rn. 183.
281 *Muñoz*, JR 2013, 2, 4.
282 BaFin-Merkblatt – Hinweise zum Tatbestand des Factoring, Stand 05. Januar 2009, Ziff. IV; *Glos/Sester*, WM 2009, 1209, 1211 f.; *Figura* in Herzog/Achtelik, GwG, § 2, Rn. 50; *Schäfer* in Boos/Fischer/Schulte-Mattler, KWG, § 1, Rn. 182; *Reschke*, BKR 2009, 141, 143.
283 BaFin-Merkblatt – Hinweise zum Tatbestand des Factoring, Stand 05. Januar 2009, Ziff. IV; *Reschke*, BKR 2009, 141, 143
284 *Glos/Sester*, WM 2009, 1209, 1212.
285 BaFin-Merkblatt – Hinweise zum Tatbestand des Factoring, Stand 05. Januar 2009, Ziff. IV; *Glos/Sester*, WM 2009, 1209, 1211 f.; *Figura* in Herzog/Achtelik, GwG, § 2, Rn. 50; *Schäfer* in Boos/Fischer/Schulte-Mattler, KWG, § 1, Rn. 182; *Reschke*, BKR 2009, 141, 143.

Tatbestandmerkmal „auf der Grundlage von Rahmenverträgen" oftmals gleich zweifach erfüllt ist.[286]
Folglich fällt auch das Reverse Factoring unter den Tatbestand des § 1 Abs. 1a Satz 2 Nr. 9 KWG[287] und ist nach § 32 Abs. 1 KWG erlaubnispflichtig.

4. Bilanzielle Bewertung

Ein weiteres rechtliches Problemfeld stellt die Bilanzierung von Reverse Factoring Transaktionen in der Bilanz des Abnehmers bei Anwendung der International Financial Reporting Standards (IFRS) dar. Zur Anwendung dieser Standards sind gemäß der IAS-Verordnung vom 19. Juli 2002[288] und § 315a HGB kapitalmarktorientierte Abnehmer, die einen Konzernabschluss erstellen, verpflichtet.[289]

Die unterschiedlichen Gestaltungsmöglichkeiten von Reverse Factoring Transaktionen lösten bei Auftauchen dieses neuartigen Finanzierungsinstruments zahlreiche Anfragen von Wirtschaftsprüfern hinsichtlich der Bilanzierung von Reverse Factoring Transaktionen nach IFRS aus. Dies veranlasste den Hauptfachausschuss (HFA) des Instituts der Wirtschaftsprüfer in Deutschland e.V. (IDW) letztendlich dazu, am 7. Mai 2015 einen Entwurf zur Ergänzung der Bilanzierung solcher Transaktionen in IDW RS HFA 9 „Einzelfragen zur Bilanzierung von Finanzinstrumenten nach IFRS"[290] zu veröffentlichen. Der Entwurf erläuterte neben relevanten Regelungen zum Abgang finanzieller

---

286 BaFin-Merkblatt – Hinweise zum Tatbestand des Factoring, Stand 05. Januar 2009, Ziff. IV; *Reschke,* BKR 2009, 141, 143.
287 *Glos/Sester,* WM 2009, 1209, 1211 f.; *Martinek/Omlor* in Schimansky/Bunte/Lwowski, Bankrechts-Handbuch, § 102, Rn. 84a, Fn. 9; *Figura* in Herzog/Achtelik, GwG, § 2, Rn. 50; *Schaaf,* FLF 2016, 117, 122; *Koch,* CF 2014, 460, 467; *Faber,* FLF 2018, 23, 24; *Hartmann-Wendels,* Factoring-Hdb., S. 87; *Schäfer* in Boos/Fischer/Schulte-Mattler, KWG, § 1, Rn. 182; *Krüger* in Krüger, Hdb. FactoringR, § 14, Rn. 24; *Redenius-Hövermann,* Jura 2019, 803, 804.
288 VO (EG) Nr. 1606/2002 des Europäischen Parlaments und des Rates vom 19. Juli 2002 betreffend die Anwendung internationaler Rechnungslegungsstandards, EU-Amtsblatt vom 11. September 2002, L 243, geändert durch die VO (EG) Nr. 297/2008 des europäischen Parlaments und des europäischen Rats vom 11. März 2008, EU-Amtsblatt vom 9. April 2008, L 97.
289 *Driesch* in Driesch/Riese/Schlüter/Senger, IFRS-Handbuch, § 1, Rn. 70, 86.
290 Entwurf einer Fortsetzung der IDW Stellungnahme zur Rechnungslegung: Einzelfragen zur Bilanzierung von Finanzinstrumenten nach IFRS (IDW RS HFA 9) (Stand: 04.05.2015), WPg Supplement 2/2015, 73 ff.

Verbindlichkeiten die wesentlichen Merkmale von Reverse Factoring Transaktionen und deren Bilanzierung aus Sicht des Abnehmers.[291]

Aufgrund der Vielzahl bestehender Auslegungsfragen und der Komplexität der Thematik verabschiedete der Hauptfachausschuss des IDW am 13. Mai 2016 einen neuen Abschnitt von IDW RS HFA 9. Dieser erste Entwurf einer „IDW Stellungnahme zur Rechnungslegung: Einzelfragen der Bilanzierung von Finanzinstrumenten nach IFRS 9 (IDW ERS HFA 48)" behandelte schwerpunktmäßig die bilanzielle Abbildung von Reverse Factoring Transaktionen.[292] Er enthielt trotz der Kritik eines Verbandes[293] keine inhaltlichen Änderungen zum Entwurf von 2015, war aber ausführlicher und detaillierter.

Am 11. September 2018 verabschiedete der Hauptfachausschuss des IDW erneut eine Fortsetzung von IDW RS HFA 48. Diese ergänzt die „Stellungnahme zur Rechnungslegung: Einzelfragen der Bilanzierung von Finanzinstrumenten nach IFRS 9 (IDW ERS HFA 48)" um einige Textziffern und einen Anhang.[294] Diese Fortsetzung stellt auch gleichzeitig den endgültigen Stand der Stellungnahme dar.[295] Trotz Kritik an den Ausführungen des IDW zum Reverse

---

291 IRZ 2015, 230, 231; BB 2015, 1257; IDW Aktuell v. 07.05.2015, Entwurf einer Fortsetzung zu IDW RS HFA 9 „Reverse Factoring", abrufbar unter: https://www.idw.de/idw/idw-aktuell/entwurf-einer-fortsetzung-zu-idw-rs-hfa-9--reverse-factoring-/27870.
292 BB 2016, 1321; IDW Aktuell v. 18.05.2016, Entwurf einer IDW Stellungnahme zur Rechnungslegung: Einzelfragen der Bilanzierung von Finanzinstrumenten nach IFRS 9 (IDW ERS HFA 48), abrufbar unter: https://www.idw.de/idw/idw-aktuell/entwurf-einer-idw-stellungnahme-zur-rechnungslegung--einzelfragen-der-bilanzierung-von-finanzinstrumenten-nach-ifrs-9--idw-ers-hfa-48-/88160; IDW Aktuell v. 23.05.2016, Fortsetzung zu IDW RS HFA 9: Einzelfragen zur Bilanzierung von Finanzinstrumenten nach IFRS, abrufbar unter: https://www.idw.de/idw/idw-aktuell/fortsetzung-zu-idw-rs-hfa-9--einzelfragen-zur-bilanzierung-von-finanzinstrumenten-nach-ifrs/88164.
293 Vgl. *Deutscher Factoring Verband e.V.*, Kommentierung zum Entwurf IDW RS HFA 48 v. 30.10.2015, abrufbar unter: https://www.idw.de/blob/86454/f77ffeaa81582a422cf266feea7474a5/down-idwershfa9-dt-factoring-verband-data.pdf; vgl. *Bardens/Geisel/Kuhn/Meurer*, WPg 24/2015, 1281, 1288.
294 IDW Aktuell v. 08.10.2018, IDW RS HFA 48: Ausführungen zur Modifikation finanzieller Vermögenswerte ergänzt, abrufbar unter https://www.idw.de/idw/idw-aktuell/idw-rs-hfa-48--ausfuehrungen-zur-modifikation-finanzieller-vermoegenswerte-ergaenzt/111200.
295 IDW Verlautbarung v. 11.09.2018, IDW RS HFA 48: Einzelfragen der Bilanzierung von Finanzinstrumenten nach IFRS 9, abrufbar unter https://www.idw.de/idw/verlautbarungen/idw-rs-hfa-48/87036.

Factoring[296] enthält der finale Stand der Stellungnahme vom 11. September 2018 inhaltlich zum Reverse Factoring keine Änderungen gegenüber der Entwurfsfassung vom 13. Mai 2016.

a) Hintergrund der Problematik

Nach Nr. 1 Ziff. 2 der International Accounting Standards (IAS)[297] haben Abnehmer den Standard 1 anzuwenden, wenn sie Abschlüsse in Übereinstimmung mit den IFRS aufstellen. Nach dem IAS Standard 1 Nr. 1 Ziff. 54 müssen in der IFRS-Bilanz Verbindlichkeiten aus Lieferungen und Leistungen[298] und Finanzverbindlichkeiten[299] getrennt dargestellt werden.[300] Verbindlichkeiten aus Lieferungen und Leistungen sind nach IAS 37 Ziff. 11 (a) Schulden zur Zahlung von erhaltenen oder gelieferten Gütern oder Dienstleistungen, die vom Lieferanten in Rechnung gestellt oder formal vereinbart wurden.

Zu prüfen ist demnach, ob durch die Reverse Factoring Transaktion und den damit verbundenen Kauf der Forderung durch den Factor die ursprüngliche Verbindlichkeit des Abnehmers aus Lieferungen und Leistungen gegenüber dem Lieferanten nun als neue finanzielle Verbindlichkeit gegenüber dem Factor anzusehen ist und es so zu einer Ausweisänderung in der Bilanz des Abnehmers kommt.[301] Bilanziell spricht man dann von einem Passivtausch.[302] Problematisch an dieser „Umqualifizierung" von Verbindlichkeiten gegenüber Lieferanten in neue finanzielle Verbindlichkeiten kann für den Abnehmer sein, dass die in seinen etwa bestehenden Kreditverträgen mit Banken festgelegten Finanzierungsanforderungen dann nicht mehr eingehalten werden. Dies kann zu rechtlichen

---

296 Vgl. *Malzahn,* BB 2016, 1964 ff.; *Stumpf/Clausnitzer,* FLF 2016, 208 ff.
297 Verordnung (EG) Nr. 1274/2008 der Kommission vom 17. Dezember 2008 zur Änderung der Verordnung (EG) Nr. 1126/2008 betreffend die Übernahme bestimmter internationaler Rechnungslegungsstandards in Übereinstimmung mit der Verordnung (EG) Nr. 1606/2002 des Europäischen Parlaments und des Rates im Hinblick auf International Accounting Standard (IAS) 1, EU-Amtsblatt vom 18. Dezember 2008, L 339, zuletzt geändert durch die ÄndVO (EU) Nr. 2017/1986 der Kommission vom 31. Oktober 2017, EU-Amtsblatt vom 9. November 2017, L 291.
298 IAS 1 Ziff. 54 (k).
299 IAS 1 Ziff. 54 (m).
300 *Stumpf,* BB 2012, 1045, 1052.
301 Vgl. IDW RS HFA 48, Rz. 130; *Schrimpf-Döges* in Driesch/Riese/Schlüter/Senger, IFRS-Handbuch, § 14, Rn. 76; *Nemet/Zilch* in Krüger, Hdb. FactoringR, § 12, Rn. 149.
302 *Freiberg,* PiR 2015, 148, 149; *Vogel/Maier,* RWZ 2016, 360, 362.

Konsequenzen für den Abnehmer führen bis hin zu einer Kündigung der Darlehensverträge durch die Banken.[303]

Eine Ausweisänderung in der Bilanz setzt eine Ein- bzw. Ausbuchung voraus. Eine finanzielle Verbindlichkeit muss nach IFRS 9 Ziff. 3.3.1 ausgebucht werden, wenn diese getilgt ist, die im Vertrag genannte Verpflichtung also erfüllt, aufgehoben oder ausgelaufen ist. Nach IFRS 9 Anhang B Ziff. 3.3.1 liegt Tilgung vor, wenn der Schuldner entweder die Verbindlichkeit durch Zahlung an den Gläubiger beglichen hat oder per Gesetz oder durch den Gläubiger rechtlich von seiner ursprünglichen Verpflichtung aus der Verbindlichkeit entbunden wird.

Das IDW schlägt vor, die Beurteilung, ob die Verbindlichkeit aus Lieferungen und Leistungen beim Abnehmer auszubuchen ist, in drei Schritten vorzunehmen.[304]

In einem ersten Schritt ist danach zu prüfen, ob die Reverse Factoring Transaktion eine neue Verpflichtung des Abnehmers gegenüber dem Factor begründet und der Abnehmer gleichzeitig von seiner ursprünglichen Verpflichtung gegenüber dem Lieferanten frei wird.[305] Ist dies kumulativ nicht der Fall, ist in einem zweiten Schritt weiter zu prüfen, ob die Reverse Factoring Transaktion eine neue Verpflichtung des Abnehmers gegenüber dem Factor begründet, die neben die weiter bestehende Verpflichtung des Abnehmers gegenüber dem Lieferanten tritt.[306] Ist auch das nicht der Fall, ist in einem dritten und letzten Schritt zu prüfen, ob es infolge der Reverse Factoring Transaktion zu einer substantiellen Änderung der Vertragsbedingungen kommt,[307] welche wiederum zur Ausbuchung der ursprünglichen Verbindlichkeit und Erfassung einer neuen finanziellen Verbindlichkeit des Abnehmers führen könnte.[308] Der dargestellte Prüfungskatalog des IDW gilt sowohl für die Übertragung von bestehenden als auch von künftig noch entstehenden Verbindlichkeiten aus Lieferungen und Leistungen, wie zum Beispiel bei revolvierenden Reverse Factoring Vereinbarungen.[309]

---

303 *Stumpf*, Einkaufsfinanzierung unter Druck, Börsenzeitung v. 18.06.2016, S. 9; *Klüwer*, Die Bank Nr. 10, Oktober 2016, S. 18, 20; *Krüger* in Krüger, Hdb. FactoringR, § 14, Rn. 33.
304 Vgl. IDW RS HFA 48, Rz. 131.
305 Vgl. IDW RS HFA 48, Rz. 132.
306 Vgl. IDW RS HFA 48, Rz. 133.
307 Vgl. IDW RS HFA 48, Rz. 134.
308 Vgl. IDW RS HFA 48, Rz. 135.
309 Vgl. IDW RS HFA 48, Rz. 136.

Die Frage, ob die ursprüngliche Verbindlichkeit aus Lieferungen und Leistungen auszubuchen ist, hängt folglich maßgeblich davon ab, ob sie im Sinne des IFRS 9 Ziff. 3.3.1 getilgt wurde. Ob Tilgung vorliegt, kann wiederum nur anhand einer rechtlichen Würdigung der jeweiligen Parteivereinbarungen beurteilt werden.[310] Das gleiche gilt für die Begründung einer neuen Verbindlichkeit des Abnehmers gegenüber dem Factor.[311]

b) Rechtliche Einordnung

aa) Entbindung aus ursprünglicher Verpflichtung gegenüber dem Lieferanten

In der Prüfungsreihenfolge des IDW ist Schritt 1 und 2 gemein, dass beide die Begründung einer neuen Verbindlichkeit voraussetzen. Lediglich Schritt 1 verlangt hingegen zusätzlich die rechtliche Entbindung des Abnehmers aus seiner ursprünglichen Verpflichtung. Daher ist zunächst fraglich, inwiefern rechtlich eine Entbindung des Abnehmers aus seiner ursprünglichen Verpflichtung, nämlich dem Kaufvertrag mit dem Lieferanten, darstellbar ist und weiter, ob eine solche rechtliche Entbindung von den Parteien überhaupt gewollt ist.

(1) Entbindung durch Abtretung

Aufgrund der Abtretung der Forderung zwischen Lieferant und Factor gemäß §§ 398, 433 BGB tritt der Factor als neuer Gläubiger an die Stelle des Lieferanten.[312] Der Lieferant selbst kann den Kaufpreis vom Abnehmer dann nicht mehr fordern.[313] Die Abtretung führt jedoch lediglich zu einem Wechsel der Person des Gläubigers.[314] Ein solcher Wechsel stellt keine rechtliche Entbindung von der ursprünglichen Verpflichtung des Abnehmers im Sinne des IFRS 9 Ziff. 3.3.1 i.V.m. IFRS 9 Anhang B Ziff. 3.3.1 dar,[315] denn das Schuldverhältnis zwischen Lieferant und Abnehmer bleibt an sich unverändert bestehen.[316] Nach IFRS 9

---

310 Vgl. IDW RS HFA 48, Rz. 129; *Malzahn*, BB 2016, 1964, 1965.
311 *Malzahn*, BB 2016, 1964, 1965.
312 Vgl. IDW RS HFA 48, Rz. 126.
313 *Muñoz*, JR 2013, 2, 4; *Rohe* in Bamberger/Roth/Hau/Poseck, BGB, § 398, Rn. 59.
314 *Vogel/Maier*, RWZ 2016, 360, 362; *Freiberg*, PiR 2015, 148, 149; *Hartenberger* in Driesch/Riese/Schlüter/Senger, IFRS-Handbuch, § 3, Rn. 119; *Schrimpf-Döges* in Driesch/Riese/Schlüter/Senger, IFRS-Handbuch, § 14, Rn. 77.
315 Vgl. IDW RS HFA 48, Rz. 132; *Hartenberger* in Driesch/Riese/Schlüter/Senger, IFRS-Handbuch, § 3, Rn. 119; *Freiberg*, PiR 2015, 148, 149; *Schrimpf-Döges* in Driesch/Riese/Schlüter/Senger, IFRS-Handbuch, § 14, Rn. 77; *Nemet/Zilch* in Krüger, Hdb. FactoringR, § 12, Rn. 149.
316 *Muñoz*, JR 2013, 2, 4; *Rohe* in Bamberger/Roth/Hau/Poseck, BGB, § 398, Rn. 59.

Ziff. 3.3.1 i.V.m. IFRS 9 Anhang B Ziff. 3.3.1 kommt es nur auf den Inhalt der Verpflichtung des Abnehmers an, sodass lediglich ein Wechsel in der Person des Gläubigers für eine Entbindung nicht ausreicht.[317]

(2) Entbindung durch Schuldübernahme

Zu denken wäre weiter an eine Form der Entbindung durch Schuldübernahme. Hierzu käme eine Kombination aus der Abtretung aller Rechte nach §§ 398, 415 BGB und einer Übernahme aller Verbindlichkeiten nach §§ 414, 415 BGB oder einer Nachfolge des Factors in die gesamte Rechtsstellung des Abnehmers im Wege einer Schuldübernahme nach §§ 414, 415 BGB in Betracht.[318] Eine solche Schuldübernahme kann entweder gemäß § 414 BGB zwischen Factor und Lieferant oder gemäß § 415 Abs. 1 BGB zwischen Factor und Abnehmer mit Genehmigung des Lieferanten vereinbart werden.[319] Sie führt dazu, dass der Factor die Schuld des Abnehmers gegenüber dessen Lieferanten übernimmt.[320] Das Schuldverhältnis zwischen Lieferant und Abnehmer bleibt jedoch bestehen.[321] Eine rechtliche Entbindung findet folglich nicht statt.

(3) Entbindung durch Vertragsübernahme

Eine weitere Möglichkeit der Entbindung des Abnehmers aus seiner ursprünglichen Verpflichtung dem Lieferanten gegenüber stellt die Vertragsübernahme dar.[322] Sie ist gesetzlich nicht geregelt, aber als eigenständiges Rechtsgeschäft anerkannt.[323] Im Unterschied zur Schuldübernahme scheidet der Altschuldner bei der Vertragsübernahme vollständig aus dem ursprünglichen Vertragsverhältnis aus.[324] Rechtlich liegt demnach eine Entbindung vor, die gemäß IFRS 9 Ziff. 3.3.1 i.V.m. IFRS 9 Anhang B Ziff. 3.3.1 zu einer Ausbuchung der ursprünglichen Verbindlichkeit führen könnte.

---

317 Vgl. IDW RS HFA 48, Rz. 132; *Hartenberger* in Driesch/Riese/Schlüter/Senger, IFRS-Handbuch, § 3, Rn. 119; *Nemet/Zilch* in Krüger, Hdb. FactoringR, § 12, Rn. 149.
318 *Muñoz*, JR 2013, 2, 4; *Roth/Kieninger* in MüKo-BGB, § 398, Rn. 4.
319 *Muñoz*, JR 2013, 2, 4.
320 *Muñoz*, JR 2013, 2, 4.
321 *Heinemeyer* in MüKo-BGB, Vor § 414, Rn. 7.
322 *Muñoz*, JR 2013, 2, 4.
323 *Heinemeyer* in MüKo-BGB, Vor § 414, Rn. 7; *Rohe* in Bamberger/Roth/Hau/Poseck, BGB, § 414, Rn. 26.
324 *Heinemeyer* in MüKo-BGB, Vor § 414, Rn. 7; *Rohe* in Bamberger/Roth/Hau/Poseck, BGB, § 414, Rn. 26.

Fraglich ist jedoch, ob die Parteien an einer rechtlichen Entbindung durch Vertragsübernahme überhaupt ein Interesse haben. Aus Sicht des Lieferanten wäre eine rechtliche Entbindung des Abnehmers durch Vertragsübernahme unschädlich, da es ihm beim Reverse Factoring primär um die zügige Begleichung seiner Rechnung durch einen solventen Schuldner geht,[325] den er durch die Übernahme des Vertrages durch den Factor auch bekommen würde. Der Factor hingegen will in der Regel lediglich seiner Pflicht aus dem Rahmenvertrag nachkommen, nämlich die Forderung gegen den Abnehmer anzukaufen[326] und so die Forderungsinhaberschaft inne zu haben, nicht mehr und nicht weniger. Zudem können sich durch die Konstruktion der Vertragsübernahme Schwierigkeiten für den Factor ergeben, wenn die Kaufsache mangelhaft ist. Eine rechtliche Entbindung durch Vertragsübernahme liegt demnach nicht im Interesse der Parteien.

(4) Entbindung durch Novation

Denkbar wäre auch eine Novation bzw. Schuldersetzung.[327] Diese liegt vor, wenn die Parteien die Aufhebung des ursprünglichen Schuldverhältnisses derart mit der Begründung eines neuen Schuldverhältnisses verbinden, dass das neue Schuldverhältnis an die Stelle des alten tritt.[328] Sie führt zu einer vollständigen Veränderung des Schuldverhältnisses mit der Folge des Entfallens jeglicher Einwendungen und Sicherheiten.[329] Eine Novation kann aufgrund ihrer gravierenden Folgen für die Parteien daher nur in Ausnahmefällen angenommen werden, wenn der Wille der Parteien zu einer solchen eindeutig ihren Vereinbarungen zu entnehmen ist.[330]

Würde man eine Schuldersetzung annehmen wollen, wären der Forderungskauf und die Abtretung zwischen Factor und Lieferant obsolet.[331] Der Forderungskauf ist jedoch auch für das IDW kennzeichnendes Merkmal einer Reverse Factoring Transaktion.[332] Zudem entspricht eine Novation wiederum nicht dem Willen der Parteien. Für den Abnehmer würde der Verlust seiner Einwendungen

---

325 *Muñoz*, JR 2013, 2, 4.
326 *Muñoz*, JR 2013, 2, 4.
327 *Emmerich* in MüKo-BGB, § 311, Rn. 15; *Grüneberg* in Palandt, BGB, § 311, Rn. 8; *Stumpf*, BB 2012, 1045, 1052; *Vogel/Maier*, RWZ 2016, 360, 361.
328 *Grüneberg* in Palandt, BGB, § 311, Rn. 8.
329 *Emmerich* in MüKo-BGB, § 311, Rn. 16.
330 *Emmerich* in MüKo-BGB, § 311, Rn. 16; *Grüneberg* in Palandt, BGB, § 311, Rn. 8.
331 *Malzahn*, BB 2016, 1964, 1965.
332 Vgl. IDW RS HFA 48, Rz. 122.

aus dem Kaufvertrag mit dem Lieferanten einen nicht zu unterschätzenden Nachteil bedeuten. Schon aus diesem Grund kann eine Novation bei nicht eindeutigem Parteiwillen nicht angenommen werden.[333]

(5) Zwischenergebnis

Die Entbindung des Abnehmers aus seiner ursprünglichen Verpflichtung dem Lieferanten gegenüber durch Letzteren ist in der Praxis kaum vorstellbar. Wie gezeigt, kann ein solcher Wille der Parteien, außer wenn ausdrücklich geäußert, nicht ohne Weiteres angenommen werden, da die Entbindung aus der ursprünglichen Verpflichtung nicht im Interesse der Parteien liegt. Eine Ausbuchung der ursprünglichen Verbindlichkeit aufgrund Tilgung durch rechtliche Entbindung des Abnehmers von seiner ursprünglichen Verpflichtung aus der Verbindlichkeit durch den Gläubiger gemäß IFRS 9 Ziff. 3.3.1 i.V.m. IFRS 9 Anhang B Ziff. 3.3.1 ist somit kaum denkbar. Folglich wird eine Ausweisänderung nach Schritt 1 des Prüfungskatalogs des IDW in der Praxis kaum anzutreffen sein.[334]

bb) Entstehen einer neuen Verbindlichkeit gegenüber dem Factor

Nach dem Prüfungskatalog des IDW ist in einem zweiten Schritt zu prüfen, ob die Reverse Factoring Transaktion zur Begründung einer neuen Verbindlichkeit des Abnehmers gegenüber dem Factor führt. Ist dies der Fall, muss eine neue sonstige finanzielle Verbindlichkeit erfasst werden, die neben die ursprüngliche Verbindlichkeit aus Lieferungen und Leistungen tritt.[335] Bei der Bewertung der ursprünglichen Verbindlichkeit aus Lieferungen und Leistungen ist zu berücksichtigen, dass diese nur bis zur Zahlung des Factors an den Lieferanten fortbesteht. Die Tilgungsverpflichtung des Abnehmers lebt erst wieder auf, sofern der Factor nicht in der Lage ist, zum vereinbarten Zeitpunkt an den Lieferanten zu zahlen.[336] Der Buchwert der

---

333 So im Ergebnis auch *Malzahn*, BB 2016, 1964, 1965 f.
334 So auch *Malzahn*, BB 2016, 1964, 1965; *Stumpf/Clausnitzer*, FLF 2016, 208, 209; *Krüger* in Krüger, Hdb. FactoringR, § 14, Rn. 37 f.
335 Vgl. IDW RS HFA 48, Rz. 133; *Bardens/Geisel/Kuhn/Meurer*, WPg 24/2015, 1281, 1285 f.; *Freiberg*, PiR 2015, 148, 149; *Hartenberger* in Driesch/Riese/Schlüter/Senger, IFRS-Handbuch, § 3, Rn. 119; *Schrimpf-Döges* in Driesch/Riese/Schlüter/Senger, IFRS-Handbuch, § 14, Rn. 77; *Stumpf/Clausnitzer*, FLF 2016, 208, 209; *Nemet/Zilch* in Krüger, Hdb. FactoringR, § 12, Rn. 149.
336 Vgl. IDW RS HFA 48, Rz. 133; *Bardens/Geisel/Kuhn/Meurer*, WPg 24/2015, 1281, 1285 f.; *Nemet/Zilch* in Krüger, Hdb. FactoringR, § 12, Rn. 149.

ursprünglichen Verbindlichkeit wird daher regelmäßig mit Null anzusetzen sein.[337]

Hinsichtlich des Entstehens einer neuen Verbindlichkeit stellt das IDW auf die oben erläuterte Freistellungserklärung des Abnehmers gegenüber dem Factor ab,[338] die in der Regel in dem Verzicht des Abnehmers, gegen den zugrundeliegenden Liefervertrag Einwendungen geltend zu machen, besteht.[339] Wie erläutert, kann dieser Verzicht rechtlich jedoch unterschiedlich ausgestaltet sein.[340]

(1) Rechtliche Einordnung der Freistellungserklärung des Abnehmers

Hinsichtlich der bilanziellen Betrachtung kann sich eine neue Verbindlichkeit rechtlich gesehen nur durch die Vereinbarung eines konstitutiven Schuldanerkenntnisses ergeben. Denn nur dieses begründet eine eigenständige, unbedingte Zahlungsverpflichtung gegenüber dem Factor.[341] Dementsprechend stellt auch das IDW auf die Vereinbarung eines konstitutiven Schuldanerkenntnisses ab.[342] Ob ein solches konstitutives Schuldanerkenntnis vorliegt, ist durch Auslegung der Parteivereinbarungen zu ermitteln.[343]

Grundsätzlich ist ein konstitutives Schuldanerkenntnis wegen seiner weitreichenden Folgen restriktiv auszulegen, denn es schafft unabhängig vom Bestehen des zugrundeliegenden Schuldgrunds einen Zahlungsanspruch für den Gläubiger.[344] Während Banken oftmals ein konstitutives Schuldanerkenntnis des Abnehmers fordern, ist es in Reverse Factoring Vereinbarungen von

---

337 Vgl. IDW RS HFA 48, Rz. 133; *Bardens/Geisel/Kuhn/Meurer*, WPg 24/2015, 1281, 1285 f.; *Freiberg*, PiR 2015, 148, 149; *Hartenberger* in Driesch/Riese/Schlüter/Senger, IFRS-Handbuch, § 3, Rn. 119; *Schrimpf-Döges* in Driesch/Riese/Schlüter/Senger, IFRS-Handbuch, § 14, Rn. 77; *Stumpf/Clausnitzer*, FLF 2016, 208, 209; *Nemet/Zilch* in Krüger, Hdb. FactoringR, § 12, Rn. 149, 151.
338 Siehe oben unter § 2 II. 1.
339 *Clausnitzer/Stumpf*, BB 2016, 2311, 2313; *Hartenberger* in Driesch/Riese/Schlüter/Senger, IFRS-Handbuch, § 3, Rn. 119; *Bardens/Geisel/Kuhn/Meurer*, WPg 24/2015, 1281, 1282; *Redenius-Hövermann*, Jura 2019, 803, 809.
340 *Malzahn*, BB 2016, 1964, 1965; *Clausnitzer/Stumpf*, BB 2016, 2311, 2314; *Redenius-Hövermann*, Jura 2019, 803, 809; *Krüger* in Krüger, Hdb. FactoringR, § 14, Rn. 16.
341 Vgl. IDW RS HFA 48, Rz. 127; *Bardens/Geisel/Kuhn/Meurer*, WPg 24/2015, 1281, 1284.
342 Vgl. IDW RS HFA 48, Rz. 126.
343 Vgl. IDW RS HFA 48, Rz. 127; *Bardens/Geisel/Kuhn/Meurer*, WPg 24/2015, 1281, 1284; *Malzahn*, BB 2016, 1964, 1965; *Nemet/Zilch* in Krüger, Hdb. FactoringR, § 12, Rn. 149.
344 *Stadler* in Jauernig, BGB, § 781, Rn. 4; *Clausnitzer/Stumpf*, BB 2016, 2311, 2314.

Finanzdienstleistungsinstituten unüblich.[345] Diese sehen hingegen ein deklaratorisches Schuldanerkenntnis oder einen Einwendungsverzicht vor.[346] Weder das deklaratorische Schuldanerkenntnis noch die Vereinbarung eines Einwendungsverzichts führen jedoch zur Begründung einer neuen Verbindlichkeit.[347]

Sofern durch Auslegung aus der Vereinbarung zwischen Abnehmer und Factor nicht ausdrücklich der Wille zum Abschluss eines konstitutiven Schuldanerkenntnisses ermittelt werden kann, wird man in der Regel in der Freistellungserklärung des Abnehmers ein deklaratorisches Schuldanerkenntnis erblicken müssen.[348] Dem Factor geht es primär darum, dass der Abnehmer ihn von den forderungsbezogenen Risiken und insbesondere dem Veritätsrisiko freistellt.[349] Dem kommt ein deklaratorisches Schuldanerkenntnis vollumfänglich nach, indem es den Factor von der Geltendmachung etwaiger Einwendungen durch den Abnehmer befreit und das bestehende Schuldverhältnis mit dem Abnehmer bestätigt.[350] Ein Einwendungsverzicht führt zwar auch zur Freistellung des Factors von etwaigen Einwendungen des Abnehmers, bestätigt aber nicht das Bestehen des Schuldverhältnisses gegenüber dem Factor.

Auch dem Abnehmer kann nicht einfach unterstellt werden, dass er sich derart gegenüber dem Factor verpflichten möchte, dass er durch die Vereinbarung eines konstitutiven Schuldanerkenntnisses ein zusätzliches Schuldverhältnis schaffen möchte.[351] Den Parteien geht es demnach primär darum, eine Unsicherheit hinsichtlich der abgetretenen Forderung aus dem Kaufvertrag zu beseitigen und nicht eine zusätzliche, neue Verbindlichkeit zu begründen.[352] Ein schuldbegründendes, konstitutives Schuldanerkenntnis ist daher in der Regel von den Parteien weder gewollt noch notwendig.[353]

---

345 *Stumpf/Clausnitzer*, FLF 2016, 208, 209.
346 *Stumpf/Clausnitzer*, FLF 2016, 208, 209.
347 Zum deklaratorischen Schuldanerkenntnis *Stadler* in Jauernig, BGB, § 781, Rn. 18; zum Einredeverzicht vgl. IDW RS HFA 48, Rz. 128; *Bardens/Geisel/Kuhn/Meurer*, WPg 24/2015, 1281, 1284; *Nemet/Zilch* in Krüger, Hdb. FactoringR, § 12, Rn. 149.
348 Vgl. *Malzahn*, BB 2016, 1964, 1965 ff.; *Stumpf/Clausnitzer*, FLF 2016, 208, 209; *Redenius-Hövermann*, Jura 2019, 803, 809.
349 *Malzahn*, BB 2016, 1964, 1965.
350 Vgl. *Malzahn*, BB 2016, 1964, 1966 f.
351 Vgl. *Malzahn*, BB 2016, 1964, 1966.
352 Vgl. *Malzahn*, BB 2016, 1964, 1967.
353 Vgl. *Malzahn*, BB 2016, 1964, 1967.

(2) Zwischenergebnis

Wird durch Auslegung ermittelt, dass die Parteien tatsächlich ein konstitutives Schuldanerkenntnis vereinbart haben, ist eine neue sonstige finanzielle Verbindlichkeit einzubuchen, die neben die ursprüngliche Verbindlichkeit aus Lieferungen und Leistungen tritt. Nach dem Prüfungskatalog des IDW endet damit die Prüfung nach dem 2. Schritt. Handelt es sich hingegen bei der Freistellungserklärung des Abnehmers gegenüber dem Factor um ein deklaratorisches Schuldanerkenntnis oder gar nur um einen Einwendungsverzicht, wurde keine neue Verbindlichkeit begründet. Die Prüfung ist sodann mit dem 3. Schritt des Prüfungskatalogs des IDW fortzusetzen.

cc) Substantielle Änderung der Vertragsbedingungen

Im dritten und letzten Schritt des Prüfungskatalogs des IDW ist zu untersuchen, ob es aufgrund der Reverse Factoring Transaktion zu einer substantiellen Änderung der Vertragsbedingungen gekommen ist.[354] Ist dies zu bejahen, muss gemäß IFRS 9 Ziff. 3.3.2 die ursprüngliche Verbindlichkeit aus Lieferungen und Leistungen als getilgt ausgebucht werden und eine neue finanzielle Verbindlichkeit, welche die geänderten Vertragsbedingungen widerspiegelt, in der Bilanz des Abnehmers erfasst werden.[355]

Ob eine substantielle Änderung der Vertragsbedingungen vorliegt, ist sowohl anhand von quantitativen als auch von qualitativen Kriterien zu bewerten.[356] Als quantitatives Kriterium wird der sogenannte Barwerttest nach IFRS 9 Anhang B Ziff. 3.3.6 herangezogen. Danach gelten Vertragsbedingungen als substantiell abweichend, wenn der abgezinste Barwert der Zahlungsströme unter den neuen Vertragsbedingungen bei Anwendung des ursprünglichen Effektivzinssatzes um mindestens 10 Prozent von dem abgezinsten Barwert der verbleibenden Zahlungsströme der ursprünglichen finanziellen Verbindlichkeit abweicht.[357] Bei

---

354 Vgl. IDW RS HFA 48, Rz. 134.
355 Vgl. IDW RS HFA 48, Rz. 118, 135.
356 Vgl. IDW RS HFA 48, Rz. 134; *Bardens/Geisel/Kuhn/Meurer*, WPg 24/2015, 1281, 1286; *Clausnitzer/Stumpf*, BB 2016, 2311, 2315; *Stumpf/Clausnitzer*, FLF 2016, 208, 209; *Stumpf*, BB 2012, 1045, 1052; *Vogel/Maier*, RWZ 2016, 360, 363; *Freiberg*, PiR 2015, 148, 149; *Hartenberger* in Driesch/Riese/Schlüter/Senger, IFRS-Handbuch, § 3, Rn. 120; *Schrimpf-Döges* in Driesch/Riese/Schlüter/Senger, IFRS-Handbuch, § 14, Rn. 77; *Nemet/Zilch* in Krüger, Hdb. FactoringR, § 12, Rn. 149.
357 Vgl. IDW RS HFA 48, Rz. 119; *Bardens/Geisel/Kuhn/Meurer*, WPg 24/2015, 1281, 1286; *Stumpf*, BB 2012, 1045, 1052; *Freiberg*, PiR 2015, 148, 149; *Schrimpf-Döges* in Driesch/Riese/Schlüter/Senger, IFRS-Handbuch, § 14, Rn. 73.

der quantitativen Beurteilung sind daher alle vertraglichen Änderungen mit Auswirkungen auf die Höhe und den zeitlichen Anfall der Zahlungsströme zu berücksichtigen.[358]

Selbst wenn die quantitative Beurteilung isoliert betrachtet nicht zu einer Ausbuchung führt und die Barwerte der Zahlungsströme dementsprechend um weniger als 10 Prozent abweichen, kann auch eine nur anhand von qualitativen Kriterien zu berücksichtigende substantielle Änderung der Vertragsbedingungen zu einer Ausbuchung der ursprünglichen und Einbuchung einer neuen finanziellen Verbindlichkeit führen.[359]

Zur Beantwortung der Frage, ob eine Vertragsänderung qualitativ substantiell ist, schlägt das IDW die Berücksichtigung verschiedener Faktoren vor,[360] die im Folgenden vorgestellt und auf ihre Tauglichkeit hin untersucht werden. Maßgeblich ist dabei, dass die ursprüngliche Verbindlichkeit aus Lieferungen und Leistungen Vertragsbedingungen aufweist, die für eine geeignete Vergleichsgruppe als üblich anzusehen und nicht bereits Gegenstand einer Reverse Factoring Transaktion sind.[361] Zu untersuchen ist daher auch, ob die Änderung der Vertragsbedingungen dazu führt, dass die Verbindlichkeit aus Lieferungen und Leistungen nunmehr als finanzielle Verbindlichkeit anzusehen ist.[362]

(1) Einredeverzicht des Kunden

Das IDW definiert den Einredeverzicht als einseitige Verpflichtung, welche das Geltendmachen von Einwendungen oder Einreden unter Berufung auf Leistungsstörungen innerhalb des ursprünglichen Schuldverhältnisses bzw. die Verrechnung mit sonstigen Ansprüchen ausschließt, aber isoliert betrachtet keine unbedingte Zahlungsverpflichtung des Schuldners auslöst.[363] Die gewählte

---

358 Vgl. IDW RS HFA 48, Rz. 134; *Bardens/Geisel/Kuhn/Meurer*, WPg 24/2015, 1281, 1286; *Hartenberger* in Driesch/Riese/Schlüter/Senger, IFRS-Handbuch, § 3, Rn. 120; *Nemet/Zilch* in Krüger, Hdb. FactoringR, § 12, Rn. 149.
359 Vgl. IDW RS HFA 48, Rz. 134; *Stumpf/Clausnitzer*, FLF 2016, 208, 209; *Hartenberger* in Driesch/Riese/Schlüter/Senger, IFRS-Handbuch, § 3, Rn. 120; *Schrimpf-Döges* in Driesch/Riese/Schlüter/Senger, IFRS-Handbuch, § 14, Rn. 77; *Vogel/Maier*, RWZ 2016, 360, 364; *Nemet/Zilch* in Krüger, Hdb. FactoringR, § 12, Rn. 149.
360 Vgl. IDW RS HFA 48, Rz. 134; *Stumpf/Clausnitzer*, FLF 2016, 208, 209; *Hartenberger* in Driesch/Riese/Schlüter/Senger, IFRS-Handbuch, § 3, Rn. 120.
361 Vgl. IDW RS HFA 48, Rz. 134.
362 Vgl. *Vogel/Maier*, RWZ 2016, 360, 363.
363 Vgl. IDW RS HFA 48, Rz. 128; *Bardens/Geisel/Kuhn/Meurer*, WPg 24/2015, 1281, 1284; *Nemet/Zilch* in Krüger, Hdb. FactoringR, § 12, Rn. 149.

Definition ist insofern unpräzise, als sie auch auf ein deklaratorisches Schuldanerkenntnis passen würde.[364] Dafür spricht auch die Formulierung, dass der Einredeverzicht lediglich eine bereits bestehende Zahlungsverpflichtung bestätigen soll.[365]

Ein Einredeverzicht stellt für sich betrachtet noch keine wesentliche Änderung der Vertragsbedingungen dar, sondern ist lediglich ein Indiz für eine wesentliche Modifikation.[366] Er verändert die ursprüngliche Verbindlichkeit aus Lieferungen und Leistungen nur insofern, als der Abnehmer auf bestimmte, aus der ursprünglichen Lieferbeziehung bestehende Rechte verzichtet. Eine neue Verpflichtung wird durch ihn hingegen nicht begründet.[367] Ohne Hinzutreten weiterer Indizien wird die Vereinbarung eines Einredeverzichts daher wahrscheinlich nicht zu einer substantiellen Modifikation der Vertragsbedingungen und damit auch nicht zu einer Ausbuchung der Verbindlichkeit aus Lieferungen und Leistungen führen.[368]

(2) Verlängerung des Zahlungsziels

Als weiteres Kriterium nennt das IDW die Verlängerung des Zahlungsziels. Dabei soll insbesondere beurteilt werden, ob das neu vereinbarte Zahlungsziel bezogen auf den konkreten Schuldner, also den Abnehmer, bzw. eine geeignete Vergleichsgruppe, als üblich anzusehen ist.[369]

Diese Formulierung ist in mehrfacher Hinsicht irreführend. Zum einen wird nicht deutlich, auf welche Parteien das IDW hinsichtlich der Zahlungszielverlängerung abstellt.[370] Üblicherweise wird eine Zahlungszielverlängerung zwischen Factor und Abnehmer nachträglich vereinbart.[371] Sie kann aber auch bereits im Kaufvertrag zwischen Lieferant und Abnehmer niedergelegt werden.[372] Des Weiteren fehlt es an einer Erläuterung, anhand welcher Kriterien sowohl die „Üblichkeit" des Zahlungsziels als auch die „geeignete" Vergleichsgruppe festzustellen

---

364 *Stumpf/Clausnitzer*, FLF 2016, 208, 209.
365 Vgl. *Bardens/Geisel/Kuhn/Meurer*, WPg 24/2015, 1281, 1285.
366 So auch *Bardens/Geisel/Kuhn/Meurer*, WPg 24/2015, 1281, 1288.
367 Vgl. IDW RS HFA 48, Rz. 128; *Bardens/Geisel/Kuhn/Meurer*, WPg 24/2015, 1281, 1285; *Nemet/Zilch* in Krüger, Hdb. FactoringR, § 12, Rn. 149.
368 So auch *Vogel/Maier*, RWZ 2016, 360, 363.
369 Vgl. IDW RS HFA 48, Rz. 134; *Bardens/Geisel/Kuhn/Meurer*, WPg 24/2015, 1281, 1286.
370 Vgl. *Stumpf/Clausnitzer*, FLF 2016, 208, 210.
371 *Hartenberger* in Driesch/Riese/Schlüter/Senger, IFRS-Handbuch, § 3, Rn. 119; *Bardens/Geisel/Kuhn/Meurer*, WPg 24/2015, 1281, 1282.
372 *Clausnitzer/Stumpf*, BB 2016, 2311, 2315; *Stumpf/Clausnitzer*, FLF 2016, 208, 211.

sein soll.[373] So kann die Länge des Zahlungsziels deutlich variieren, je nachdem über welche Marktmacht der Abnehmer verfügt.[374]

Die Autoren des Begleitaufsatzes zum Entwurf einer Fortsetzung der IDW Stellungnahme zur Rechnungslegung (IDW RS HFA 9) von 2015[375] führen zur Beurteilung der Modifikation der Vertragsbedingungen bei Verlängerung des Zahlungsziels zwei Beispiele an, deren Kernaussagen sich wie folgt zusammen fassen lassen: Eine wesentliche Modifikation der Vertragsbedingungen soll vorliegen, wenn zum einen das Zahlungsziel ausschließlich für solche Verbindlichkeiten verlängert werden soll, deren entsprechende Forderungen im Rahmen einer Reverse Factoring Transaktion tatsächlich vom Factor angekauft werden und zum anderen das Zahlungsziel außerhalb der üblicherweise in der Branche gewährten Bandbreite liegt.[376] Gilt das verlängerte Zahlungsziel hingegen für sämtliche Verbindlichkeiten aus Lieferungen und Leistungen, ohne dass dies vom Ankauf der Forderung durch den Factor abhängig gemacht wird, und bewegt sich das Zahlungsziel innerhalb der branchenüblichen Bandbreite, soll keine wesentliche Modifikation der Vertragsbedingungen vorliegen.[377]

Folglich kommt es auf zwei Kriterien an: Zum einen, ob die Verlängerung des Zahlungsziels über die branchenübliche Dauer hinausgeht, und zum anderen, ob die Zahlungszielverlängerung für alle Verbindlichkeiten gilt oder nur für solche, die vom Factor auch tatsächlich angekauft werden.

Grundsätzlich ist die Verlängerung von Zahlungszielen an sich ein Instrument der kurzfristigen Finanzierung, das auch beim klassischen Lieferantenkredit nicht unüblich ist.[378] Die Fälligkeiten bewegen sich dort je nach Branche zwischen 30 und 90 Tagen.[379] Beim Reverse Factoring vereinbaren Factor und Abnehmer hingegen in der Regel Zahlungsziele zwischen 90 und 180 Tagen.[380] Man könnte also sagen, dass in der Lieferbranche Zahlungsziele von 90 Tagen üblich sind, welche durch die Reverse Factoring Transaktion zum Teil deutlich

---

373 *Stumpf/Clausnitzer*, FLF 2016, 208, 210.
374 *Deutscher Factoring Verband e.V.*, Kommentierung zum Entwurf IDW RS HFA 48 v. 30.10.2015, S. 3, abrufbar unter: https://www.idw.de/blob/86454/f77ffeaa8 1582a422cf266feea7474a5/down-idwershfa9-dt-factoring-verband-data.pdf.
375 Vgl. BB 2016, 1321.
376 *Bardens/Geisel/Kuhn/Meurer*, WPg 24/2015, 1281, 1287.
377 *Bardens/Geisel/Kuhn/Meurer*, WPg 24/2015, 1281, 1288.
378 *Vogel/Maier*, RWZ 2016, 360, 363.
379 *Pape*, DStR 2003, 950, 952.
380 *Koch*, CF 2014, 460, 464.

überschritten werden. Danach wäre das erste Kriterium für eine wesentliche Modifikation erfüllt.

Hinsichtlich des zweiten Kriteriums ist kaum denkbar, dass sich ein Lieferant auf die Vereinbarung eines Zahlungsziels von 90 bis 180 Tagen mit dem Abnehmer einlässt, wenn er nicht sicher sein kann, dass der Factor die Forderung ankauft und dem Lieferanten somit direkt der volle Kaufpreis zufließt. Denn der Lieferant hat, wie beim regulären Factoring auch, zwar eine Andienungspflicht, der Factor aber hingegen keine Ankaufspflicht.[381] Folglich ist davon auszugehen, dass auch das zweite Kriterium im Rahmen einer Reverse Factoring Transaktion regelmäßig erfüllt sein wird.

Zusammenfassend lässt sich feststellen, dass zumindest dann von einer wesentlichen Vertragsänderung auszugehen ist, wenn die Verlängerung des Zahlungsziels branchenunüblich ist und sich ausschließlich auf Verbindlichkeiten gegenüber Lieferanten bezieht, die an einem Reverse Factoring Programm teilnehmen[382]. Wie erläutert, werden diese beiden Voraussetzungen im Rahmen einer Reverse Factoring Transaktion regelmäßig erfüllt sein. Daher wäre die Verbindlichkeit aus Lieferungen und Leistungen demnach auszubuchen und als neue finanzielle Verbindlichkeit zu erfassen.

(3) Vereinbarung von Zinszahlungen zwischen den Parteien

Ein weiteres Indiz für eine substantielle Änderung der Vertragsbedingungen ist laut dem IDW die Vereinbarung von Zinszahlungen zwischen den Vertragsparteien.[383] Auch hier konkretisiert das IDW nicht, um welche Vertragsparteien genau es sich handeln soll.

Bei Reverse Factoring Transaktionen wird regelmäßig eine Zinszahlungspflicht des Abnehmers zwischen ihm und dem Factor vereinbart.[384] Sie dient der grundsätzlichen Risiko-, Kosten- und auch Gewinnkalkulation des Factors[385] und ist abhängig von der Bonität des Abnehmers und der Dauer der

---

381 *Muñoz,* JR 2013, 2, 4; *Malzahn,* BB 2016, 1964; *Martinek/Omlor* in Schimansky/Bunte/Lwowski, Bankrechts-Handbuch, § 102, Rn. 17; *Wagner* in Ebenroth/Boujong/Joost/Strohn, HGB, Kap. V, Rn. V 16; *Krüger* in Krüger, Hdb. FactoringR, § 3, Rn. 17 ff.
382 *Vogel/Maier,* RWZ 2016, 360, 363; *Clausnitzer/Stumpf,* BB 2016, 2311, 2315; *Stumpf/Clausnitzer,* FLF 2016, 208, 211.
383 Vgl. IDW RS HFA 48, Rz. 134; *Bardens/Geisel/Kuhn/Meurer,* WPg 24/2015, 1281, 1286.
384 *Koch,* CF 2014, 460, 464; *Baums,* Unternehmensfinanzierung, § 20, Rn. 32; *Stumpf,* BB 2012, 1045, 1051; *Muñoz,* JR 2013, 2, 3.
385 *Stumpf/Clausnitzer,* FLF 2016, 208, 209.

Kreditgewährung.[386] In der Regel ist der vom Abnehmer zu zahlende Finanzierungszins marktüblich, entspricht also dem Zinssatz, den Banken für einen kurzfristigen Kredit berechnen würden.[387] Die Vereinbarung von Zinszahlungen ist hingegen kein typischer Vertragsbestandteil eines Kaufvertrages mit einem Lieferanten, sondern entspricht eher dem Charakter einer Finanzverbindlichkeit.[388] Daher könnte die Vereinbarung von Zinszahlungen als wesentliche Änderung der Vertragsbedingungen anzusehen sein und damit zu einer Ausweisänderung in der Bilanz des Abnehmers führen.

(4) Änderung der Preise der zugrunde liegenden Waren

Ein weiteres Indiz, welches das IDW zur Beurteilung einer wesentlichen Änderung der Vertragsbedingungen heranzieht, ist die Änderung der Preise der zugrundeliegenden Waren bzw. Dienstleistungen.[389] Auch hier ist wiederum nicht ganz klar, was das IDW mit dieser Aussage meint. Die Preisgestaltung der Waren ergibt sich einzig und allein aus der Vertragsbeziehung zwischen Lieferant und Abnehmer, nämlich dem Kaufvertrag, und beruht auf dem Äquivalenzverhältnis zwischen Leistung und Gegenleistung.[390] Lieferant und Factor legen hingegen nur den Kaufpreis für die Forderung fest.[391] Wie sich aus diesem Kriterium eine wesentliche Änderung der Vertragsbedingungen ergeben soll, ist daher nicht ersichtlich.

(5) Ankaufspflicht mit festem Volumen

Als letztes Kriterium für eine wesentliche Änderung der Vertragsbedingungen nennt das IDW eine Ankaufspflicht mit festem Volumen.[392] Zwar gibt es in Reverse Factoring Transaktionen, wie auch in regulären Factoringvereinbarungen, keine unbedingte Ankaufspflicht des Factors,[393] eine Obergrenze für den maximalen Ankauf von Verbindlichkeiten ist jedoch schon aus Risikogesichtspunkten vorgesehen.[394]

---

386 *Koch*, CF 2014, 460, 464.
387 *Muñoz*, JR 2013, 2, 3; *Koch*, CF 2014, 460, 464.
388 So auch *Vogel/Maier*, RWZ 2016, 360, 363.
389 Vgl. IDW RS HFA 48, Rz. 134; *Bardens/Geisel/Kuhn/Meurer*, WPg 24/2015, 1281, 1286.
390 So auch *Stumpf/Clausnitzer*, FLF 2016, 208, 210.
391 *Muñoz*, JR 2013, 2, 4.
392 Vgl. IDW RS HFA 48, Rz. 134.
393 *Muñoz*, JR 2013, 2, 4; *Malzahn*, BB 2016, 1964; *Martinek/Omlor* in Schimansky/Bunte/Lwowski, Bankrechts-Handbuch, § 102, Rn. 17; *Wagner* in Ebenroth/Boujong/Joost/Strohn, HGB, Kap. V, Rn. V 16; a.A. *Stumpf/Clausnitzer*, FLF 2016, 208, 209.
394 *Stumpf/Clausnitzer*, FLF 2016, 208, 209.

Diese Obergrenze wird im Rahmenvertrag zwischen Factor und Abnehmer als sogenanntes Limit vordefiniert[395] und beschreibt die summenmäßige Begrenzung, bis zu welcher der Factor bereit ist, das Delkredererisiko zu tragen.[396] Die Höhe des Limits richtet sich nach der jeweiligen Bonität des Abnehmers und hat Einfluss auf das grundsätzliche Zustandekommen der einzelnen Verträge.[397] Weist der Abnehmer den Factor an, eine Forderung eines Lieferanten anzukaufen, die das jeweilige Limit übersteigt, hat der Factor das Recht, den Ankauf dieser Forderung abzulehnen. Der Factor hat eine „Annahmepflicht mit Ablehnungsberechtigung".[398] Die Ankaufspflicht des Factors ist folglich durch das Einhalten des vereinbarten Höchstbetrages beschränkt.[399]

Aber auch eine vertraglich vereinbarte Verpflichtung des Factors zum Ankauf nur bestimmter Forderungen wird zur Erfüllung des Kriteriums des IDW ausreichend sein, da sie der Einräumung einer Kreditlinie ähnelt und somit eher dem Charakter einer Finanzierungsvereinbarung als einer Verbindlichkeit aus Lieferungen und Leistungen entspricht.[400] Daher könnte die Vereinbarung einer (beschränkten) Ankaufspflicht mit festem Volumen als wesentliche Änderung der Vertragsbedingungen anzusehen sein und damit zu einer Ausweisänderung in der Bilanz des Abnehmers führen.

(6) Maßgeblicher Zeitpunkt

Eine wesentliche Änderung der Vertragsbedingungen der Verbindlichkeiten nach den obigen Kriterien liegt laut dem IDW hingegen nur vor, wenn die Verbindlichkeiten auch nach Abschluss einer Reverse Factoring Vereinbarung zunächst unter den ursprünglichen Bedingungen entstehen und sich die Änderung ausschließlich durch die Auswahlentscheidung im Rahmen der Vereinbarung ergibt. Gelten hingegen die vorgesehenen Änderungen der Vertragsbedingungen für sämtliche nach Abschluss des Reverse Factoring Rahmenvertrags entstehenden Verbindlichkeiten unabhängig davon, ob eine

---

395 *Baums*, Unternehmensfinanzierung, § 20, Rn. 32; *Koch*, CF 2014, 460, 464; *Wagner* in Ebenroth/Boujong/Joost/Strohn, HGB, Kap. V, Rn. V 16.
396 *Omlor* in Langenbucher/Bliesener/Spindler, Bankrechts-KO, Kap. 18, B., Rn. 30; *Martinek/Omlor* in Schimansky/Bunte/Lwowski, Bankrechts-Handbuch, § 102, Rn. 21.
397 *Koch*, CF 2014, 460, 464.
398 *Omlor* in Langenbucher/Bliesener/Spindler, Bankrechts-KO, Kap. 18, B., Rn. 30; *Stumpf*, BB 2012, 1045, 1047.
399 *Martinek/Omlor* in Schimansky/Bunte/Lwowski, Bankrechts-Handbuch, § 102, Rn. 17; *Wagner* in Ebenroth/Boujong/Joost/Strohn, HGB, Kap. V, Rn. V 16.
400 So auch *Vogel/Maier*, RWZ 2016, 360, 363.

Übertragung an den Factor erfolgt, entstehen die Verbindlichkeiten unmittelbar unter den geänderten Bedingungen. Dann fehlt es an einer durch die Übertragung ausgelösten Änderung der Vertragsbedingungen.[401] Dementsprechend würde eine solche Gestaltung auch keine Ausweisänderung in der Bilanz des Abnehmers nach sich ziehen.

Um eine Ausweisänderung zu vermeiden, müssten die dem Reverse Factoring immanenten Kriterien, wie insbesondere die Freistellungserklärung, die Verlängerung des Zahlungsziels und die Vereinbarung von Zinszahlungen, bereits im ursprünglichen Kaufvertrag zwischen Lieferant und Abnehmer vereinbart werden und die diesbezüglichen Rechte dann vom Lieferanten auf den Factor übertragen werden, was rechtlich auch darstellbar ist.[402] Es stellt sich jedoch die Frage, ob eine solche Gestaltung den Interessen der Parteien der Reverse Factoring Transaktion gerecht wird.

Wie oben bereits erläutert,[403] ist es kaum vorstellbar, dass sich ein Lieferant auf die Vereinbarung eines Zahlungsziels von 90 bis 180 Tagen mit dem Abnehmer einlässt, wenn er nicht sicher sein kann, dass der Factor die Forderung ankauft und dem Lieferanten somit direkt der volle Kaufpreis zufließt. Dieses Risiko müsste der Lieferant aber tragen, denn die geänderten Bedingungen müssen für alle Verbindlichkeiten gelten, ohne dass es darauf ankommt, dass der Factor die Forderung tatsächlich ankauft.[404] Sollten sich Lieferanten auf eine solche Gestaltung tatsächlich einlassen, stellt sich weiter die Frage, ob es dann für den Abnehmer überhaupt noch eine Notwendigkeit gibt, mit dem Factor eine Reverse Factoring Vereinbarung abzuschließen. Denn bekommt er vom Lieferanten ein so langes Zahlungsziel eingeräumt, wie es für eine Reverse Factoring Transaktion üblich ist, und muss der Abnehmer für diesen Zeitraum zwar Zinsen, aber keine Factoringgebühren zahlen, ist aus Sicht des Abnehmers die Einschaltung des Factors nicht mehr nötig. Für den Lieferanten hat die Teilnahme an der Reverse Factoring Transaktion hingegen nur Sinn, wenn er den Kaufpreis direkt vom Factor überwiesen bekommt. Ansonsten würde es sich aus Sicht des Lieferanten um nichts weiter als einen zeitlich verlängerten Lieferantenkredit mit Zinseinnahmen handeln.

---

401 IDW RS HFA 48, Rz. 137.
402 Vgl. *Stumpf/Clausnitzer*, FLF 2016, 208, 211; *Bardens/Geisel/Kuhn/Meurer*, WPg 24/2015, 1281, 1287; *Clausnitzer/Stumpf*, BB 2016, 2311, 2315.
403 Siehe oben unter § 2 III. 4. b) cc) (2).
404 IDW RS HFA 48, Rz. 137; *Bardens/Geisel/Kuhn/Meurer*, WPg 24/2015, 1281, 1287.

Folglich erscheint eine Gestaltung, welche die Verbindlichkeit mit den geänderten Bedingungen unabhängig vom Ankauf durch den Factor entstehen lässt, zwar rechtlich darstellbar, aber praktisch kaum umsetzbar.

(7) Zwischenergebnis

Liegt nach einer Gesamtbetrachtung der oben genannten Kriterien eine substantielle Änderung der Vertragsbedingungen vor, ist gemäß IFRS 9 Ziff. 3.3.2 die ursprüngliche Verbindlichkeit aus Lieferungen und Leistungen als getilgt auszubuchen und eine neue finanzielle Verbindlichkeit, welche die geänderten Vertragsbedingungen widerspiegelt, in der Bilanz des Abnehmers zu erfassen.[405] Ergibt die Gesamtwürdigung, dass keine substantielle Änderung der Vertragsbedingungen erfolgt ist, wird die Verbindlichkeit weiterhin als eine solche aus Lieferungen und Leistungen bilanziert.[406]

c) Zusammenfassung

Die bilanzielle Bewertung von Reverse Factoring Transaktionen nach der IDW Stellungnahme zur Rechnungslegung (IDW RS HFA 48) stellt für Abnehmer eine der größten Herausforderungen dar. Nach den vom IDW entwickelten Grundsätzen scheint es sehr wahrscheinlich, dass Abnehmer, die nach IFRS bilanzieren, ihre ursprünglich aus Lieferungen und Leistungen bestehenden Verbindlichkeiten bei der Bilanzierung nunmehr als sonstige finanzielle Verbindlichkeiten ausweisen müssen. Auch wenn es im Rahmen von Reverse Factoring Transaktionen in der Regel nicht zu einer Entbindung aus der ursprünglichen Verpflichtung des Abnehmers gegenüber dem Lieferanten kommt, und auch das Entstehen einer neuen Verbindlichkeit gegenüber dem Factor durch die Vereinbarung eines deklaratorischen Schuldanerkenntnisses oder eines einfachen Einwendungsverzichts vermieden werden kann, besteht die Gefahr, dass eine Ausweisänderung aufgrund substantieller Modifikation der Vertragsbedingungen notwendig wird.

Die laut dem IDW zur Beurteilung einer solchen Modifikation zu berücksichtigenden, qualitativen Kriterien werden mit einer Ausnahme alle im Rahmen einer Reverse Factoring Transaktion erfüllt sein. Die Vereinbarung eines Einredeverzichts sowie einer Zinszahlungspflicht, die Verlängerung von Zahlungszielen und eine (eingeschränkte) Ankaufspflicht des Factors bis zu einem bestimmten Volumen sind allesamt Merkmale, die eine Reverse Factoring

---

405 Vgl. IDW RS HFA 48, Rz. 118, 135; *Hartenberger* in Driesch/Riese/Schlüter/Senger, IFRS-Handbuch, § 3, Rn. 120.
406 Vgl. IDW RS HFA 48, Rz. 135.

Transaktion kennzeichnen und regelmäßig kumulativ vorliegen werden. Die teils unpräzisen und unklaren Ausführungen des IDW zu den einzelnen Kriterien machen die Beurteilung für den Abnehmer zudem nicht leichter. Von der durch das IDW eröffneten Ausnahme, die Änderungen der Vertragsbedingungen von vorneherein und vor allem unabhängig von einem Ankauf durch den Factor zwischen Abnehmer und Lieferant zu vereinbaren, wird, wie erläutert, in der Praxis wohl kein Gebrauch gemacht werden. Es ist daher davon auszugehen, dass schon aus Gründen der Vorsicht viele Wirtschaftsprüfer den Abnehmern zu einer Ausbuchung der ursprünglichen Verbindlichkeit aus Lieferungen und Leistungen und zur Einbuchung einer sonstigen finanziellen Verbindlichkeit in der Bilanz raten werden.

IV. Zusammenfassung

Reverse Factoring ist ein Finanzierungsinstrument der Einkaufsfinanzierung, das Ende der 90er Jahre in Spanien entwickelt wurde, um die für Händler bestehende Diskrepanz zwischen den unterschiedlich langen Zahlungszielen beim Ein- und Verkauf der Waren zu überbrücken. Wie für die Einkaufsfinanzierung typisch, geht die Initiative zum Abschluss eines Reverse Factoring vom Abnehmer aus. Innerhalb der Dreiecksbeziehung zwischen Lieferant, Abnehmer und Factor schließen alle Parteien jeweils separate, wechselseitige Vereinbarungen ab. Der Factor schließt mit dem Abnehmer einen Rahmenvertrag, in dem er sich zum Ankauf der Verbindlichkeiten des Abnehmers gegenüber dem Lieferanten verpflichtet. Kennzeichnend für diesen Vertrag sind die Vereinbarung einer Freistellung des Factors von forderungsbezogenen Risiken durch den Abnehmer, die Verlängerung des Zahlungsziels und die Vereinbarung eines Zinssatzes sowie einer Factoringgebühr. Auf Grundlage dieses Rahmenvertrages schließt der Factor einen weiteren Vertrag mit dem Lieferanten ab, in welchem sich der Factor zum Ankauf der Forderungen des Lieferanten gegen den Abnehmer und der Lieferant sich zur Abtretung der Forderungen gegen den Abnehmer verpflichtet. Der Kaufvertrag zwischen Lieferant und Abnehmer schließt das Dreieck. Während der Lieferant sofort nach vertragsgemäßer Lieferung den Kaufpreis vom Factor und damit einen Liquiditätszufluss erhält, zahlt der Abnehmer erst später zu dem mit dem Factor vereinbarten Zahlungsziel.

Rechtlich ist der Vertrag zwischen Factor und Abnehmer als Geschäftsbesorgungsvertrag gemäß § 675 Abs. 1 BGB einzuordnen. Der Vertrag zwischen Factor und Lieferant ist, wie beim regulären Factoring auch, ein allerdings verschlankter Typenkombinationsvertrag, der Elemente der Geschäftsbesorgung nach § 675 Abs. 1 BGB und des Forderungskaufs nach §§ 453, 433 BGB enthält.

Zwischen Lieferant und Abnehmer besteht in der Regel ein Kaufvertrag nach § 433 BGB.

Rechtliche Problemfelder ergeben sich beim Reverse Factoring insbesondere in drei Punkten. Erstens können sowohl die Anfechtung als auch der Rücktritt des Abnehmers vom Kaufvertrag mit dem Lieferanten Auswirkungen auf das Vertragsverhältnis zwischen Factor und Abnehmer haben. Lediglich in dem Fall, in dem der Abnehmer bereits an den Factor gezahlt hat und dann vom Kaufvertrag mit dem Lieferanten zurücktritt, ist das Vertragsverhältnis zwischen Abnehmer und Factor nicht betroffen. Zweitens ist das Reverse Factoring eine nach dem KWG erlaubnispflichtige Finanzdienstleistung und untersteht daher der Aufsicht der BaFin. Drittens kommt es bei der Bilanzierung der Reverse Factoring Transaktion für den Abnehmer regelmäßig zu einer Ausweisänderung in seiner Bilanz, da in der Regel die ursprüngliche Verbindlichkeit aus Lieferungen und Leistungen durch den Einsatz von Reverse Factoring ausgebucht und eine neue finanzielle Verbindlichkeit eingebucht werden muss.

§ 3 Finetrading

I. Darstellung des Finanzierungsinstruments und seiner Funktionsweise

Finetrading ist ebenfalls ein Instrument, das der Finanzierung des Wareneinkaufs dient.[407] Der Begriff „Finetrading" setzt sich aus einer Wortkombination aus „*Finance*" und „*Trading*" zusammen.[408] Wie für die Einkaufsfinanzierung typisch, geht die Initiative zum Abschluss einer Finetrading Vereinbarung vom Abnehmer aus.[409]

1. Herkunft und Zielsetzung des Finetrading

Das Geschäftsmodell Finetrading taucht vorwiegend seit Beginn der Finanz- und Wirtschaftskrise vermehrt als innovatives Finanzierungsinstrument, vor allem für mittelständische Unternehmen, auf.[410] Zielsetzung des Finetrading ist insbesondere das Verlängern von Zahlungszielen, das Reduzieren der Kapitalbindung und das Erzielen von Skontoabschlägen auf den Wareneinkauf.[411] Dabei tritt der Finetrader als Intermediär zwischen dem Abnehmer und dem Lieferanten auf.[412] Der Finetrader übernimmt als Zwischenhändler die Vorfinanzierung von Einkäufen handelbarer Waren des Abnehmers unter gleichzeitiger Gewährung eines flexiblen Zahlungsziels bis zu 120 Tagen in Verbindung mit einer Stundungsgebühr.[413] Finetrading führt daher neben einem verbesserten Liquiditätsmanagement auch zu einer Optimierung des Working Capital.[414] Im Gegensatz zum (Reverse) Factoring findet jedoch kein Ankauf von Forderungen

---

407 *Clausnitzer/Stumpf*, BB 2016, 2311, 2316; *Koch/Schade*, FLF 2015, 136, 138; *Schaaf*, FLF 2016, 117.
408 *Schaaf*, FLF 2016, 117, Fn. 1.
409 *Clausnitzer/Stumpf*, BB 2016, 2311, 2316.
410 *Koch*, CF 2014, 460; *Schaaf*, FLF 2016, 117; *Erben*, Finetrading – Vorschuss vom Zwischenhändler, Handelsblatt v. 04.12.2009, abrufbar unter: https://www.handelsblatt.com/unternehmen/mittelstand/strategie_und_finanzierung/finetrading-vorschuss-vom-zwischenhaendler/3318816.html; *Stange*, FLF 2014, 262, 266.
411 *Koch*, CF 2014, 460, 461; *Koch*, ZfgK 2015, 248.
412 *Clausnitzer/Stumpf*, BB 2016, 2311, 2316.
413 *Koch*, CF 2014, 460, 461; *Koch/Schade*, FLF 2015, 136, 138.
414 *Koch*, ZfgK 2015, 248; *Koch*, CF 2014, 460, 461.

statt, denn der Finetrader erwirbt das Eigentum an der Ware selbst und nicht bloß die Forderung.[415]

2. Funktionsweise des Finetrading

Finetrading basiert – wie Reverse Factoring auch – auf einer Dreiecksbeziehung zwischen Lieferant, Abnehmer und Finetrader. Zunächst schließen der Finetrader und der Abnehmer einen Rahmenvertrag, der dem Abnehmer die Vorfinanzierung mehrerer Einzeleinkäufe handelbarer Waren bei verschiedenen Lieferanten bis zu einem der Höhe nach vordefinierten Limit ermöglicht.[416] Die einzelnen Lieferanten sind im Rahmenvertrag nicht festgelegt, sondern durch den Abnehmer frei wählbar.[417] Das vordefinierte Limit bestimmt sich anhand der Bonität des Abnehmers.[418] Dieser muss sich einer umfassenden Bonitätsprüfung durch den Finetrader unterziehen, die neben der Bewertung zurückliegender Jahresabschlüsse sowie aktueller produktions- und betriebswirtschaftlicher Auswertungen auch die Einbindung einer Warenkreditversicherung umfasst, wobei insbesondere letztere vom Finetrader vorausgesetzt wird. Die Höhe der Kreditversicherung legt zugleich die Höhe des maximalen Limits fest.[419] Der Finetrader schließt hierzu für jedes vergebene Limit eine Kreditversicherung ab.[420] Die Warenkreditversicherung soll den Ausfall von Forderungen aus Lieferungen und Leistungen absichern. In der Regel wird hierzu ein Rahmenvertrag mit der Versicherungsgesellschaft geschlossen, welcher Inhalt und Umfang beschreibt. Je nach Größenordnung werden sodann die zu zahlenden Versicherungsprämien und eventuelle Selbstbeteiligungen im Schadensfall festgelegt.[421]

Nach erfolgreicher Bonitätsprüfung, dem Abschluss des Rahmenvertrages zwischen Abnehmer und Finetrader und der Festlegung des Limits verhandelt der Abnehmer mit dem Lieferanten die Konditionen des Wareneinkaufs.[422] Sodann gibt der Abnehmer die Bestellung der Waren beim Finetrader in Auftrag.

---

415 *Clausnitzer/Stumpf*, BB 2016, 2311, 2316; *Schaaf*, FLF 2016, 117, 123; *Klüwer*, Die Bank Nr. 10, Oktober 2016, 18; *Hartmann-Wendels*, Factoring-Hdb., S. 13.
416 *Koch*, CF 2014, 460, 461; *Krimphove/Lüke*, FLF 2017, 82; *Koch*, ZfgK 2015, 248.
417 *Koch*, CF 2014, 460, 461; *Pennanen*, FLF 2014 173, 174, 177; *Koch*, ZfgK 2015, 248.
418 *Koch*, CF 2014, 460, 461; *Pennanen*, FLF 2014 173, 174; *Koch*, ZfgK 2015, 248.
419 *Koch*, CF 2014, 460, 461; *Pennanen*, FLF 2014 173, 174; *Koch*, ZfgK 2015, 248.
420 *Pennanen*, FLF 2014 173, 174.
421 *Heide*, BC 2014, 146, 151.
422 *Koch*, CF 2014, 460, 462; *Clausnitzer/Stumpf*, BB 2016, 2311, 2316; *Krimphove/Lüke*, FLF 2017, 82, 83.

Dieser kauft anschließend zu den zwischen dem Lieferanten und dem Abnehmer ausgehandelten Konditionen die Waren beim Lieferanten an und verkauft sie dann weiter an den Abnehmer.[423] Die anschließende Warenlieferung erfolgt direkt vom Lieferanten an den Abnehmer.[424]

Nach Eingang der Waren beim Abnehmer hat dieser die Lieferung zu kontrollieren und etwaige Mängel dem Finetrader anzuzeigen.[425] Sobald der Finetrader vom Abnehmer die Bestätigung des ordnungsgemäßen Wareneingangs erhält, zahlt der Finetrader den Kaufpreis an den Lieferanten innerhalb der Skontofrist.[426] Der Abnehmer erfüllt sodann seine gegenüber dem Finetrader bestehende Zahlungsverpflichtung, einschließlich der anfallenden Finetrading- und Stundungsgebühren, flexibel im Rahmen der vereinbarten Rückzahlungsmodalitäten.[427] Dabei gewährt der Finetrader dem Abnehmer zu Finanzierungszwecken ein längeres Zahlungsziel und preist dieses wiederum in den Verkaufspreis der Ware an den Abnehmer ein.[428]

II. Rechtliche Gestaltung

1. Finetrading als Darlehensgewährung

Das Finanzierungsinstrument Finetrading könnte zivilrechtlich als eine verkappte Darlehensgewährung im Sinne des § 488 BGB zu klassifizieren sein. Der Darlehensvertrag zeichnet sich gemäß § 488 Abs. 1 BGB durch das zur Verfügung stellen eines bestimmten Geldbetrages des Darlehensgebers an den Darlehensnehmer sowie durch die Zinszahlungspflicht des Darlehensnehmers und die Rückzahlung des Darlehens bei Fälligkeit an den Darlehensgeber aus.[429] Dabei ist es gleich, ob der Darlehensgeber die Darlehensvaluta an den Darlehensnehmer direkt oder an einen im Darlehensvertrag bestimmten Dritten auszahlt.[430]

Die Darlehenshingabe könnte in der Begleichung der Forderung des Lieferanten gegen den Abnehmer durch den Finetrader erblickt werden. Als Rückführung des Darlehens sowie Zinszahlung könnte die spätere Zahlung des

---

423 *Koch*, CF 2014, 460, 462; *Krimphove/Lüke*, FLF 2017, 82, 83.
424 *Koch*, CF 2014, 460, 462; *Clausnitzer/Stumpf*, BB 2016, 2311, 2316; *Krimphove/Lüke*, FLF 2017, 82, 83.
425 *Koch*, CF 2014, 460, 462; *Krimphove/Lüke*, FLF 2017, 82, 83.
426 *Koch*, CF 2014, 460, 462; *Krimphove/Lüke*, FLF 2017, 82, 83.
427 *Koch*, CF 2014, 460, 462; *Krimphove/Lüke*, FLF 2017, 82, 83.
428 *Clausnitzer/Stumpf*, BB 2016, 2311, 2316.
429 *Weidenkaff* in Palandt, BGB, Vorb. v. § 488, Rn. 2.
430 *Weidenkaff* in Palandt, BGB, § 488, Rn. 5.

Abnehmers inklusive Stundungsgebühr an den Finetrader verstanden werden.[431] Kein Darlehensvertrag läge hingegen vor, sofern der Finetrader dem Abnehmer lediglich ein verlängertes Zahlungsziel gewährt und ihm somit rein wirtschaftlich betrachtet, aber nicht rechtlich, Kredit gewährt. Dann scheidet ein Darlehensvertrag aus und es handelt sich um einen atypischen Kaufvertrag.[432] Zur rechtlichen Kategorisierung kommt es folglich weniger auf die Bezeichnung der jeweiligen Verträge an, als vielmehr auf die vertragliche Ausgestaltung und das im Vertrag festgelegte Pflichtenprogramm der Parteien.[433]

Entscheidend ist folglich, ob beim Finetrading die Hauptleistungspflichten eher darlehensvertraglich oder eher kaufvertraglich ausgestaltet sind. Bei einer darlehensvertraglichen Ausgestaltung bestünde die Hauptleistungspflicht des Finetraders in dem Verschaffen und der Überlassung eines bestimmten Geldbetrages an den Abnehmer und auf Seiten des Abnehmers in der Abnahme des vereinbarten Betrages sowie der Zinszahlungspflicht.[434]

Beim Finetrading steht jedoch nicht die Überlassung eines bestimmten Geldbetrages im Vordergrund, sondern der (Ver-)Kauf der durch den Abnehmer ausgesuchten Ware. Entsprechend den kaufvertraglichen Pflichten besteht die Hauptleistungspflicht des Finetraders darin, dem Abnehmer gemäß § 433 Abs. 1 Satz 1 BGB die Ware zu übergeben und das Eigentum an dieser zu verschaffen. Der Abnehmer wiederum ist nach § 433 Abs. 2 BGB verpflichtet, dem Finetrader den vereinbarten Kaufpreis zu zahlen und die Sache abzunehmen.[435] Die Besonderheit am Finetrading im Gegensatz zu einem normalen Kaufvertrag liegt darin, dass der Finetrader dem Abnehmer den Kaufpreis stundet und ihm so ein längeres Zahlungsziel gewährt.[436] Dies spricht bereits gegen die Klassifizierung des Finetrading als Darlehensvertrag.

Ein weiteres Indiz gegen eine Klassifizierung als Darlehensvertrag und für eine Klassifizierung als Kaufvertrag liegt vor, sofern die jeweiligen Vertragsbedingungen zwischen dem Finetrader und dem Lieferanten sowie dem Finetrader und dem Abnehmer Regelungen zur Mängelgewährleistung vorsehen.[437] Ist dies

---

431 Vgl. *Schaaf*, FLF 2016, 117, 118.
432 Vgl. *Berger* in MüKo, BGB, vor § 488, Rn. 14.
433 Vgl. auch BGH, Urteil v. 25.06.2002, Az. X ZR 83/00, NJW 2002, 3317, 3318; *Schaaf*, FLF 2016, 117, 118.
434 Zu den Hauptleistungspflichten beim Darlehensvertrag *Weidenkaff* in Palandt, BGB, Vorb. v. § 488, Rn. 2.
435 *Schaaf*, FLF 2016, 117, 119.
436 *Clausnitzer/Stumpf*, BB 2016, 2311, 2316.
437 Vgl. *Schaaf*, FLF 2016, 117, 119.

vereinbart, kann der Abnehmer dem Zahlungsanspruch des Finetraders grundsätzlich die Mangelhaftigkeit der Kaufsache einredeweise entgegenhalten.[438]

Bei der klassischen Darlehensfinanzierung hingegen besteht gerade keine Konnexität zwischen dem Anspruch der finanzierenden Bank auf Rückzahlung des Darlehens und der mangelfreien Lieferung der Kaufsache an den Abnehmer. Es gilt das sogenannte Trennungsprinzip, wonach es sich bei Kauf- und Darlehensvertrag um zwei selbstständige Verträge handelt.[439] Die finanzierende Bank kann daher die Rückzahlung des Darlehens auch dann verlangen, wenn die Kaufsache mangelhaft ist, denn die Bank ist nicht Adressat der Gewährleistungsansprüche des Abnehmers.[440] Eine Ausnahme bildet lediglich der verbundene Vertrag nach § 358 BGB, welcher jedoch die Verbrauchereigenschaft des Darlehensnehmers im Sinne des § 13 BGB voraussetzt.[441] Diese Möglichkeit scheidet in der hier behandelten Konstellation – beteiligte Vertragsparteien sind ausschließlich Unternehmer im Sinne des § 14 BGB – aus.

Finetrading lässt sich folglich rechtlich nicht als Darlehensvertrag im Sinne des § 488 BGB kategorisieren.

2. Finetrading als Kommissionsgeschäft

Dadurch, dass der Abnehmer die Ware beim Lieferanten auswählt und der Finetrader diese sozusagen weisungsgebunden ankauft, könnte Finetrading als Kommissionsgeschäft gemäß §§ 383 ff. HGB eingeordnet werden.[442] Gemäß § 383 Abs. 1 HGB ist Kommissionär, wer es gewerbsmäßig übernimmt, Waren oder Wertpapiere für Rechnung eines anderen (des Kommittenten) in eigenem Namen zu kaufen oder zu verkaufen. Bei Beauftragung des Kommissionärs mit dem Wareneinkauf handelt es sich um eine Einkaufskommission; bei Beauftragung mit dem Verkauf um eine Verkaufskommission.[443]

Rechtlich ist der Kommissionsvertrag als eine Geschäftsbesorgung gemäß § 675 BGB mit Werk- oder Dienstvertragscharakter einzuordnen, je nachdem ob das Ausführungsgeschäft als Erfolg oder nur als Bemühen geschuldet ist.[444]

---

438 *Schaaf*, FLF 2016, 117, 120.
439 *Grüneberg* in Palandt, BGB, § 358, Rn. 19; *Schaaf*, FLF 2016, 117, 119.
440 *Schaaf*, FLF 2016, 117, 120.
441 *Grüneberg* in Palandt, BGB, § 358, Rn. 1 ff.
442 Vgl. *Schaaf*, FLF 2016, 117, 120.
443 *Schaaf*, FLF 2016, 117, 120.
444 *Hopt* in Baumbach/Hopt, HGB, 1. Teil, § 383, Rn. 6; *Häuser* in MüKo-HGB, § 383, Rn. 44 f.

Bei ordnungsgemäßer Ausführung des Kommissionsgeschäfts kann der Kommissionär vom Kommittenten gemäß §§ 396 Abs. 1 HGB, 675 Abs. 1, 670 BGB eine Provision sowie Ersatz seiner Aufwendungen verlangen.[445] Der Kommissionär erwirbt bei der Einkaufskommission zunächst, genau wie der Finetrader, das Eigentum an der Ware gemäß §§ 929 ff. BGB selbst und muss es nach § 384 Abs. 2 2. Halbsatz HGB durch gesondertes Rechtsgeschäft auf den Kommittenten übertragen.[446] Sowohl beim Kommissionsgeschäft als auch beim Finetrading kommt es folglich zunächst zu einem Eigentumserwerb der Mittelsperson.[447]

Im Gegensatz zum Kommissionär, der zwar im eigenen Namen, aber für fremde Rechnung handelt, schließt der Finetrader den Vertrag mit dem Lieferanten jedoch im eigenen Namen und auf eigene Rechnung ab.[448] Dem Finetrading fehlt es folglich an dem für das Kommissionsgeschäft typischen Auseinanderfallen von rechtlicher Zurechnung und wirtschaftlicher Zuordnung.[449]

Auch hinsichtlich der Ersatzansprüche des Kommissionärs ergeben sich rechtstechnische Unterschiede zum Zahlungsanspruch des Finetraders.[450]

Der Provisionsanspruch steht dem Kommissionär bereits bei Ausführung des Geschäfts zu. Diese ist erfolgt, wenn eine im Wesentlichen vertragsgemäße Leistung durch den Kommissionär erbracht wurde. Dazu muss nicht unbedingt volle Erfüllung eingetreten sein.[451] Der Aufwendungsersatzanspruch steht dem Kommissionär konsequent auch dann zu, sofern das Geschäft überhaupt nicht zur Ausführung kommt, solange er die Aufwendungen nach den Umständen für erforderlich halten durfte.[452] Dies beruht auf dem allgemeinen Grundsatz, dass die Kosten für die Ausführung eines Geschäfts von demjenigen zu tragen sind, in dessen Interesse das Geschäft vorgenommen wurde.[453] Der Finetrader

---

445 Vgl. *Schaaf*, FLF 2016, 117, 120, der jedoch auf den Aufwendungsersatzanspruch aus § 683 BGB abstellt; *Häuser* in MüKo-HGB, § 396, Rn. 42.
446 *Hopt* in Baumbach/Hopt, HGB, 1. Teil, § 383, Rn. 25; *Häuser* in MüKo-HGB, § 383, Rn. 95, 97.
447 *Schaaf*, FLF 2016, 117, 121.
448 *Schaaf*, FLF 2016, 117, 120.
449 Vgl. *Füller* in Ebenroth/Boujong/Joost/Strohn, HGB, § 383, Rn. 8.
450 *Schaaf*, FLF 2016, 117, 121.
451 *Hopt* in Baumbach/Hopt, HGB, 1. Teil, § 396, Rn. 2; *Füller* in Ebenroth/Boujong/Joost/Strohn, HGB, § 396, Rn. 8.
452 Vgl. *Schaaf*, FLF 2016, 117, 121; *Füller* in Ebenroth/Boujong/Joost/Strohn, HGB, § 396, Rn. 13.
453 *Sprau* in Palandt, BGB, § 670, Rn. 1.

hingegen kann Zahlung vom Abnehmer nur bei vollständiger Erfüllung verlangen, sprich beim Bewirken des Leistungserfolgs gemäß § 362 Abs. 1 BGB.[454]

Ein weiteres Indiz gegen die Annahme eines Kommissionsgeschäfts beim Finetrading ist die Tatsache, dass der Abnehmer mit dem Lieferanten von vornherein den Preis für den Kauf der Ware aushandelt und festlegt und damit auch den Betrag, den der Finetrader vorfinanzieren muss.[455] Eine solche „Festpreisabrede" spricht ebenfalls gegen die Annahme eines Kommissionsgeschäfts.[456]

Finetrading lässt sich folglich rechtlich nicht als Kommissionsgeschäft im Sinne der §§ 383 ff. HGB einordnen.

3. Finetrading als Streckengeschäft

Finetrading ist folglich weder als Darlehensgewährung noch als Kommissionsgeschäft einzuordnen, sondern es handelt sich beim Finetrading grundsätzlich um ein finanzwirtschaftliches Streckengeschäft,[457] das sich durch zwei nacheinander geschaltete Kaufverträge und ein verlängertes Zahlungsziel auszeichnet.[458]

a) Die rechtliche Beziehung zwischen Abnehmer und Finetrader

Zunächst schließen der Finetrader und der Abnehmer einen Rahmenvertrag.[459] Dieser sog. Finetrading-Vertrag ist rechtlich als Geschäftsbesorgungsvertrag gemäß § 675 Abs. 1 BGB einzuordnen.[460] In diesem Rahmenvertrag verpflichtet sich der Finetrader gegenüber dem Abnehmer zu einer Reihe von Dienstleistungen, nämlich für den Abnehmer, aber im eigenen Namen, Waren bei Lieferanten bis zu einem im Vorhinein festgelegten Gesamtvolumen zu erwerben, diese dem Abnehmer weiterzuverkaufen und ihm den Kaufpreis bis zu 120 Tagen gemäß

---

454 Vgl. *Fetzer* in MüKo-BGB, § 362, Rn. 2.
455 *Schaaf*, FLF 2016, 117, 121.
456 BGH, Urteil v. 16.12.1952, Az. I ZR 29/52, BGHZ 8, 222, 226; BGH, Urteil v. 25.06.2002, Az. XI ZR 239/01, NJW-RR 2002, 1344, 1345; *Hopt* in Baumbach/Hopt, HGB, 1. Teil, § 383, Rn. 7; *Häuser* in MüKo-HGB, § 383, Rn. 50; *Füller* in Ebenroth/Boujong/Joost/Strohn, HGB, § 383, Rn. 17.
457 *Clausnitzer/Stumpf*, BB 2016, 2311, 2316; *Koch*, CF 2014, 460, 461; *Krimphove/Lüke*, FLF 2017, 82; *Koch/Schade*, FLF 2015, 136, 138; *Sudahl*, FLF 2017, 104, 106; *Von Bernstorff*, RIW 2018, 634, 635.
458 *Schaaf*, FLF 2016, 117, 121, 122.
459 *Koch*, CF 2014, 460, 461; *Krimphove/Lüke*, FLF 2017, 82; *Schaaf*, FLF 2016, 117; *Koch*, ZfgK 2015, 248.
460 *Krimphove/Lüke*, FLF 2017, 82, 84, 87.

§ 271 Abs. 2 BGB zu stunden.[461] Der Abnehmer verpflichtet sich im Gegenzug zur Abnahme der Waren, zur Entrichtung des Kaufpreises und zur Zahlung der vertraglich fixierten Gebühren.[462]

Die Kosten für das Finetrading setzen sich aus zwei unterschiedlichen Gebühren zusammen.[463] Die Finetradinggebühr, die jährlich fällig wird, ist abhängig vom gewährten Limit zur wiederkehrenden Bonitätsprüfung sowie der vorausgesetzten Warenkreditversicherung.[464] Die taggenaue Stundungsgebühr, die für die Inanspruchnahme des Limits anfällt, richtet sich nach der Höhe und Dauer der Inanspruchnahme sowie der Abnehmerbonität und des Volumens.[465] Die Stundungsgebühr ist nach Monaten gestaffelt, wobei der erste Monat in der Regel frei von Stundungsgebühren ist.[466] Das folgt daraus, dass die Inanspruchnahme des gewährten Skontos beim Finetrader verbleibt und die anfallen Kosten deckt.[467] Die weiteren Stundungsgebühren sind nach Monaten gestaffelt und steigen additiv bis zu einem maximalen Finanzierungszeitraum – dem Zahlungsziel – von 120 Tagen an.[468]

Nach Abschluss des Rahmenvertrages, dem Aushandeln der Konditionen, der Bestellung zwischen Abnehmer und Lieferant und zeitgleich mit dem Abschluss des Kaufvertrages über die Ware zwischen Finetrader und Lieferant[469] schließt der Finetrader mit dem Abnehmer über die angekaufte Ware einen Kaufvertrag gemäß § 433 BGB.[470] In diesem verpflichtet sich der Finetrader zur Lieferung der

---

461 *Krimphove/Lüke*, FLF 2017, 82; *Schaaf*, FLF 2016, 117.
462 *Krimphove/Lüke*, FLF 2017, 82, 84.
463 *Koch*, CF 2014, 460, 461; *Krimphove/Lüke*, FLF 2017, 82; *Koch*, ZfgK 2015, 248.
464 *Koch*, CF 2014, 460, 461; *Krimphove/Lüke*, FLF 2017, 82; *Pennanen*, FLF 2014, 173, 174; *Koch*, ZfgK 2015, 248.
465 *Koch*, CF 2014, 460, 461; *Krimphove/Lüke*, FLF 2017, 82; *Pennanen*, FLF 2014, 173, 174; *Schaaf*, FLF 2016, 117; *Koch*, ZfgK 2015, 248; *Von Bernstorff*, RIW 2018, 634, 637.
466 *Koch*, CF 2014, 460, 461; *Koch/Schade*, FLF 2015, 136, 138; *Pennanen*, FLF 2014, 173, 174; *Koch*, ZfgK 2015, 248.
467 *Löwer*, Neues Geschäftsmodell hilft bei der Finanzierung, Handelsblatt v. 10.02.2010, abrufbar unter: https://www.handelsblatt.com/unternehmen/mittelstand/strategie_und_finanzierung/finetrading-neues-geschaeftsmodell-hilft-bei-der-finanzierung/3366418.html; *Koch*, CF 2014, 460, 461; *Koch/Schade*, FLF 2015, 136, 138; *Pennanen*, FLF 2014, 173, 174; *Koch*, ZfgK 2015, 248.
468 *Koch*, CF 2014, 460, 462; *Koch/Schade*, FLF 2015, 136, 138; *Koch*, ZfgK 2015, 248.
469 *Koch*, CF 2014, 460, 462; *Clausnitzer/Stumpf*, BB 2016, 2311, 2316; *Krimphove/Lüke*, FLF 2017, 82, 83.
470 *Koch*, CF 2014, 460, 462; *Clausnitzer/Stumpf*, BB 2016, 2311, 2316; *Krimphove/Lüke*, FLF 2017, 82, 83; *Schaaf*, FLF 2016, 117, 121.

bezeichneten Ware und zur Eigentumsübertragung,[471] der Abnehmer im Gegenzug zur Zahlung des Kaufpreises[472] und zur Abnahme der Ware.[473] Zusätzlich vereinbaren die Parteien in der Regel einen Eigentumsvorbehalt.[474] Dieser richtet sich grundsätzlich nach § 449 Abs. 1 BGB. Die Finetradinggesellschaft bleibt bis zur Erfüllung sämtlicher gegenwärtiger und zukünftiger Forderungen durch den Abnehmer Eigentümerin der Ware.[475] Der Abnehmer ist verpflichtet, die Vorbehaltsware pfleglich zu behandeln[476] und sie auf seine

---

471 § 2 Abs. 1 der allgemeinen Lieferbedingungen der Deutsche Finetrading AG, abrufbar unter: https://dft-ag.de/fileadmin/user_upload/Universum/Finetrading_/Downloads/Rechtliches/Allgemeine_Lieferbedingungen_DFT_1117.pdf; § 2 Abs. 1 der allgemeinen Lieferbedingungen der InterFin GmbH, abrufbar unter: http://www.interfin.de/assets/interFin-AGBs.pdf; § 2 Abs. 1 der allgemeinen Lieferbedingungen der agrenius GmbH, abrufbar unter: https://agrenius.de/de/wp-content/uploads/2017/11/Allgemeine_Lieferbedingungen_agrenius_1117.pdf.
472 § 3 Abs. 1 der allgemeinen Lieferbedingungen der Deutsche Finetrading AG, abrufbar unter: https://dft-ag.de/fileadmin/user_upload/Universum/Finetrading_/Downloads/Rechtliches/Allgemeine_Lieferbedingungen_DFT_1117.pdf; § 3 Abs. 1 der allgemeinen Lieferbedingungen der InterFin GmbH, abrufbar unter: http://www.interfin.de/assets/interFin-AGBs.pdf; § 3 Abs. 1 der allgemeinen Lieferbedingungen der agrenius GmbH, abrufbar unter: https://agrenius.de/de/wp-content/uploads/2017/11/Allgemeine_Lieferbedingungen_agrenius_1117.pdf.
473 § 4 Abs. 1 der allgemeinen Lieferbedingungen der Deutsche Finetrading AG, abrufbar unter: https://dft-ag.de/fileadmin/user_upload/Universum/Finetrading_/Downloads/Rechtliches/Allgemeine_Lieferbedingungen_DFT_1117.pdf; § 4 Abs. 1 der allgemeinen Lieferbedingungen der InterFin GmbH, abrufbar unter: http://www.interfin.de/assets/interFin-AGBs.pdf; § 4 Abs. 1 der allgemeinen Lieferbedingungen der agrenius GmbH, abrufbar unter: https://agrenius.de/de/wp-content/uploads/2017/11/Allgemeine_Lieferbedingungen_agrenius_1117.pdf.
474 *Koch*, CF 2014, 460, 462; *Krimphove/Lüke*, FLF 2017, 82, 83.
475 § 1 der AGB Eigentumsvorbehalt der Deutsche Finetrading AG, abrufbar unter: https://dft-ag.de/fileadmin/user_upload/Universum/Finetrading_/Downloads/Rechtliches/Eigentumsvorbehalt_DFT_1117.pdf; § 1 der AGB Eigentumsvorbehalt der InterFin GmbH, abrufbar unter: http://www.interfin.de/assets/interFin-AGBs.pdf; § 1 der AGB Eigentumsvorbehalt der agrenius GmbH, abrufbar unter: https://agrenius.de/de/wp-content/uploads/2017/11/Eigentumsvorbehalt_agrenius_1117.pdf.
476 § 1 der AGB Eigentumsvorbehalt der Deutsche Finetrading AG, abrufbar unter: https://dft-ag.de/fileadmin/user_upload/Universum/Finetrading_/Downloads/Rechtliches/Eigentumsvorbehalt_DFT_1117.pdf; § 1 der AGB Eigentumsvorbehalt der InterFin GmbH, abrufbar unter: http://www.interfin.de/assets/interFin-AGBs.pdf; § 1 der AGB Eigentumsvorbehalt der agrenius GmbH, abrufbar unter: https://agrenius.de/de/wp-content/uploads/2017/11/Eigentumsvorbehalt_agrenius_1117.pdf.

Kosten gegen Feuer-, Wasser- und Diebstahlschäden zu versichern.[477] Teilweise wird mit dem Abnehmer die Abtretung aller Rechte aus den bestehenden und künftigen Versicherungsverträgen für die jeweilige Ware sowie der Ansprüche gegen etwaige Schädiger und deren Versicherer an die Finetradinggesellschaft vereinbart.[478]

Auf der dinglichen Seite richtet sich der Eigentumsübergang unter Eigentumsvorbehalt nach §§ 929 Satz 1, 158 Abs. 1 BGB. Die Einigung wird stillschweigend mit Kaufvertragsabschluss erklärt.[479] Die Lieferung der Ware erfolgt in der Regel direkt vom Lieferanten an den Abnehmer.[480] Die Übergabe zwischen dem Finetrader an den Abnehmer erfolgt hierbei durch sogenannten Geheißerwerb auf Veräußererseite.[481] Dabei vollzieht sich die Übergabe an den Erwerber auf Geheiß des Veräußerers durch einen Dritten, der nicht Besitzmittler des Veräußerers ist.[482] Der Finetrader als Ersterwerber und gleichzeitig Zweitverkäufer weist den Lieferanten an, die Ware direkt an den Abnehmer als Zweiterwerber zu liefern. Der Lieferant tritt dabei als Geheißperson des Finetraders auf.[483]

Aufgrund der Eigenschaft des Finetrading als Handelsgeschäft gemäß § 343 HGB,[484] ist der Abnehmer nach Eingang der Waren zur sofortigen Kontrolle

---

477 § 2 der AGB Eigentumsvorbehalt der Deutsche Finetrading AG, abrufbar unter: https://dft-ag.de/fileadmin/user_upload/Universum/Finetrading_/Downloads/Rechtliches/Eigentumsvorbehalt_DFT_1117.pdf; § 2 der AGB Eigentumsvorbehalt der InterFin GmbH, abrufbar unter: http://www.interfin.de/assets/interFin-AGBs.pdf; § 2 der AGB Eigentumsvorbehalt der agrenius GmbH, abrufbar unter: https://agrenius.de/de/wp-content/uploads/2017/11/Eigentumsvorbehalt_agrenius_1117.pdf; Nr. 5 Abs. 4 der Allgemeinen Geschäftsbedingungen der Deutsche Einkaufsfinanzierer GmbH, abrufbar unter: http://www.einkaufsfinanzierer.com/doc/DEF-anlage-8-allgemeine-geschaeftsbedingungen.pdf.
478 Nr. 5 Abs. 5 der Allgemeinen Geschäftsbedingungen der Deutsche Einkaufsfinanzierer GmbH, abrufbar unter: http://www.einkaufsfinanzierer.com/doc/DEF-anlage-8-allgemeine-geschaeftsbedingungen.pdf.
479 *Herrler* in Palandt, BGB, § 929, Rn. 20; *Weidenkaff* in Palandt, BGB, Einf v. § 433, Rn. 15.
480 *Clausnitzer/Stumpf*, BB 2016, 2311, 2316; *Schaaf*, FLF 2016, 117; *Krimphove/Lüke*, FLF 2017, 82, 83; *Koch*, CF 2014, 460, 462.
481 Vgl. *Schaaf*, FLF 2016, 117, 119; *Koch*, CF 2014, 460, 462; *Herrler* in Palandt, BGB, § 929, Rn. 20.
482 *Herrler* in Palandt, BGB, § 929, Rn. 19.
483 So auch *Schaaf*, FLF 2016, 117, 119; vgl. *Oechsler* in MüKo-BGB, § 929, Rn. 67.
484 So auch *Krimphove/Lüke*, FLF 2017, 82, 83.

dieser im Rahmen seiner Untersuchungs- und Rügeobliegenheit gemäß § 377 HGB verpflichtet[485] und hat dem Finetrader etwaige Mängel anzuzeigen.[486] Das Eigentum an der Ware verbleibt aufgrund des zwischen Finetrader und Abnehmer vereinbarten Eigentumsvorbehalts bis zur endgültigen Kaufpreiszahlung durch den Abnehmer beim Finetrader.[487] Allerdings räumt der Finetrader dem Abnehmer in der Regel ein Verarbeitungs- und Veräußerungsrecht an der Ware ein.[488] Die Vereinbarung des verlängerten Eigentumsvorbehalts führt dazu, dass bei Erlöschen des Eigentumsvorbehalts durch Weiterverarbeitung oder Weiterveräußerung, die daraus resultierende Forderung des Abnehmers gegen seinen Kunden an die Stelle des Eigentumsvorbehalts tritt.[489] Hierzu bedarf es zum einen einer Weiterveräußerungs- oder Verarbeitungsermächtigung des Finetraders gemäß § 185 Abs. 1 BGB und zum anderen einer Vorausabtretung der künftigen Forderung des Abnehmers gegen seinen Kunden an den Finetrader gemäß § 398 BGB.[490]

---

485 *Koch,* CF 2014, 460, 462; § 6 Abs. 2 der allgemeinen Lieferbedingungen der Deutsche Finetrading AG, abrufbar unter: https://dft-ag.de/fileadmin/user_upload/Universum/Finetrading_/Downloads/Rechtliches/Allgemeine_Lieferbedingungen_DFT_1117.pdf; § 6 Abs. 2 der allgemeinen Lieferbedingungen der InterFin GmbH, abrufbar unter: http://www.interfin.de/assets/interFin-AGBs.pdf; § 6 Abs. 2 der allgemeinen Lieferbedingungen der agrenius GmbH, abrufbar unter: https://agrenius.de/de/wp-content/uploads/2017/11/Allgemeine_Lieferbedingungen_agrenius_1117.pdf; Nr. 4 Abs. 2 der Allgemeinen Geschäftsbedingungen der Deutsche Einkaufsfinanzierer GmbH, abrufbar unter: http://www.einkaufsfinanzierer.com/doc/DEF-anlage-8-allgemeine-geschaeftsbedingungen.pdf.
486 *Koch,* CF 2014, 460, 462; *Krimphove/Lüke,* FLF 2017, 82, 83; § 6 Abs. 3 der allgemeinen Lieferbedingungen der Deutsche Finetrading AG, abrufbar unter: https://dft-ag.de/fileadmin/user_upload/Universum/Finetrading_/Downloads/Rechtliches/Allgemeine_Lieferbedingungen_DFT_1117.pdf; § 6 Abs. 3 der allgemeinen Lieferbedingungen der InterFin GmbH, abrufbar unter: http://www.interfin.de/assets/interFin-AGBs.pdf; § 6 Abs. 3 der allgemeinen Lieferbedingungen der agrenius GmbH, abrufbar unter: https://agrenius.de/de/wp-content/uploads/2017/11/Allgemeine_Lieferbedingungen_agrenius_1117.pdf; Nr. 4 Abs. 2 der Allgemeinen Geschäftsbedingungen der Deutsche Einkaufsfinanzierer GmbH, abrufbar unter: http://www.einkaufsfinanzierer.com/doc/DEF-anlage-8-allgemeine-geschaeftsbedingungen.pdf.
487 *Koch,* CF 2014, 460, 462; *Pennanen,* FLF 2014, 173.
488 *Koch,* CF 2014, 460, 462; *Krimphove/Lüke,* FLF 2017, 82, 83; *Pennanen,* FLF 2014, 173.
489 *Weidenkaff* in Palandt, BGB, § 449, Rn. 18.
490 Vgl. *Weidenkaff* in Palandt, BGB, § 449, Rn. 18

Sowohl die Ermächtigung zur Weiterveräußerung und Weiterverarbeitung als auch die Vorausabtretung der künftigen Forderungen des Abnehmers gegen seine Kunden schreiben die Finetradinggesellschaften in der Regel in ihren AGB fest.[491] Das Weiterveräußerungsrecht des Abnehmers schränken sie dabei dahin ein, dass dieses nur so lange besteht, wie der Abnehmer nicht mit der Zahlung in Verzug ist. Weiterhin wird ihm die Verpfändung oder sicherungshalber erfolgende Übereignung untersagt.[492] Hinsichtlich der Verarbeitung der Vorbehaltsware wird diese durch den Abnehmer immer für den Finetrader vorgenommen. Bei Verbindung gemäß § 947 Abs. 1 BGB oder Vermischung gemäß § 948 Abs. 1 BGB der Vorbehaltsware mit anderen Sachen erwirbt der Finetrader Miteigentum an der neuen Sache im Verhältnis des Wertes der Vorbehaltsware gemäß § 947 Abs. 1 letzter Halbsatz BGB bzw. §§ 948 Abs. 1, 947 Abs. 1 letzter Halbsatz BGB.[493] Im Falle der Verbindung oder Vermischung der Vorbehaltsware dergestalt, dass die Sache des Abnehmers gemäß § 947 Abs. 2 BGB bzw. §§ 948 Abs. 1, 947 Abs. 2 BGB als Hauptsache anzusehen ist, vereinbaren Finetrader und Abnehmer die anteilsmäßige Miteigentumsübertragung an der Hauptsache gemäß §§ 929 Satz 1, 1008 BGB.[494] Im Fall der Verbindung der Vorbehaltsware

---

491 § 3 Abs. 1 der AGB Eigentumsvorbehalt der Deutsche Finetrading AG, abrufbar unter: https://dft-ag.de/fileadmin/user_upload/Universum/Finetrading_/Downloads/Rechtliches/Eigentumsvorbehalt_DFT_1117.pdf; § 3 Abs. 1 der AGB Eigentumsvorbehalt der InterFin GmbH, abrufbar unter: http://www.interfin.de/assets/interFin-AGBs.pdf; § 3 Abs. 1 der AGB Eigentumsvorbehalt der agrenius GmbH, abrufbar unter: https://agrenius.de/de/wp-content/uploads/2017/11/Eigentumsvorbehalt_agrenius_1117.pdf.

492 § 3 Abs. 1 der AGB Eigentumsvorbehalt der Deutsche Finetrading AG, abrufbar unter: https://dft-ag.de/fileadmin/user_upload/Universum/Finetrading_/Downloads/Rechtliches/Eigentumsvorbehalt_DFT_1117.pdf; § 3 Abs. 1 der AGB Eigentumsvorbehalt der InterFin GmbH, abrufbar unter: http://www.interfin.de/assets/interFin-AGBs.pdf; § 3 Abs. 1 der AGB Eigentumsvorbehalt der agrenius GmbH, abrufbar unter: https://agrenius.de/de/wp-content/uploads/2017/11/Eigentumsvorbehalt_agrenius_1117.pdf.

493 § 4 Abs. 1 der AGB Eigentumsvorbehalt der Deutsche Finetrading AG, abrufbar unter: https://dft-ag.de/fileadmin/user_upload/Universum/Finetrading_/Downloads/Rechtliches/Eigentumsvorbehalt_DFT_1117.pdf; § 4 Abs. 1 der AGB Eigentumsvorbehalt der InterFin GmbH, abrufbar unter: http://www.interfin.de/assets/interFin-AGBs.pdf; § 4 Abs. 1 der AGB Eigentumsvorbehalt der agrenius GmbH, abrufbar unter: https://agrenius.de/de/wp-content/uploads/2017/11/Eigentumsvorbehalt_agrenius_1117.pdf.

494 § 4 Abs. 2 der AGB Eigentumsvorbehalt der Deutsche Finetrading AG, abrufbar unter: https://dft-ag.de/fileadmin/user_upload/Universum/Finetrading_/Downloads/

mit einem Grundstück gemäß § 946 BGB verpflichtet sich der Abnehmer zur Sicherung der Forderung des Finetraders zur Abtretung der aus der Verbindung der Vorbehaltsware mit dem Grundstück gegen einen Dritten erwachsenden Forderung gemäß § 398 BGB.[495]

Der Abnehmer erfüllt seine gegenüber dem Finetrader bestehende Zahlungsverpflichtung, einschließlich der anfallenden Finetrading- und Stundungsgebühren, flexibel im Rahmen der vereinbarten Rückzahlungsmodalitäten innerhalb der vereinbarten Stundungsfrist.[496] Der Zahlungsanspruch des Finetraders hinsichtlich der an den Abnehmer verkauften Ware ergibt sich aus dem zwischen den Parteien geschlossenen Kaufvertrag gemäß § 433 Abs. 2 BGB und hinsichtlich der Finetrading- und Stundungsgebühren aus dem zwischen den Parteien geschlossenen Geschäftsbesorgungsvertrag gemäß §§ 675 Abs. 1, 612 Abs. 1 BGB.

Die Höhe des Kaufpreises entspricht der Höhe des vom Finetrader an den Lieferanten gezahlten Betrages ohne Berücksichtigung eines dem Finetrader gewährten Skontos.[497] Teilweise wird dem Abnehmer ein reduzierter Kaufpreis in Rechnung gestellt, sofern der Lieferant dem Finetrader ein Skonto gewährt,

---

Rechtliches/Eigentumsvorbehalt_DFT_1117.pdf; § 4 Abs. 2 der AGB Eigentumsvorbehalt der InterFin GmbH, abrufbar unter: http://www.interfin.de/assets/interFin-AGBs.pdf; § 4 Abs. 2 der AGB Eigentumsvorbehalt der agrenius GmbH, abrufbar unter: https://agrenius.de/de/wp-content/uploads/2017/11/Eigentumsvorbehalt_agrenius_1117.pdf.

495 § 5 der AGB Eigentumsvorbehalt der Deutsche Finetrading AG, abrufbar unter: https://dft-ag.de/fileadmin/user_upload/Universum/Finetrading_/Downloads/Rechtliches/Eigentumsvorbehalt_DFT_1117.pdf; § 5 der AGB Eigentumsvorbehalt der InterFin GmbH, abrufbar unter: http://www.interfin.de/assets/interFin-AGBs.pdf; § 5 der AGB Eigentumsvorbehalt der agrenius GmbH, abrufbar unter: https://agrenius.de/de/wp-content/uploads/2017/11/Eigentumsvorbehalt_agrenius_1117.pdf.

496 *Koch*, CF 2014, 460, 462; *Krimphove/Lüke*, FLF 2017, 82, 83.

497 § 3 Abs. 1 der allgemeinen Lieferbedingungen der Deutsche Finetrading AG, abrufbar unter: https://dft-ag.de/fileadmin/user_upload/Universum/Finetrading_/Downloads/Rechtliches/Allgemeine_Lieferbedingungen_DFT_1117.pdf; § 3 Abs. 1 der allgemeinen Lieferbedingungen der InterFin GmbH, abrufbar unter: http://www.interfin.de/assets/interFin-AGBs.pdf; § 3 Abs. 1 der allgemeinen Lieferbedingungen der agrenius GmbH, abrufbar unter: https://agrenius.de/de/wp-content/uploads/2017/11/Allgemeine_Lieferbedingungen_agrenius_1117.pdf; Nr. 2 Abs. 2 der Allgemeinen Geschäftsbedingungen der Deutsche Einkaufsfinanzierer GmbH, abrufbar unter: http://www.einkaufsfinanzierer.com/doc/DEF-anlage-8-allgemeine-geschaeftsbedingungen.pdf.

welches das im Rahmenvertrag festgelegte Regelskonto übersteigt. Der Kaufpreis wird in diesem Fall um den Differenzbetrag zwischen dem an den Finetrader vom Lieferanten gewährten Skonto und dem vereinbarten Regelskonto reduziert.[498] Umgekehrt wird dem Abnehmer teilweise ein höherer Kaufpreis berechnet, sofern der Lieferant dem Finetrader gar kein oder ein unter dem mit dem Abnehmer vereinbarten Regelskonto liegendes Skonto gewährt. Der Kaufpreis erhöht sich dann wiederum um den Betrag, um den das Skonto das Regelskonto unterschreitet.[499] Sofern der Abnehmer das vom Finetrader gewährte Zahlungsziel nicht voll in Anspruch nimmt und vor dessen Ablauf zahlt, räumt der Finetrader dem Abnehmer regelmäßig ein Skonto ein.[500]

Das mit dem Abnehmer vereinbarte Zahlungsziel entfällt hingegen und führt zu sofortiger Fälligkeit des vollen Kaufpreises, sofern über das Vermögen des Abnehmers das Insolvenzverfahren gemäß § 13 InsO beantragt wird, sofern der Abnehmer ohne Darlegung eines rechtfertigenden Grundes seinen wesentlichen Verpflichtungen gegenüber dem Finetrader nicht nachkommt, sofern der Abnehmer unzutreffende Angaben über seine Kreditwürdigkeit gemacht hat oder die vom Kreditversicherer zugesagte Deckung aus vom Finetrader nicht zu vertretenden Gründen aufgehoben wird und wenn der Abnehmer die Zahlung endgültig verweigert.[501]

---

498 Nr. 2 Abs. 2 der Allgemeinen Geschäftsbedingungen der Deutsche Einkaufsfinanzierer GmbH, abrufbar unter: http://www.einkaufsfinanzierer.com/doc/DEF-anlage-8-allgemeine-geschaeftsbedingungen.pdf.
499 Nr. 2 Abs. 2 der Allgemeinen Geschäftsbedingungen der Deutsche Einkaufsfinanzierer GmbH, abrufbar unter: http://www.einkaufsfinanzierer.com/doc/DEF-anlage-8-allgemeine-geschaeftsbedingungen.pdf.
500 § 3 Abs. 4 der allgemeinen Lieferbedingungen der Deutsche Finetrading AG, abrufbar unter: https://dft-ag.de/fileadmin/user_upload/Universum/Finetrading_/Downloads/Rechtliches/Allgemeine_Lieferbedingungen_DFT_1117.pdf; § 3 Abs. 4 der allgemeinen Lieferbedingungen der InterFin GmbH, abrufbar unter: http://www.interfin.de/assets/interFin-AGBs.pdf; § 3 Abs. 4 der allgemeinen Lieferbedingungen der agrenius GmbH, abrufbar unter: https://agrenius.de/de/wp-content/uploads/2017/11/Allgemeine_Lieferbedingungen_agrenius_1117.pdf.
501 § 3 Abs. 5 der allgemeinen Lieferbedingungen der Deutsche Finetrading AG, abrufbar unter: https://dft-ag.de/fileadmin/user_upload/Universum/Finetrading_/Downloads/Rechtliches/Allgemeine_Lieferbedingungen_DFT_1117.pdf; § 3 Abs. 5 der allgemeinen Lieferbedingungen der InterFin GmbH, abrufbar unter: http://www.interfin.de/assets/interFin-AGBs.pdf; § 3 Abs. 5 der allgemeinen Lieferbedingungen der agrenius GmbH, abrufbar unter: https://agrenius.de/de/wp-content/uploads/2017/11/Allgemeine_Lieferbedingungen_agrenius_1117.pdf.

b) Die rechtliche Beziehung zwischen Lieferant und Finetrader

Nach dem Abschluss des Rahmenvertrages zwischen Abnehmer und Finetrader[502] und Beauftragung des Finetraders mit der Bestellung der Waren durch den Abnehmer schließt der Finetarder mit dem Lieferanten im eigenen Namen,[503] auf eigene Rechnung[504] und zu den zwischen dem Lieferanten und dem Abnehmer ausgehandelten Konditionen, einen Kaufvertrag über die Waren gemäß § 433 BGB.[505] Der Finetrader tilgt folglich seine eigene Schuld gegenüber dem Lieferanten.[506] Die anschließende Warenlieferung erfolgt direkt vom Lieferanten an den Abnehmer.[507]

Auf der dinglichen Seite richtet sich der Eigentumsübergang zwischen Lieferant und Finetrader nach § 929 Satz 1 BGB, wobei die Einigung wiederum stillschweigend mit Kaufvertragsabschluss erklärt wird.[508] Die Übergabe der Ware vom Lieferanten als Erstveräußerer an den Finetrader als Ersterwerber erfolgt dabei durch Übergabe direkt vom Lieferanten an den Abnehmer, wobei der Abnehmer Besitzmittler des Finetraders gemäß § 868 BGB ist.[509] Das Besitzmittlungsverhältnis ergibt sich aus dem Kaufvertrag zwischen Finetrader und Abnehmer gemäß § 433 BGB und dem darin vereinbarten Eigentumsvorbehalt gemäß § 449 Abs. 1 BGB. Der Kaufvertrag zwischen Finetrader und Abnehmer ist das Rechtsverhältnis, aufgrund dessen der Abnehmer zum Besitz der Ware berechtigt ist. Diese Besitzberechtigung besteht zunächst aufgrund des vereinbarten Eigentumsvorbehalts auch nur auf Zeit. Bis zum Bedingungseintritt

---

502 *Koch*, CF 2014, 460, 462; *Clausnitzer/Stumpf*, BB 2016, 2311, 2316.
503 *Krimphove/Lüke*, FLF 2017, 82, 85; *Schaaf*, FLF 2016, 117.
504 *Schaaf*, FLF 2016, 117, 120.
505 *Koch*, CF 2014, 460, 462.
506 *Schaaf*, FLF 2016, 117, 120.
507 *Koch*, CF 2014, 460, 462; *Clausnitzer/Stumpf*, BB 2016, 2311, 2316; § 3 Abs. 2 der allgemeinen Einkaufsbedingungen der Deutsche Finetrading AG, unter: https://dft-ag.de/fileadmin/user_upload/Universum/Finetrading_/Downloads/Rechtliches/Allgemeine_Einkaufsbedingungen_DFT_1117.pdf; § 3 Abs. 2 der allgemeinen Einkaufsbedingungen der InterFin GmbH, abrufbar unter: http://www.interfin.de/assets/interFin-AGBs.pdf; § 3 Abs. 2 der allgemeinen Einkaufsbedingungen der agrenius GmbH, abrufbar unter: https://agrenius.de/de/wp-content/uploads/2017/11/Allgemeine_Einkaufsbedingungen_agrenius_1117.pdf.
508 *Herrler* in Palandt, BGB, § 929, Rn. 20; *Weidenkaff* in Palandt, BGB, Einf v. § 433, Rn. 15.
509 Vgl. *Herrler* in Palandt, BGB, § 929, Rn. 20; a.A. *Schaaf*, FLF 2016, 117, 119, der auch hier einen Geheißerwerb annimmt. Der Abnehmer scheidet jedoch als Geheißperson des Finetraders aus, da er Besitzmittler kraft Kaufvertrag ist.

der vollständigen Kaufpreiszahlung behält der Finetrader auflösend bedingtes Eigentum und mittelbaren Eigenbesitz und der Abnehmer aufschiebend bedingtes Eigentum und unmittelbaren Fremdbesitz.[510] Durch die Übergabe des Lieferanten an den Abnehmer erlangt der Finetrader folglich mittelbaren Besitz an den Waren, während der Abnehmer den unmittelbaren Besitz erlangt.

Die Finetradinggesellschaften sichern ihren Lieferanten in der Regel das Recht zu, sich bis zur vollständigen Kaufpreiszahlung das Eigentum an den zu liefernden Waren vorzubehalten. Dies gilt allerdings nur für den einfachen Eigentumsvorbehalt.[511] Das Geltendmachen weitergehender Eigentumsvorbehalte wird ausdrücklich ausgeschlossen.[512] In diesem Fall richtet sich der Eigentumsübergang unter Eigentumsvorbehalt dementsprechend nach §§ 929 Satz 1, 158 Abs. 1 BGB.

Sobald der Finetrader vom Abnehmer die Bestätigung des ordnungsgemäßen Wareneingangs erhält, zahlt der Finetrader den Kaufpreis gemäß § 433 Abs. 2 BGB an den Lieferanten innerhalb der Skontofrist.[513] Teilweise wird von den Finetradinggesellschaften vorausgesetzt, dass der Lieferant die Rechnung getrennt von der Sendung innerhalb von 30 Tagen nach Ablieferung beim Finetrader einreicht.[514] Auch die schriftliche Bestätigung der Ablieferung der Ware

---

510 Vgl. *Herrler* in Palandt, BGB, § 929, Rn. 27.
511 § 4 der allgemeinen Einkaufsbedingungen der Deutsche Finetrading AG, abrufbar unter: https://dft-ag.de/fileadmin/user_upload/Universum/Finetrading_/Downloads/Rechtliches/Allgemeine_Einkaufsbedingungen_DFT_1117.pdf; § 4 der allgemeinen Einkaufsbedingungen der InterFin GmbH, abrufbar unter: http://www.interfin.de/assets/interFin-AGBs.pdf; § 4 der allgemeinen Einkaufsbedingungen der agrenius GmbH, abrufbar unter: https://agrenius.de/de/wp-content/uploads/2017/11/Allgemeine_Einkaufsbedingungen_agrenius_1117.pdf; Nr. 7 der Einkaufsbedingungen der Deutsche Einkaufsfinanzierer GmbH, abrufbar unter: http://www.einkaufsfinanzierer.com/doc/DEF-anlage-5-einkaufsbedingungen.pdf.
512 § 4 der allgemeinen Einkaufsbedingungen der Deutsche Finetrading AG, abrufbar unter: https://dft-ag.de/fileadmin/user_upload/Universum/Finetrading_/Downloads/Rechtliches/Allgemeine_Einkaufsbedingungen_DFT_1117.pdf; § 4 der allgemeinen Einkaufsbedingungen der InterFin GmbH, abrufbar unter: http://www.interfin.de/assets/interFin-AGBs.pdf; § 4 der allgemeinen Einkaufsbedingungen der agrenius GmbH, abrufbar unter: https://agrenius.de/de/wp-content/uploads/2017/11/Allgemeine_Einkaufsbedingungen_agrenius_1117.pdf.
513 *Koch*, CF 2014, 460, 462.
514 Nr. 3 Abs. 2, 3 der Einkaufsbedingungen der Deutsche Einkaufsfinanzierer GmbH, abrufbar unter: http://www.einkaufsfinanzierer.com/doc/DEF-anlage-5-einkaufsbedingungen.pdf.

durch den Abnehmer wird teilweise vom Lieferanten verlangt.[515] Die Zahlung erfolgt sodann vorbehaltlich abweichender Vereinbarungen innerhalb von 14 Tagen ab Eingang der Ware und Rechnungserhalt. Das Skonto beträgt dabei in der Regel 3 %. Bei Zahlung innerhalb von 30 Tagen erfolgt diese netto.[516] Der Lieferant ist nicht berechtigt, Zahlungen auf den von der Finetradinggesellschaft geschuldeten Kaufpreis seitens des Abnehmers entgegen zu nehmen[517] und hat bei Eingang einer solchen Zahlung die Finetradinggesellschaft umgehend davon in Kenntnis zu setzen.[518]

c) Die rechtliche Beziehung zwischen Abnehmer und Lieferant

Zwischen Abnehmer und Lieferant besteht beim Finetrading keine rechtliche Beziehung. Der Abnehmer verhandelt zwar mit dem Lieferanten die Bedingungen des Kaufs, den Kaufvertrag schließt letztendlich aber der Finetrader mit dem Lieferanten auf eigene Rechnung ab.[519]

---

515 Nr. 4 Abs. 3 der Einkaufsbedingungen der Deutsche Einkaufsfinanzierer GmbH, abrufbar unter: http://www.einkaufsfinanzierer.com/doc/DEF-anlage-5-einkaufsbedingungen.pdf.
516 § 2 Abs. 2 der allgemeinen Einkaufsbedingungen der Deutsche Finetrading AG, abrufbar unter: https://dft-ag.de/fileadmin/user_upload/Universum/Finetrading_/Downloads/Rechtliches/Allgemeine_Einkaufsbedingungen_DFT_1117.pdf; § 2 Abs. 2 der allgemeinen Einkaufsbedingungen der InterFin GmbH, abrufbar unter: http://www.interfin.de/assets/interFin-AGBs.pdf; § 2 Abs. 2 der allgemeinen Einkaufsbedingungen der agrenius GmbH, abrufbar unter: https://agrenius.de/de/wp-content/uploads/2017/11/Allgemeine_Einkaufsbedingungen_agrenius_1117.pdf.
517 § 2 Abs. 3 der allgemeinen Einkaufsbedingungen der Deutsche Finetrading AG, abrufbar unter: https://dft-ag.de/fileadmin/user_upload/Universum/Finetrading_/Downloads/Rechtliches/Allgemeine_Einkaufsbedingungen_DFT_1117.pdf; § 2 Abs. 3 der allgemeinen Einkaufsbedingungen der InterFin GmbH, abrufbar unter: http://www.interfin.de/assets/interFin-AGBs.pdf; § 2 Abs. 3 der allgemeinen Einkaufsbedingungen der agrenius GmbH, abrufbar unter: https://agrenius.de/de/wp-content/uploads/2017/11/Allgemeine_Einkaufsbedingungen_agrenius_1117.pdf; Nr. 3 Abs. 5 der Einkaufsbedingungen der Deutsche Einkaufsfinanzierer GmbH, abrufbar unter: http://www.einkaufsfinanzierer.com/doc/DEF-anlage-5-einkaufsbedingungen.pdf.
518 Nr. 3 Abs. 5 der Einkaufsbedingungen der Deutsche Einkaufsfinanzierer GmbH, abrufbar unter: http://www.einkaufsfinanzierer.com/doc/DEF-anlage-5-einkaufsbedingungen.pdf.
519 *Schaaf*, FLF 2016, 117, 120.

d) Zusammenfassung

Beim Finetrading handelt es sich um ein finanzwirtschaftliches Streckengeschäft, das auf zwei hintereinandergeschalteten Kaufverträgen aufbaut. Finetrader und Abnehmer schließen neben einem Rahmenvertrag, der rechtlich als Geschäftsbesorgungsvertrag gemäß § 675 Abs. 1 BGB einzuordnen ist, auch einen Kaufvertrag gemäß § 433 BGB. In dem Rahmenvertrag verpflichtet sich der Finetrader gegenüber dem Abnehmer für diesen, aber im eigenen Namen und auf eigene Rechnung, vom Abnehmer zu bestimmende Waren zu erwerben und diese dem Abnehmer unter Stundung des Kaufpreises nach § 271 Abs. 2 BGB weiterzuverkaufen. Der Abnehmer verpflichtet sich im Gegenzug zur Abnahme der Waren, zur Entrichtung des Kaufpreises und zur Zahlung der vertraglich vereinbarten Finetrading- und Stundungsgebühr. Die Ware wird direkt vom Lieferanten an den Abnehmer geliefert und von Letzterem nach § 377 HGB untersucht. Die Übergabe der Waren erfolgt gemäß §§ 929 Satz 1, 158 Abs. 1 BGB unter Eigentumsvorbehalt auf Geheiß des Finetraders.

Nach Abschluss des Rahmenvertrages zwischen Finetrader und Abnehmer und der Beauftragung des Finetraders mit der Bestellung der Waren durch den Abnehmer schließt der Finetrader einen weiteren Kaufvertrag mit dem Lieferanten zu den zwischen Abnehmer und Lieferanten ausgehandelten Konditionen im eigenen Namen und auf eigene Rechnung. Der Eigentumsübergang vom Lieferanten auf den Finetrader erfolgt gemäß § 929 Satz 1 BGB, wobei sich die Übergabe durch Einschaltung des Abnehmers als Besitzmittler nach § 868 BGB vollzieht. Nach Bestätigung des ordnungsgemäßen Wareneingangs durch den Abnehmer zahlt der Finetrader den vereinbarten Kaufpreis an den Lieferanten innerhalb der Skontofrist. Zwischen Lieferant und Abnehmer besteht beim Finetrading kein vertragliches Verhältnis.

III. Rechtliche Problemfelder

1. Gewährleistungsansprüche

Zur Hauptleistungspflicht des Finetraders gehört neben der Übergabe und der Eigentumsverschaffung an den Abnehmer gemäß § 433 Abs. 1 Satz 1 BGB auch die Pflicht zur mangelfreien Leistung gemäß § 433 Abs. 1 Satz 2 BGB.[520] Liegt eine solche von Lieferantenseite nicht vor, löst dies die Gewährleistungsrechte nach §§ 437 ff. BGB aus. Hierbei können sich in der Kette

---

520 *Schaaf*, FLF 2016, 117, 119.

Lieferant – Finetrader – Abnehmer, insbesondere innerhalb der Rechtsbeziehung zwischen Finetrader und Abnehmer, Probleme ergeben.

a) Abtretungskonstruktion

Grundsätzlich ist der Finetrader als Verkäufer gegenüber dem Abnehmer bei mangelhafter Leistung gemäß § 434 BGB den Gewährleistungsansprüchen des Abnehmers aus § 437 BGB ausgesetzt.[521] Finetrading wird in der Regel jedoch von bankenunabhängigen Unternehmen angeboten,[522] deren Haupttätigkeit in der Finanzierung liegt. Sie sind weder Hersteller der von ihnen angekauften Produkte, noch sind sie klassische Zwischenhändler, wie zum Beispiel Groß- und Einzelhändler.[523]

Bezogen auf die Problematik der Gewährleistung ist die Situation des Finetraders im weitesten Sinne der eines Leasinggebers beim Finanzierungsleasing ähnlich, denn als Leasinggeber treten häufig von den Herstellern oder Händlern der Waren unabhängige Leasinggesellschaften auf[524], die regelmäßig Finanzunternehmen oder Finanzinstitute[525] sind.

Aus diesem Grund will die Leasinggesellschaft als Finanzdienstleister mit Reparaturarbeiten im Sinne einer Mängelgewährleistung nichts zu tun haben.[526] Daher ist es in Finanzierungsleasingverträgen üblich – auch beim Finanzierungsleasing kauft der Leasinggeber die Sache zunächst beim Hersteller oder Lieferanten an[527] – dass der Leasinggeber mit dem Leasingnehmer einen umfassenden Gewährleistungsausschluss vereinbart und dafür seine ihm aufgrund des Kaufvertrages über die Leasingsache mit dem Hersteller oder Händler zustehenden Gewährleistungsrechte an den Leasingnehmer abtritt.[528]

Aus den gleichen Gründen vereinbart auch der Finetrader in der Regel mit dem Abnehmer die Abtretung der Gewährleistungsansprüche, die ihm gegen

---

521 *Clausnitzer/Stumpf*, BB 2016, 2311, 2317.
522 *Sudahl*, FLF 2017, 104, 106; *Koch/Schade*, FLF 2015, 136, 138.
523 *Schaaf*, FLF 2016, 117, 120.
524 *Baums*, Unternehmensfinanzierung, § 32, Rn. 12; *Schott/Bartsch* in Eilers/Rödding/Schmalenbach, S. 594, Kap. E, Rn. 20.
525 *Hopt* in Baumbach/Hopt, HGB, 2. Teil, Kap. V, (7), Rn. P/2.
526 *Baums*, Unternehmensfinanzierung, § 32, Rn. 23.
527 *Hopt* in Baumbach/Hopt, HGB, 2. Teil, Kap. V, (7), Rn. P/18.
528 *Harriehausen*, NJW 2013, 3393; *ders.*, NJW 2019, 1493; *Martinek/Omlor* in Schimansky/Bunte/Lwowski, Bankrechts-Handbuch, § 101, Rn. 77.

den Lieferanten zustehen, an den Abnehmer.[529] Der Abnehmer kann dann aus abgetretenem Recht gemäß §§ 398, 413, 437 BGB direkt gegen den Lieferanten vorgehen. Weiterhin schließt der Finetrader üblicherweise die Mängelgewährleistung im Kaufvertrag zwischen ihm und dem Abnehmer gemäß § 444 BGB aus.[530]

Die Finetradinggesellschaften vereinbaren sowohl den Gewährleistungsausschluss als auch die Abtretung der Gewährleistungsansprüche in der Regel in ihren AGB.[531]

Für die Konstellation des Finanzierungsleasings hat der BGH[532] entschieden, dass der Ausschluss der mietrechtlichen Gewährleistungsansprüche in allgemeinen Geschäftsbedingungen bei gleichzeitiger Abtretung der kaufrechtlichen Gewährleistungsansprüche, welche dem Leasinggeber gegen den Hersteller zustehen, wirksam ist.[533] Voraussetzung, um der Inhaltskontrolle nach § 307 Abs. 2 Nr. 2 BGB standzuhalten, ist jedoch, dass dem Leasingnehmer die Gewährleistungsrechte unbedingt und vorbehaltlos abgetreten werden.[534] Diese Rechtsprechung lässt sich ohne Weiteres auf die, wie dargestellt, vergleichbare Situation des Finetraders übertragen. Auch steht hinsichtlich des vereinbarten

---

529 *Clausnitzer/Stumpf*, BB 2016, 2311, 2317; *Klüwer*, Die Bank Nr. 10, Oktober 2016, S. 18, 20.
530 *Klüwer*, Die Bank Nr. 10, Oktober 2016, S. 18, 20.
531 § 7 Abs. 1, 2 der allgemeinen Lieferbedingungen der Deutsche Finetrading AG, abrufbar unter: https://dft-ag.de/fileadmin/user_upload/Universum/Finetrading_/Downloads/Rechtliches/Allgemeine_Lieferbedingungen_DFT_1117.pdf; § 7 Abs. 1, 2 der allgemeinen Lieferbedingungen der InterFin GmbH, abrufbar unter: http://www.interfin.de/assets/interFin-AGBs.pdf; § 7 Abs. 1, 2 der allgemeinen Lieferbedingungen der agrenius GmbH, abrufbar unter: https://agrenius.de/de/wp-content/uploads/2017/11/Allgemeine_Lieferbedingungen_agrenius_1117.pdf; Nr. 6 Abs. 2 der Allgemeinen Geschäftsbedingungen der Deutsche Einkaufsfinanzierer GmbH, abrufbar unter: http://www.einkaufsfinanzierer.com/doc/DEF-anlage-8-allgemeinegeschaeftsbedingungen.pdf.
532 BGH, Urteil v. 23.02.1977, Az. VIII ZR 124/75, NJW 1977, 848; BGH, Urteil v. 16.09.1981, Az. VIII ZR 265/80, NJW 1982, 105; BGH, Urteil v. 13.03.1991, Az. VIII ZR 34/90, NJW 1991, 1746; BGH, Urteil v. 09.07.2003, Az. X ZR 70/00, NJW-RR 2003, 51; BGH, Urteil v. 13.11.2013, Az. VIII ZR 257/12, NJW 2014, 1583, 1584.
533 Vgl. *Harriehausen*, NJW 2013, 3393; *Koch* in MüKo-BGB, Finanzierungsleasing Anh. § 515, Rn. 109; *Martinek/Omlor* in Schimansky/Bunte/Lwowski, Bankrechts-Handbuch, § 101, Rn. 77.
534 *Koch* in MüKo-BGB, Finanzierungsleasing Anh. § 515, Rn. 110; BGH, Urteil v. 13.11.2013, Az. VIII ZR 257/12, NJW 2014, 1583, 1584; BGH, Urteil v. 13.11.2013, Az. VIII ZR 257/12, NJW 2014, 1583.

Haftungsausschlusses das Klauselverbot des § 309 Nr. 8 b) BGB aufgrund der Unternehmereigenschaften beider Parteien nach § 310 Abs. 1 Satz 1 BGB nicht entgegen.[535]

Teilweise findet sich in den AGB der Finetradinggesellschaften auch die Formulierung: „*[Die Finetradinggesellschaft] leistet dem Kunden für Sach- und Rechtsmängel in der Weise Gewähr, dass sie die ihr gegen den Lieferanten zustehenden Gewährleistungsrechte sowie etwaige zusätzliche Garantieansprüche gegen den Lieferanten oder sonstige Dritte hiermit unwiderruflich an Erfüllung statt an den dies annehmenden Kunden abtritt bzw., soweit dies nicht möglich sein sollte, den Kunden unwiderruflich zur Geltendmachung im eigenen Namen ermächtigt.*[536]

Diese Formulierung geht wohl auf den bestehenden Meinungsstreit zurück, ob Gestaltungsrechte, wie Rücktritt oder Minderung, überhaupt abgetreten werden können.[537] Einige Stimmen tendierten daher dazu, die Abtretungskonstruktion durch eine Ermächtigungskonstruktion zu ersetzen.[538] Die Zulässigkeit der isolierten Abtretung von Gestaltungsrechten ist höchstrichterlich zwar noch nicht bestätigt,[539] wird aber überwiegend dann als zulässig angesehen, sofern das Gestaltungsrecht mit der Forderung gemeinsam nach § 413 BGB abgetreten wird.[540] Das ist beim Finetrading auch der Fall, da der Finetrader zusammen mit seinen Gewährleistungsrechten auch den zum Nacherfüllungsanspruch modifizierten Primäranspruch aus § 433 Abs. 1 Satz 2 BGB auf den Abnehmer überträgt.[541] Die Aufspaltung in eine Abtretungskonstruktion für Ansprüche und eine Ermächtigungskonstruktion für Gestaltungsrechte entspricht zwar nicht der herkömmlichen Vertragsgestaltungspraxis, ist aber grundsätzlich unschädlich.[542]

---

535 Vgl. *Weidenkaff* in Palandt, BGB, § 444, Rn. 2; *Von Westphalen/Thüsing*, VertrR/AGB-Klauselwerke, Leasing, Rn. 116.
536 Nr. 6 Abs. 2 der Allgemeinen Geschäftsbedingungen der Deutsche Einkaufsfinanzierer GmbH, abrufbar unter: http://www.einkaufsfinanzierer.com/doc/DEF-anlage-8-allgemeine-geschaeftsbedingungen.pdf.
537 Vgl. *Koch* in MüKo-BGB, Finanzierungsleasing Anh. § 515, Rn. 107 f.
538 *Von Westphalen*, ZIP 2001, 2258, 2263; *ders.*, DB 2001, 1291, 1294.
539 BGH, Urteil v. 01.06.1973, Az. V ZR 134/72, NJW 1973, 1793, 1794; BGH, Urteil v. 11.07.1985, Az. VII ZR 52/83, NJW 1985, 2822, 2823; BGH, Urteil v. 10.12.1997, Az. XII ZR 119/96, NJW 1998, 896, 897.
540 BGH, Urteil v. 01.06.1973, Az. V ZR 134/72, NJW 1973, 1793, 1794; BGH, Urteil v. 21.06.1985, Az. V ZR 134/84; NJW 1985, 2640, 2641.
541 Vgl. *Koch* in MüKo-BGB, Finanzierungsleasing Anh. § 515, Rn. 107.
542 Vgl. *Koch* in MüKo-BGB, Finanzierungsleasing Anh. § 515, Rn. 108.

b) Untersuchungs- und Rügeobliegenheit

Ein weiteres Problem, das sich im Rahmen der Gewährleistungsansprüche stellt ist, wie bei jedem handelsrechtlichen Streckengeschäft, die Untersuchungs- und Rügeobliegenheit nach § 377 HGB. Diese trifft im Verhältnis zum Finetrader den Abnehmer und im Verhältnis zum Lieferanten den Finetrader.[543] Typisch für das Streckengeschäft ist, dass der Zweitverkäufer, vorliegend der Finetrader, die Ware aufgrund der Direktlieferung an den Abnehmer faktisch nicht untersuchen kann und damit Gefahr läuft, bei nicht oder nicht fristgemäßer Rüge seine Gewährleistungsansprüche gegen den Lieferanten zu verlieren.[544]

Auf diese Problematik weisen einige Finetradinggesellschaften in ihren AGB explizit hin: „*Der Kunde wird ausdrücklich darauf hingewiesen, dass ein Verstoß gegen die Untersuchungs- und Rügeobliegenheiten (…) zu einem Verlust sowohl der Rechtsbehelfe des Kunden gegenüber [dem Finetrader] als auch [des Finetraders] gegenüber dem Lieferanten nach sich ziehen kann.*"[545] Daher ist der Abnehmer „*verpflichtet, jede einzelne Lieferung (einschließlich Teillieferungen) – auch für und im Interesse [des Finetraders] – unmittelbar bei Anlieferung umfassend auf erkennbare und typische Vertragswidrigkeiten zu überprüfen und die Vertragsprodukte im Übrigen nach Maßgabe der gesetzlichen Vorschriften zu untersuchen.*"[546] Dies entspricht auch der geltenden Rechtslage nach § 377 HGB, sodass

---

543 Vgl. *Koch* in Oetker, HGB, § 377, Rn. 52.
544 Vgl. *Müller* in Ebenroth/Boujong/Joost/Strohn, HGB, § 377, Rn. 102.
545 § 6 Abs. 4 der allgemeinen Lieferbedingungen der Deutsche Finetrading AG, abrufbar unter: https://dft-ag.de/fileadmin/user_upload/Universum/Finetrading_/Downloads/Rechtliches/Allgemeine_Lieferbedingungen_DFT_1117.pdf; § 6 Abs. 4 der allgemeinen Lieferbedingungen der InterFin GmbH, abrufbar unter: http://www.interfin.de/assets/interFin-AGBs.pdf; § 6 Abs. 4 der allgemeinen Lieferbedingungen der agrenius GmbH, abrufbar unter: https://agrenius.de/de/wp-content/uploads/2017/11/Allgemeine_Lieferbedingungen_agrenius_1117.pdf.
546 § 6 Abs. 2 der allgemeinen Lieferbedingungen der Deutsche Finetrading AG, abrufbar unter: https://dft-ag.de/fileadmin/user_upload/Universum/Finetrading_/Downloads/Rechtliches/Allgemeine_Lieferbedingungen_DFT_1117.pdf; § 6 Abs. 2 der allgemeinen Lieferbedingungen der InterFin GmbH, abrufbar unter: http://www.interfin.de/assets/interFin-AGBs.pdf; § 6 Abs. 2 der allgemeinen Lieferbedingungen der agrenius GmbH, abrufbar unter: https://agrenius.de/de/wp-content/uploads/2017/11/Allgemeine_Lieferbedingungen_agrenius_1117.pdf; ähnlich auch Nr. 4 Abs. 2 der Allgemeinen Geschäftsbedingungen der Deutsche Einkaufsfinanzierer GmbH, abrufbar unter: http://www.einkaufsfinanzierer.com/doc/DEF-anlage-8-allgemeine-geschaeftsbedingungen.pdf.

hinsichtlich der Wirksamkeit dieser Klauseln im Rahmen des § 307 Abs. 2 Nr. 1 BGB keine Bedenken bestehen.[547]

Zusätzlich behelfen sich die Finetradinggesellschaften hinsichtlich der mangelnden Untersuchungsmöglichkeit der Ware mit einem Passus in ihren AGB, der den Abnehmer verpflichtet, bei Auftreten eines Mangels im Rahmen der Untersuchung dem Lieferanten auch im Namen des Finetraders unverzüglich Anzeige zu machen.[548]

Fraglich ist, ob diese Klausel wirksam ist. Für den Fall, dass ein Leasinggeber die Mängelrüge auf einen nichtkaufmännischen Leasingnehmer im Wege von AGB abwälzt, wird die Klausel als unwirksam erachtet.[549] Sie verstoße gegen § 307 Abs. 2 Nr. 1 BGB, da § 309 Nr. 8 b ee) BGB insoweit eine Sonderregelung darstelle.[550]

Allerdings sind die Vertragspartner der Finetradinggesellschaften regelmäßig ausschließlich Unternehmer im Sinne des § 14 BGB, sodass hier gemäß § 310 Abs. 1 Satz 1 BGB die Klauselverbote des § 309 BGB keine Anwendung finden.

Zudem kann grundsätzlich für den Käufer jeder rügen, der eine entsprechende Befugnis – vergleichbar einer Vollmacht – hat.[551] Die Rüge ist zwar keine Willenserklärung, aber eine rechtsgeschäftsähnliche Erklärung, auf welche die Stellvertretungsregeln analoge Anwendung finden.[552] Ob die rügende Person

---

547 Vgl. auch *Von Westphalen/Thüsing*, VertrR/AGB-Klauselwerke, Leasing, Rn. 77.
548 § 6 Abs. 3 der allgemeinen Lieferbedingungen der Deutsche Finetrading AG, abrufbar unter: https://dft-ag.de/fileadmin/user_upload/Universum/Finetrading_/Downloads/Rechtliches/Allgemeine_Lieferbedingungen_DFT_1117.pdf; § 6 Abs. 3 der allgemeinen Lieferbedingungen der InterFin GmbH, abrufbar unter: http://www.interfin.de/assets/interFin-AGBs.pdf; § 6 Abs. 3 der allgemeinen Lieferbedingungen der agrenius GmbH, abrufbar unter: https://agrenius.de/de/wp-content/uploads/2017/11/Allgemeine_Lieferbedingungen_agrenius_1117.pdf; Nr. 4 Abs. 2 der Allgemeinen Geschäftsbedingungen der Deutsche Einkaufsfinanzierer GmbH, abrufbar unter: http://www.einkaufsfinanzierer.com/doc/DEF-anlage-8-allgemeinegeschaeftsbedingungen.pdf.
549 *Hopt* in Baumbach/Hopt, HGB, 1. Teil, § 377, Rn. 34; *Von Westphalen/Thüsing*, VertrR/AGB-Klauselwerke, Leasing, Rn. 79.
550 *Von Westphalen/Thüsing*, VertrR/AGB-Klauselwerke, Leasing, Rn. 79.
551 *Grunewald* in MüKo-HGB, § 377, Rn. 69; *Koch* in Oetker, HGB, § 377, Rn. 77; *Roth* in Koller/Kindler/Roth/Morck, HGB, § 377, Rn. 14.
552 *Müller* in Ebenroth/Boujong/Joost/Strohn, HGB, § 377, Rn. 172; *Schwartze* in Häublein/Hoffmann-Theinert, HGB, § 377, Rn. 42; *Roth* in Koller/Kindler/Roth/Morck, HGB, § 377, Rn. 11; *Grunewald* in MüKo-HGB, § 377, Rn. 69; *Koch* in Oetker, HGB, § 377, Rn. 75.

eine entsprechende Befugnis hat, ist durch Auslegung des Käuferverhaltens zu ermitteln. Zugleich muss auch für den Verkäufer erkennbar sein, dass die Rüge für ihn beachtlich ist. Dies ist beim Streckengeschäft, bei dem die Kaufsache im Interesse des Erstkäufers direkt an den Zweitkäufer ausgeliefert wird, in der Regel der Fall. Der Zweitkäufer gilt daher regelmäßig als entsprechend ermächtigt.[553]

Die gleiche Rechtsfolge ergibt sich auch bei Abtretung der Gewährleistungsansprüche, was beim Finetrading, wie gezeigt, regelmäßig der Fall ist. Hier kann neben dem Zedenten auch der Zessionar die Mängelanzeige vornehmen.[554]

Hinzu kommt, dass die Kunden der Finetradinggesellschaften in der Regel selbst Kaufleute im Sinne des § 1 HGB und damit mit der Rügepflicht des § 377 HGB vertraut sind. Weiterhin ist Finetrading ein beiderseitiges Handelsgeschäft gemäß § 343 HGB,[555] sodass den Abnehmer ohnehin eine eigene Rügeobliegenheit gemäß § 377 HGB gegenüber dem Finetrader trifft.[556] Zudem muss sich der Abnehmer, aufgrund des gegenüber dem Finetrader geltenden Gewährleistungsausschlusses und der vom Finetrader an den Abnehmer erfolgten Abtretung der Gewährleistungsansprüche des Finetraders gegen den Lieferanten, im Falle eines Mangels ohnehin an den Lieferanten wenden.

Anders als beim Finanzierungsleasing geht es dem Abnehmer beim Finetrading um den Erwerb des Eigentums, sodass er ein erhöhtes Interesse an der Mangelfreiheit der Ware hat. Das Risiko, dass der Abnehmer seiner Rügepflicht gegenüber dem Finetrader nicht nachkommt, ist daher gering. Auch hat er ein erhöhtes Interesse daran, seine Gewährleistungsansprüche aus abgetretenem Recht gegenüber dem Lieferanten geltend machen zu können.

In der Gesamtschau kann es daher nicht als unangemessene Benachteiligung im Sinne des § 307 Abs. 1 Satz 1 BGB angesehen werden, wenn der Abnehmer

---

553 *Grunewald* in MüKo-HGB, § 377, Rn. 69; *Koch* in Oetker, HGB, § 377, Rn. 77; *Schwartze* in Häublein/Hoffmann-Theinert, HGB, § 377, Rn. 46.
554 *Schwartze* in Häublein/Hoffmann-Theinert, HGB, § 377, Rn. 46; *Koch* in Oetker, HGB, § 377, Rn. 77; OLG Hamm, Urteil v. 31.08.2004, Az. 29 U 19/04, NJOZ 2005, 2220; nach Ansicht von *Roth* in Koller/Kindler/Roth/Morck, HGB, § 377, Rn. 14 und *Müller* in Ebenroth/Boujong/Joost/Strohn, HGB, § 377, Rn. 176 sogar nur allein der Zessionar.
555 So auch *Krimphove/Lüke*, FLF 2017, 82, 83.
556 Vgl. auch *Von Westphalen/Thüsing*, VertrR/AGB-Klauselwerke, Leasing, Rn. 77; *Grunewald* in MüKo-HGB, § 377, Rn. 126; *Lange*, JZ 2008, 661, 663.

verpflichtet wird, die Mängelrüge direkt gegenüber dem Lieferanten und auch im Namen des Finetraders abzugeben.[557]

c) Nacherfüllung

Aufgrund der erfolgten Abtretung der Gewährleistungsansprüche durch den Finetrader an den Abnehmer hat dieser im Falle eines Mangels sein Nacherfüllungsverlangen gemäß §§ 398, 437 Nr. 1, 439 Abs. 1 BGB direkt an den Lieferanten zu richten.[558]

aa) Nutzungsersatzanspruch des Lieferanten

Für den Fall, dass es zu einer Nachlieferung kommt, enthalten die AGB der Finetrader folgende Klausel: „*Im Falle einer Ersatzlieferung durch den Lieferanten hat der Kunde [der Finetradinggesellschaft] eine von dieser dem Lieferanten geschuldete Nutzungsentschädigung zu erstatten.*"[559]

Im Falle der Nachlieferung ergibt sich der Nutzungsersatzanspruch des Lieferanten aus § 439 Abs. 4 i.V.m. § 346 Abs. 1 2. Alt. BGB. Für den Fall des Finanzierungsleasings werden Klauseln, welche den Anspruch auf Nutzungsersatz auf den Leasingnehmer abwälzen, als mit § 307 Abs. 2 Nr. 1 BGB unvereinbar angesehen.[560] Der Leasinggeber könne sich vor dem damit verbundenen Risiko schützen, indem er entweder den Nacherfüllungsanspruch des Leasingnehmers auf die Nachbesserung beschränkt oder gegenüber dem Lieferanten selbst auf die Nachlieferung verzichtet.[561]

---

557 So auch *Schmalenbach* in Ebenroth/Boujong/Joost/Strohn, HGB, Kap. V, Rn. V 87; *Martinek/Omlor* in Schimansky/Bunte/Lwowski, Bankrechts-Handbuch, § 101, Rn. 54.
558 Vgl. BGH, Urteil v. 13.11.2013, Az. VIII ZR 257/12, NJW 2014, 1583, 1584, 1585; *Von Westphalen/Thüsing*, VertrR/AGB-Klauselwerke, Leasing, Rn. 111; *Tavakoli*, NJW 2010, 2768.
559 § 7 Abs. 4 der allgemeinen Lieferbedingungen der Deutsche Finetrading AG, abrufbar unter: https://dft-ag.de/fileadmin/user_upload/Universum/Finetrading_/Downloads/Rechtliches/Allgemeine_Lieferbedingungen_DFT_1117.pdf; § 7 Abs. 4 der allgemeinen Lieferbedingungen der InterFin GmbH, abrufbar unter: http://www.interfin.de/assets/interFin-AGBs.pdf; § 7 Abs. 4 der allgemeinen Lieferbedingungen der agrenius GmbH, abrufbar unter: https://agrenius.de/de/wp-content/uploads/2017/11/Allgemeine_Lieferbedingungen_agrenius_1117.pdf.
560 Vgl. *Von Westphalen/Thüsing*, VertrR/AGB-Klauselwerke, Leasing, Rn. 115; *Koch* in MüKo-BGB, Finanzierungsleasing Anh. § 515, Rn. 113.
561 *Koch* in MüKo-BGB, Finanzierungsleasing Anh. § 515, Rn. 113, 75 (m.w.N.).

Der BGH[562] hat die Frage nach der Zulässigkeit einer solchen Klausel bislang offengelassen, aber festgestellt, dass die Rechtsposition eines Leasingnehmers mit der eines Käufers nicht vergleichbar sei. Im Falle eines fehlgeschlagenen Gewährleistungsausschlusses des Leasinggebers gegenüber dem Leasingnehmer stünden Letzterem die mietrechtlichen Gewährleistungsrechte gegen den Leasinggeber zu. Diese sehen eine Nachlieferung und folglich einen damit verbundenen Nutzungsersatz jedoch gerade nicht vor.[563]

Diese leasingspezifischen Überlegungen zum Nutzungsersatz sind jedoch auf Finetrading nicht übertragbar. Beim Finetrading ist der Abnehmer im Gegensatz zum Leasingnehmer selbst Käufer. Ihm stünden daher bei hinweggedachter Abtretungskonstruktion und fehlendem Gewährleistungsausschluss die kaufrechtlichen Gewährleistungsrechte gegen den Finetrader zu. Im Gegenzug hätte der Finetrader im Falle der Nachlieferung dementsprechend auch einen Nutzungsersatzanspruch gegen den Abnehmer aus § 439 Abs. 4 i.V.m. § 346 Abs. 1 2. Alt. BGB.

Folglich steht der Abnehmer bei Verpflichtung zum Ersatz der durch den Finetrader an den Lieferanten zu zahlenden Nutzungsentschädigung nicht schlechter, als er ohne die Finetrading-spezifische Abtretungskonstruktion stünde. An der Wirksamkeit der Klausel bestehen insofern keine Bedenken.

bb) Verweigerung der Nacherfüllung durch den Lieferanten

Für den Fall, dass der Lieferant die Nacherfüllung verweigert, enthalten die Einkaufsbedingungen der Finetradinggesellschaften folgende Klausel: „*Erklärt sich der Lieferant mit der Lieferung eines vertragsgemäßen Vertragsproduktes (Nachbesserung oder Ersatzlieferung) nicht einverstanden, ist der Kunde ab Erklärung gegenüber dem Lieferanten, dass er die Lieferung eines vertragsgemäßen Produktes verlange, zur Zurückbehaltung des Kaufpreises berechtigt, wenn er unverzüglich – spätestens jedoch innerhalb von sechs Wochen ab Abgabe der Erklärung – Klage erhebt, es sei denn, dass sich der Kunde mit [dem Finetrader] über eine etwaige Verlängerung der Klagefrist vorher verständigt hat. Erhebt der Kunde nicht fristgerecht Klage, ist er erst ab dem Tage der Klageerhebung zur Zurückbehaltung des Kaufpreises berechtigt*"[564] bzw. „*Hat der Kunde dem Lieferanten und [dem*

---

562 BGH, Urteil v. 21.12.2005, Az. VIII ZR 85/05, NJW 2006, 1066, 1068.
563 Vgl. *Koch* in MüKo-BGB, Finanzierungsleasing Anh. § 515, Rn. 113, 75.
564 § 7 Abs. 4 der allgemeinen Lieferbedingungen der Deutsche Finetrading AG, abrufbar unter: https://dft-ag.de/fileadmin/user_upload/Universum/Finetrading_/Downloads/Rechtliches/Allgemeine_Lieferbedingungen_DFT_1117.pdf; § 7 Abs. 4 der allgemeinen Lieferbedingungen der InterFin GmbH, abrufbar unter: http://www.

Finetrader] das Vorliegen eines Mangels ordnungsgemäß angezeigt und verweigert der Lieferant die Nacherfüllung (Nachbesserung oder Nachlieferung), ist der Kunde gegenüber [dem Finetrader] ab dem Tag der Mängelanzeige zur Zurückbehaltung des Kaufpreises berechtigt, wenn er unverzüglich, spätestens jedoch innerhalb von sechs Wochen ab Mängelanzeige Klage erhebt."[565]
Diese Klauseln sind der Tatsache geschuldet, dass dem Abnehmer aufgrund des Gewährleistungsausschlusses mit dem Finetrader und der vereinbarten Abtretung der Gewährleistungsrechte gegen Letzteren grundsätzlich kein Zurückbehaltungsrecht aus § 320 BGB zusteht. Dies würde dazu führen, dass der Abnehmer im Falle eines Mangels der Ware weiterhin zur Zahlung des Kaufpreises gegenüber dem Finetrader verpflichtet bliebe.[566] In der Situation des Finanzierungsleasings ist es daher in der Rechtsprechung anerkannt, dass der Leasingnehmer berechtigt ist, die Zahlung der Leasingraten vorläufig einzustellen, wenn er die ihm übertragenen Ansprüche und Rechte gegen den Lieferanten klageweise geltend macht.[567]

Diese Lösung folgt aus der besonderen Interessenlage beim Leasingvertrag. Während der Leasinggeber derjenige ist, der den Kaufvertrag mit dem Lieferanten abschließt, ist die Auswahl des Lieferanten und des Leasingguts Sache des Leasingnehmers.[568] Der Leasinggeber kennt in der Regel die Voraussetzungen für eine vertragsgemäße Leistung des Lieferanten nicht und kann deshalb das Vorliegen eines Mangels schlechter beurteilen als der Leasingnehmer und der Lieferant. Daher liegt es im Interesse des Leasinggebers, dass sein Anspruch auf die Leasingraten nicht durch möglicherweise unberechtigte Einwendungen

---

interfin.de/assets/interFin-AGBs.pdf; § 7 Abs. 4 der allgemeinen Lieferbedingungen der agrenius GmbH, abrufbar unter: https://agrenius.de/de/wp-content/uploads/2017/11/Allgemeine_Lieferbedingungen_agrenius_1117.pdf; Nr. 6 Abs. 3 der Allgemeinen Geschäftsbedingungen der Deutsche Einkaufsfinanzierer GmbH, abrufbar unter: http://www.einkaufsfinanzierer.com/doc/DEF-anlage-8-allgemeine-geschaeftsbedingungen.pdf.
565 Nr. 6 Abs. 3 der Allgemeinen Geschäftsbedingungen der Deutsche Einkaufsfinanzierer GmbH, abrufbar unter: http://www.einkaufsfinanzierer.com/doc/DEF-anlage-8-allgemeine-geschaeftsbedingungen.pdf.
566 Vgl. BGH, Urteil v. 16.06.2010, Az. VIII ZR 317/09, NJW 2010, 2798, 2799 f.; *Tavakoli*, NJW 2010, 2768, 2769.
567 BGH, Urteil v. 19.02.1986, Az. VIII ZR 91/85, NJW 1986, 1744, 1746; BGH, Urteil v. 16.06.2010, Az. VIII ZR 317/09, NJW 2010, 2798, 2800; vgl. BGH, Urteil v. 13.11.2013, Az. VIII ZR 257/12, NJW 2014, 1583, 1585.
568 *Tavakoli*, NJW 2010, 2768; *Martinek/Omlor* in Schimansky/Bunte/Lwowski, Bankrechts-Handbuch, § 101, Rn. 82a.

verzögert oder gefährdet wird.⁵⁶⁹ Die normierte Pflicht zur gerichtlichen Geltendmachung der Gewährleistungsrechte durch den Leasingnehmer schafft dem Abhilfe. Andererseits kann auch dem Leasingnehmer nicht zugemutet werden, den Ausgang des Gewährleistungsprozesses abzuwarten und ihn weiterhin zur Ratenzahlung zu verpflichten.⁵⁷⁰ Daher wird ihm ab Klageerhebung ein Zurückbehaltungsrecht zugestanden. Eine zur oben zitierten wortgleiche Klausel wurde infolgedessen auch nicht beanstandet.⁵⁷¹

Die vom BGH zur Situation des Finanzierungsleasings gemachten Aussagen lassen sich auch auf die Situation des Finetraders übertragen. Auch er kauft zwar die Ware an, die Auswahl des Lieferanten und der Ware erfolgt jedoch durch den Abnehmer, der die Mangelhaftigkeit der Ware besser beurteilen kann als der Finetrader. Zeigt sich ein Mangel an der Ware, kann es folglich dem Abnehmer zugemutet werden, die ihm vom Finetrader abgetretenen Gewährleistungsrechte klageweise geltend zu machen und erst ab Klageerhebung zur Zurückbehaltung des Kaufpreises berechtigt zu sein. Die Klausel ist dementsprechend nicht zu beanstanden.

Die normierte Pflicht zur gerichtlichen Geltendmachung der Gewährleistungsrechte gilt auch für den Fall der Zurückweisung des Rücktritts- oder Minderungsverlangens des Abnehmers durch den Lieferanten.⁵⁷² Im Folgenden werden daher die diesbezüglichen wortlautidentischen Klauseln nicht noch einmal wiedergegeben.

d) Rücktritt

aa) Rücktritt vom Kaufvertrag zwischen Lieferant und Finetrader

Aufgrund der erfolgten Abtretung der Gewährleistungsansprüche durch den Finetrader an den Abnehmer hat dieser im Falle des Fehlschlagens der Nacherfüllung seine Rücktrittserklärung gemäß §§ 398, 437 Nr. 2 1. Alt., 440, 323 und 326 Abs. 5 BGB direkt an den Lieferanten zu richten. Dies führt sodann zur Rückabwicklung des Kaufvertrages zwischen Lieferant und Finetrader nach den §§ 346 ff. BGB.⁵⁷³

---

569 BGH, Urteil v. 19.02.1986, Az. VIII ZR 91/85, NJW 1986, 1744, 1745.
570 *Tavakoli*, NJW 2010, 2768, 2770; BGH, Urteil v. 19.02.1986, Az. VIII ZR 91/85, NJW 1986, 1744, 1745.
571 BGH, Urteil v. 16.06.2010, Az. VIII ZR 317/09, NJW 2010, 2798.
572 BGH, Urteil v. 19.02.1986, Az. VIII ZR 91/85, NJW 1986, 1744, 1746.
573 Vgl. *Von Westphalen/Thüsing*, VertrR/AGB-Klauselwerke, Leasing, Rn. 144; *Koch* in MüKo-BGB, Finanzierungsleasing Anh. § 515, Rn. 114.

§ 346 Abs. 1 BGB verpflichtet den Finetrader zur Rückübereignung der Kaufsache und den Lieferanten zur Rückzahlung des Kaufpreises. Dabei sind beide Verpflichtungen nach § 348 BGB Zug um Zug zu erfüllen.[574] Es ist unproblematisch und auch mit § 307 Abs. 2 Nr. 1 BGB vereinbar, wenn der Abnehmer den Lieferanten verpflichtet, die Rückzahlung des Kaufpreises unmittelbar an den Finetrader zu bewirken, denn Letzterem steht der Anspruch auf Rückzahlung des Kaufpreises durch den Lieferanten zu.[575] Da sich beim Finetrading die Kaufsache typischerweise beim Abnehmer befindet, und der Finetrader folglich nur mit Hilfe des Abnehmers in der Lage ist, seine Rückübereignungspflicht zu erfüllen, handelt der Abnehmer bei Übergabe der Kaufsache an den Lieferanten als Erfüllungsgehilfe des Finetraders nach § 278 BGB. Auch kommt eine Ermächtigung des Abnehmers zur Übereignung nach § 185 Abs. 1 BGB durch den Finetrader in Betracht.[576]

Zusätzlich steht dem Finetrader gemäß § 346 Abs. 1 BGB ein Anspruch auf Verzinsung des Kaufpreises für den Zeitraum zwischen Zahlung und Rückerhalt des Kaufpreises zu, welcher sich im kaufmännischen Verkehr nach § 352 HGB richtet.[577] Dementsprechend enthalten einige AGB der Finetradinggesellschaften auch folgende Klausel: „*Kann der Kunde aus abgetretenem Recht gegen den Lieferanten Zinsansprüche geltend machen, so stehen dem Kunden diese im Verhältnis zwischen [dem Finetrader] und Kunden dann zu, wenn sie auf einen Zeitraum entfallen, in dem der Kaufpreis an [die Finetradinggesellschaft] bezahlt und von dieser nicht erstattet war. Im Übrigen hat der Kunde Zinsansprüche gegen den Lieferanten aus abgetretenem Recht zugunsten [des Finetraders] geltend zu machen (...)*".[578]

bb) Rücktritt vom Kaufvertrag zwischen Finetrader und Abnehmer

Fraglich ist, wie sich der Abnehmer vom Kaufvertrag mit dem Finetrader lösen kann. Denn das gesetzliche Rücktrittsrecht des Abnehmers vom Kaufvertrag mit

---

574 Vgl. *Koch* in MüKo-BGB, Finanzierungsleasing Anh. § 515, Rn. 114; *Von Westphalen/ Thüsing*, VertrR/AGB-Klauselwerke, Leasing, Rn. 144.
575 *Von Westphalen/Thüsing*, VertrR/AGB-Klauselwerke, Leasing, Rn. 144.
576 Vgl. *Koch* in MüKo-BGB, Finanzierungsleasing Anh. § 515, Rn. 114; *Von Westphalen/ Thüsing*, VertrR/AGB-Klauselwerke, Leasing, Rn. 144.
577 *Von Westphalen/Thüsing*, VertrR/AGB-Klauselwerke, Leasing, Rn. 144.
578 Nr. 6 Abs. 7 der Allgemeinen Geschäftsbedingungen der Deutsche Einkaufsfinanzierer GmbH, abrufbar unter: http://www.einkaufsfinanzierer.com/doc/DEF-anlage-8-allgemeine-geschaeftsbedingungen.pdf.

dem Finetrader aus § 437 Nr. 2 1. Alt., 440, 323 und 326 Abs. 5 BGB ist aufgrund des zwischen ihnen vereinbarten Gewährleistungsausschlusses ausgeschlossen. Die AGB der Finetradinggesellschaften enthalten zum Rücktritt vom Kaufvertrag lediglich folgenden Passus: *„Im Falle der Erklärung des Rücktritts vom Kaufvertrag, der Vertragsaufhebung oder der Ausübung eines vergleichbaren Rechtsbehelfs durch den Kunden entfällt die Verpflichtung zur Zahlung des Kaufpreises, wenn der Lieferant zur Rückabwicklung bereit ist oder aufgrund der Klage des Kunden rechtskräftig verurteilt wird. [Der Finetrader] erstattet dem Kunden den gezahlten Kaufpreis. Der Kunde hat [dem Finetrader] eine dem Lieferanten geschuldete Nutzungsentschädigung zu erstatten".*[579]

In dieser Klausel könnte man ein vertragliches Rücktrittsrecht erblicken. Der Ausschluss des gesetzlichen Rücktrittsrechts steht der Vereinbarung eines vertraglichen Rücktrittsrechts, welches an bestimmte Voraussetzungen geknüpft ist, nicht entgegen.[580]

Vertragliche Rücktrittsrechte können grundsätzlich in allgemeinen Geschäftsbedingungen vereinbart werden[581] und an das Vorliegen bestimmter Ereignisse geknüpft werden.[582] Laut der vorliegenden Klausel sind das entweder die Bereitschaft des Lieferanten zur Rückabwicklung des Kaufvertrages oder bei fehlender Bereitschaft die rechtskräftige Verurteilung des Lieferanten zur Rückabwicklung aufgrund einer Klage des Abnehmers.

Anders als bei gesetzlichen Rücktrittsrechten sind bei vertraglichen Rücktrittsrechten ausschließlich die vereinbarten Voraussetzungen zu beachten, nicht aber auch die weiteren Erfordernisse eines vergleichbaren, gesetzlichen Rücktrittsrechts.[583] Liegt eine der beiden klauselmäßigen Voraussetzungen vor,

---

579 § 7 Abs. 5 der allgemeinen Lieferbedingungen der Deutsche Finetrading AG, abrufbar unter: https://dft-ag.de/fileadmin/user_upload/Universum/Finetrading_/Downloads/Rechtliches/Allgemeine_Lieferbedingungen_DFT_1117.pdf; § 7 Abs. 5 der allgemeinen Lieferbedingungen der InterFin GmbH, abrufbar unter: http://www.interfin.de/assets/interFin-AGBs.pdf; § 7 Abs. 5 der allgemeinen Lieferbedingungen der agrenius GmbH, abrufbar unter: https://agrenius.de/de/wp-content/uploads/2017/11/Allgemeine_Lieferbedingungen_agrenius_1117.pdf; Nr. 6 Abs. 4 der Allgemeinen Geschäftsbedingungen der Deutsche Einkaufsfinanzierer GmbH, abrufbar unter: http://www.einkaufsfinanzierer.com/doc/DEF-anlage-8-allgemeine-geschaeftsbedingungen.pdf.
580 *Schöner/Stöber*, Grundbuchrecht, Rn. 3170; *Grziwotz*, ZfIR 2002, 246; *Wälzholz/Bülow*, MittBayNot 2001, 509, 512.
581 Vgl. *Gaier* in MüKo-BGB, § 346, Rn. 9 ff.
582 *Ernst* in MüKo-BGB, § 323, Rn. 116.
583 *Gaier* in MüKo-BGB, § 346, Rn. 13.

entfällt bei noch nicht getätigter Zahlung die Verpflichtung des Abnehmers zur Zahlung des Kaufpreises. Sofern der Abnehmer den Kaufpreis bereits an den Finetrader gezahlt hat, verpflichtet sich Letzterer zur Erstattung des Kaufpreises nach § 346 Abs. 1 BGB. Im Gegenzug hat der Abnehmer dem Finetrader eine dem Lieferanten geschuldete Nutzungsentschädigung im Sinne des § 346 Abs. 1 2. Alt. BGB zu erstatten.

Mangels Abweichung von gesetzlichen Regeln steht § 307 Abs. 2 Nr. 1 BGB den Bestimmungen der Klausel nicht entgegen. Wie erläutert,[584] steht der Abnehmer auch bei Verpflichtung zum Ersatz einer durch den Finetrader an den Lieferanten zu zahlenden Nutzungsentschädigung nicht schlechter, als er ohne die Finetrading-spezifische Abtretungskonstruktion stünde. An der Wirksamkeit der Klausel bestehen insofern keine Bedenken.

Man könnte alternativ auch an eine Lösung nach den Grundsätzen über den Wegfall der Geschäftsgrundlage gemäß § 313 BGB denken, so wie es in der Situation des Finanzierungsleasings gehandhabt wird.

Nach ständiger Rechtsprechung[585] ist der Bestand des Kaufvertrages Geschäftsgrundlage für den Leasingvertrag. Der Zweck des Leasingvertrages besteht nämlich im käuflichen Erwerb eines gebrauchstauglichen, funktionstüchtigen Leasingguts durch den Leasinggeber und dessen Gebrauchsüberlassung an den Leasingnehmer. Tritt der Leasingnehmer vom Kaufvertrag zwischen dem Hersteller und dem Leasinggeber zurück, fehlt mit Vollzug des Rücktritts dem Leasingvertrag von Anfang an die Geschäftsgrundlage, sodass beide Parteien verpflichtet sind, einander so zu stellen, als wäre der Kaufvertrag von vorneherein nicht geschlossen worden.[586] Der Leasingnehmer wird dementsprechend nicht nur von der Verpflichtung zur Leistung weiterer Leasingraten befreit, sondern kann auch die schon geleisteten Raten zurückfordern. Eine vorläufige Einstellung der Ratenzahlung kann der Leasingnehmer hingegen erst ab der klageweisen Geltendmachung der ihm vom Leasinggeber abgetretenen Gewährleistungsrechte vornehmen.[587]

---

584 Siehe oben unter § 3 III. 1. c) aa).
585 BGH, Urteil v. 23.02.1977, Az. VIII ZR 124/75, NJW 1977, 848, 850; BGH, Urteil v. 16.09.1981, Az. VIII ZR 265/80, NJW 1982, 105, 107; BGH, Urteil v. 25.10.1989, Az. VIII ZR 105/88, NJW 1990, 314; BGH, Urteil v. 13.03.1991, Az. VIII ZR 34/90, NJW 1991, 1746, 1747; BGH, Urteil v. 16.06.2010, Az. VIII ZR 317/09, NJW 2010, 2798, 2800; BGH, Urteil v. 13.11.2013, Az. VIII ZR 257/12, NJW 2014, 1583, 1584; BGH, Urteil v. 16.09.2015, Az. VIII ZR 119/14, NJW 2016, 397, 399.
586 *Von Westphalen*, BB-Beilage Nr. 6, 11.
587 *Finkenauer* in MüKo-BGB, § 313, Rn. 265.

Fraglich ist, ob sich diese zum Finanzierungsleasing entwickelten Grundsätze des BGH auch auf den Fall des Finetrading übertragen lassen. Wie beim Finanzierungsleasing besteht der Zweck des Vertrages zwischen Finetrader und Abnehmer zunächst im käuflichen Erwerb einer gebrauchstauglichen, funktionstüchtigen Ware durch den Finetrader. Anders als beim Finanzierungsleasing schuldet der Finetrader als Verkäufer dem Abnehmer jedoch nicht (nur) die Gebrauchsüberlassung. Er ist gegenüber dem Abnehmer durch den Kaufvertrag gemäß § 433 Abs. 1 BGB zur Übergabe der Sache und zur Eigentumsverschaffung frei von Sach- und Rechtsmängeln verpflichtet. Er schuldet dem Abnehmer folglich ein „Mehr" an Leistung. Allerdings ist in beiden Fällen für den Abnehmer bzw. Leasingnehmer entscheidend, dass die Sache mangelfrei ist, denn ansonsten kann er sie nicht nutzen bzw. gebrauchen. Auch wird, sowohl beim Finanzierungsleasing als auch beim Finetrading, der Kaufvertrag zwischen Leasinggeber und Hersteller bzw. zwischen Finetrader und Lieferant nur geschlossen, um die Sache dem Leasingnehmer bzw. Abnehmer einerseits zu verschaffen und andererseits deren Nutzung bzw. deren Erwerb zu finanzieren. Ist die Sache derartig mangelhaft, dass sie den Leasingnehmer bzw. Abnehmer zum Rücktritt berechtigt und er die Sache an den Hersteller bzw. Lieferanten zurückgewährt, ist der Zweck sowohl des Leasing- als auch des Finetradingvertrages entfallen. Die Situation des Finanzierungsleasings ist folglich für den Fall des Rücktritts vom Kaufvertrag mit der des Finetrading vergleichbar, so dass die Rechtsprechung des BGH zum Wegfall der Geschäftsgrundlage grundsätzlich auch auf Finetrading angewendet werden kann.

Bei Anwendung der Grundsätze zum Wegfall der Geschäftsgrundlage auf den Kaufvertrag zwischen Finetrader und Abnehmer führt die Rückabwicklung des Kaufvertrages im Verhältnis Finetrader – Lieferant dementsprechend zum anfänglichen Fehlen der Geschäftsgrundlage des Kaufvertrages zwischen Finetrader und Abnehmer. Der Abnehmer ist sodann zum Rücktritt gemäß § 313 Abs. 3 Satz 1 i.V.m. §§ 346 ff. BGB berechtigt.[588] Die Rechtsfolgen der Anwendung der Grundsätze über die Störung der Geschäftsgrundlage nach § 313 BGB decken sich somit mit denen eines angenommenen vertraglichen Rücktrittrechts aus den AGB der Finetradinggesellschaften.

e) Minderung

Aufgrund der erfolgten Abtretung der Gewährleistungsansprüche durch den Finetrader an den Abnehmer hat dieser im Falle eines Mangels auch die

---

588 Vgl. *Koch* in MüKo-BGB, Finanzierungsleasing Anh. § 515, Rn. 118.

Erklärung, den Kaufpreis zu mindern, gemäß §§ 398, 437 Nr. 2 2. Alt., 441 Abs. 1 BGB direkt an den Lieferanten zu richten.[589] Hierfür muss er gemäß § 441 Abs. 3, 4 BGB den Lieferanten auf Rückzahlung des aufgrund des Mangels zu viel gezahlten Kaufpreises an den Finetrader in Anspruch nehmen.[590]

Fraglich ist, wie sich die Minderung auf den Kaufvertrag im Verhältnis zwischen Finetrader und Abnehmer auswirkt. Die allgemeinen Geschäftsbedingungen der Finetradinggesellschaften enthalten zum Gewährleistungsrecht der Minderung folgende Regelungen: *„Hat im Falle der Minderung (Herabsetzung des Kaufpreises) der Lieferant einen Teil des Kaufpreises an [den Finetrader] zurückgezahlt, ist der Kunde verpflichtet, nur einen geminderten Kaufpreis an [den Finetrader] zu zahlen, der sich wie folgt bestimmt: (a) der [dem Finetrader] vom Lieferanten für das jeweilige Finetrading-Geschäft ohne ein Skonto in Rechnung gestellte geminderte Betrag, zuzüglich (b) der zwischen den Parteien vereinbarten Finetrading-Kosten bezogen auf den geminderten Einkaufspreis gemäß Ziffer (a)."*[591] bzw. *„Hat im Falle der Minderung der Lieferant einen Teil des Kaufpreises an [den Finetrader] zurückgezahlt, ist der Kunde verpflichtet, lediglich den entsprechend geminderten Kaufpreis ohne Abzüge (insb. ohne Skonto) an [den Finetrader] zu zahlen."*[592]

Nach dieser Klausel ermäßigt sich der Kaufpreis, dem gesetzgeberischen Vorbild des § 441 Abs. 3 BGB folgend, um den Betrag, den die Sache aufgrund des Mangels weniger wert ist. Entsprechend werden auch die Finetradinggebühren nur auf den verminderten Betrag erhoben. Mangels Abweichung von gesetzlichen Regelungen steht § 307 Abs. 2 Nr. 1 BGB den Bestimmungen der Klausel nicht entgegen.

---

589 *Von Westphalen/Thüsing*, VertrR/AGB-Klauselwerke, Leasing, Rn. 135; *Koch* in MüKo-BGB, Finanzierungsleasing Anh. § 515, Rn. 121.
590 *Koch* in MüKo-BGB, Finanzierungsleasing Anh. § 515, Rn. 121.
591 § 7 Abs. 6 der allgemeinen Lieferbedingungen der Deutsche Finetrading AG, abrufbar unter: https://dft-ag.de/fileadmin/user_upload/Universum/Finetrading_/Downloads/Rechtliches/Allgemeine_Lieferbedingungen_DFT_1117.pdf; § 7 Abs. 6 der allgemeinen Lieferbedingungen der InterFin GmbH, abrufbar unter: http://www.interfin.de/assets/interFin-AGBs.pdf; § 7 Abs. 6 der allgemeinen Lieferbedingungen der agrenius GmbH, abrufbar unter: https://agrenius.de/de/wp-content/uploads/2017/11/Allgemeine_Lieferbedingungen_agrenius_1117.pdf.
592 Nr. 6 Abs. 5 der Allgemeinen Geschäftsbedingungen der Deutsche Einkaufsfinanzierer GmbH, abrufbar unter: http://www.einkaufsfinanzierer.com/doc/DEF-anlage-8-allgemeine-geschaeftsbedingungen.pdf.

Zum gleichen Ergebnis gelangt man auch durch die Anwendung der Grundsätze über den Wegfall der Geschäftsgrundlage. Sie sind beim Finanzierungsleasing auch dogmatischer Anknüpfungspunkt für die Reduzierung der Leasingraten.[593] Diese müssen dem verminderten Finanzierungsaufwand entsprechend angepasst werden. Die Anpassung erfolgt gemäß § 313 Abs. 1 BGB dadurch, dass im Falle des Finanzierungsleasings der Leasingnehmer für bereits gezahlte Raten anteilige Rückerstattung verlangen und künftige Raten entsprechend kürzen kann.[594] Die Höhe der Leasingraten ist dabei im gleichen Verhältnis herabzusetzen, wie dies für die Minderung nach § 441 BGB zu berechnen ist.[595]

Wie gezeigt, kann die Anwendung der Grundsätze des Wegfalls der Geschäftsgrundlage auch auf das Finetrading übertragen werden. Die Rechtsfolgen der Anwendung der Grundsätze über die Störung der Geschäftsgrundlage nach § 313 BGB decken sich mit der Rechtsfolge der Minderungsregelung aus den AGB der Finetradinggesellschaften.

f) Zurückbehaltungsrecht

Wie oben erläutert,[596] steht dem Abnehmer aufgrund des mit dem Finetrader vereinbarten Gewährleistungsausschlusses und der vereinbarten Abtretung der Gewährleistungsrechte gegen den Finetrader grundsätzlich kein Zurückbehaltungsrecht aus § 320 BGB zu. Ein solches wird dem Abnehmer erst ab Klageerhebung zugestanden.

aa) Einschränkung des Zurückbehaltungsrechts

Die Finetradinggesellschaften schränken dieses gewährte Zurückbehaltungsrecht jedoch für den Fall ein, dass sie den Kaufpreis bereits an den Lieferanten gezahlt haben. Hierzu heißt es in ihren AGB: „*Dem Kunden stehen die (…) eingeräumten Zurückbehaltungsrechte [im Falle der Verweigerung der Nacherfüllung durch den Lieferanten und im Falle der Zurückweisung des Rücktritts oder der Minderung durch den Lieferanten] nicht zu, soweit [der Finetrader] den (…) geschuldeten Kaufpreis bereits an den Lieferanten gezahlt hat*".[597]

---

593 *Koch* in MüKo-BGB, Finanzierungsleasing Anh. § 515, Rn. 121; *Von Westphalen/Thüsing*, VertrR/AGB-Klauselwerke, Leasing, Rn. 135, 150.
594 *Koch* in MüKo-BGB, Finanzierungsleasing Anh. § 515, Rn. 121.
595 *Von Westphalen/Thüsing*, VertrR/AGB-Klauselwerke, Leasing, Rn. 135.
596 Siehe oben unter § 3 III. 1. c) bb).
597 § 7 Abs. 8 der allgemeinen Lieferbedingungen der Deutsche Finetrading AG, abrufbar unter: https://dft-ag.de/fileadmin/user_upload/Universum/Finetrading_/

Fraglich ist, ob diese Klausel wirksam ist. Die Rechtsprechung des BGH zum Zurückbehaltungsrecht des Leasingnehmers beim Finanzierungsleasing kennt eine solche Einschränkung nicht. Voraussetzung für die Berufung des Leasingnehmers auf ein Zurückbehaltungsrecht ist danach die klageweise Geltendmachung des jeweiligen Gewährleistungsrechts, unabhängig davon, ob der Leasinggeber den Kaufpreis bereits an den Hersteller gezahlt hat.[598]

Der BGH schließt indes die Auslegung eines Gewährleistungsausschlusses dahingehend, dass dem Leasinggeber ein vorläufiger Zahlungsanspruch bis zum Abschluss des Gewährleistungsprozesses zustehe, aus. Eine solche Regelung würde die Rechtsstellung des Leasingnehmers erheblich verschlechtern, ohne dass dem Leasinggeber dadurch unzumutbare Nachteile entstünden. Insbesondere das Insolvenzrisiko des Leasingnehmers habe der Leasinggeber bereits bei Vertragsschluss auf sich genommen.[599] Dementsprechend wäre eine Klage des Leasinggebers auf Zahlung während des Gewährleistungsprozesses zwischen Lieferant und Leasingnehmer nach § 148 ZPO auszusetzen.[600]

Bei Übertragung dieser Grundsätze auf das Finetrading, liefe ein Ausschluss des Zurückbehaltungsrechts bei vorheriger Zahlung des Finetraders jedoch genau darauf hinaus, dass der Abnehmer trotz der klageweisen Geltendmachung seiner Gewährleistungsrechte zur Zahlung an den Finetrader verpflichtet bliebe. Er wäre demnach unabhängig vom Ausgang des Gewährleistungsprozesses zur vorläufigen Zahlung verpflichtet und müsste, entgegen der ursprünglichen Risikoverteilung des Finetradinggeschäfts, bei Erfolg seiner Klage das Insolvenzrisiko des Finetraders tragen. Denn wie beim Leasing der Leasinggeber hat der Finetrader durch seine Stellung als Zwischenhändler[601] auch das Delkredere- bzw.

Downloads/Rechtliches/Allgemeine_Lieferbedingungen_DFT_1117.pdf; § 7 Abs. 8 der allgemeinen Lieferbedingungen der InterFin GmbH, abrufbar unter: http://www.interfin.de/assets/interFin-AGBs.pdf; § 7 Abs. 8 der allgemeinen Lieferbedingungen der agrenius GmbH, abrufbar unter: https://agrenius.de/de/wp-content/uploads/2017/11/Allgemeine_Lieferbedingungen_agrenius_1117.pdf; Nr. 6 Abs. 6 der Allgemeinen Geschäftsbedingungen der Deutsche Einkaufsfinanzierer GmbH, abrufbar unter: http://www.einkaufsfinanzierer.com/doc/DEF-anlage-8-allgemeine-geschaeftsbedingungen.pdf.
598 BGH, Urteil v. 19.02.1986, Az. VIII ZR 91/85, NJW 1986, 1744, 1746; BGH, Urteil v. 16.06.2010, Az. VIII ZR 317/09, NJW 2010, 2798, 2800; vgl. BGH, Urteil v. 13.11.2013, Az. VIII ZR 257/12, NJW 2014, 1583, 1585.
599 BGH, Urteil v. 19.02.1986, Az. VIII ZR 91/85, NJW 1986, 1744, 1745.
600 Vgl. *Koch* in MüKo-BGB, Finanzierungsleasing Anh. § 515, Rn. 120.
601 *Clausnitzer/Stumpf*, BB 2016, 2311, 2317; *Koch*, CF 2014, 460, 462.

Ausfallrisiko des Abnehmers übernommen.[602] Schon aus diesem Grund ist eine unangemessene Benachteiligung des Abnehmers im Sinne des § 307 Abs. 1 Satz 1 BGB gegeben und die Klausel daher als unwirksam anzusehen.

Gegen die Wirksamkeit der Klausel spricht auch der Vergleich mit der Situation des Abnehmers bei hinweggedachtem Gewährleistungsausschluss gegenüber dem Finetrader. Der Abnehmer könnte dem Zahlungsanspruch des Finetraders die Einrede des § 320 BGB[603] oder die allgemeine Mängeleinrede[604] entgegensetzen, sodass die Durchsetzung der Zahlungsforderung des Finetraders ausgeschlossen wäre.[605] Auch hier käme es nicht darauf an, ob der Finetrader bereits an den Lieferanten gezahlt hat oder nicht.

Zudem ist es beim Finetrading gerade der Regelfall, dass der Finetrader bereits an den Lieferanten gezahlt hat, bevor der Abnehmer etwaige Mängel klageweise geltend machen und sich dementsprechend auf ein Zurückbehaltungsrecht berufen kann. Denn der Finetrader wird immer frühestmöglich an den Lieferanten zahlen, um etwaige Skonti in Anspruch nehmen zu können. Nach dieser Klausel wären die Zurückbehaltungsrechte des Abnehmers folglich quasi immer ausgeschlossen.

Zwar wird ein gänzlicher Ausschluss des Zurückbehaltungsrechts teilweise für zulässig erachtet, dies jedoch nur, wenn die entsprechende Klausel eine Ausnahme für unbestrittene oder rechtskräftig festgestellte Forderungen enthält. Tut sie dies nicht, ist sie unwirksam. Kommt diese Ausnahme in einer grundsätzlich zulässigen Vereinbarung nicht konkret zum Ausdruck, darf eine solche Klausel auch nicht im Wege der geltungserhaltenden Reduktion umgedeutet werden.[606] Die vorliegende Klausel schließt ein Zurückbehaltungsrecht ohne Einschränkung aus, sofern der Finetrader den Kaufpreis bereits an den Lieferanten gezahlt hat. Sie ist daher auch aus diesem Grund als unwirksam anzusehen.

Eine weitergehende formularmäßige Beschränkung des Zurückbehaltungsrechts ist zudem auch unter dem Gesichtspunkt unzulässig, dass der Finetrader vor einer missbräuchlichen Klageerhebung hinreichend geschützt ist. Denn der Abnehmer wäre in einem solchen Fall neben dem Prozessrisiko auch noch mit den Verzugsfolgen belastet.[607] Die Klausel hält demnach der Inhaltskontrolle

---

602 *Koch*, CF 2014, 460, 462.
603 *Faust* in Bamberger/Roth/Hau/Poseck, BGB, § 437, Rn. 172; *Westermann* in MüKo-BGB, § 437, Rn. 22.
604 *Westermann* in MüKo-BGB, § 437, Rn. 22.
605 Vgl. BGH, Urteil v. 19.02.1986, Az. VIII ZR 91/85, NJW 1986, 1744, 1745.
606 *Von Westphalen/Thüsing*, VertrR/AGB-Klauselwerke, Zurückbehaltungsklauseln, Rn. 21.
607 Vgl. *Koch* in MüKo-BGB, Finanzierungsleasing Anh. § 515, Rn. 120.

nicht stand, da sie den Abnehmer im Sinne des § 307 Abs. 1 Satz 1 BGB unangemessen benachteiligt.

bb) Rückwirkendes Entfallen des Zurückbehaltungsrechts

Die AGB der Finetradinggesellschaften bestimmen weiter: „*Die Zurückbehaltungsrechte des Kunden (…) entfallen jeweils rückwirkend, wenn die Klage des Kunden erfolglos bleibt.*[608] Bezüglich Fälligkeit des Kaufpreises und Verzug gelten dann (rückwirkend) die [ursprünglichen] Regelungen (…).*"*[609] „*In diesem Fall hat der Kunde [den Finetrader] so zu stellen, als ob er die Stundung vollständig in Anspruch genommen hätte und mit Ablauf des Stundungszeitraums in Verzug geraten wäre.*"[610]

Das rückwirkende Entfallen des Zurückbehaltungsrechts bei Erfolglosigkeit der Klage ist im Schrifttum und in der Rechtsprechung hinsichtlich des Finanzierungsleasings hingegen anerkannt, und eine solche Klausel wurde infolgedessen auch nicht beanstandet.[611] Auch die daran anknüpfenden Verzugsfolgen sind anerkannt, „*denn erweist sich der Rücktritt des Leasingnehmers als unberechtigt, steht fest, dass der Anspruch des Leasinggebers auf Zahlung von Leasingraten*

---

608 § 7 Abs. 7 der allgemeinen Lieferbedingungen der Deutsche Finetrading AG, abrufbar unter: https://dft-ag.de/fileadmin/user_upload/Universum/Finetrading_/Downloads/Rechtliches/Allgemeine_Lieferbedingungen_DFT_1117.pdf; § 7 Abs. 7 der allgemeinen Lieferbedingungen der InterFin GmbH, abrufbar unter: http://www.interfin.de/assets/interFin-AGBs.pdf; § 7 Abs. 7 der allgemeinen Lieferbedingungen der agrenius GmbH, abrufbar unter: https://agrenius.de/de/wp-content/uploads/2017/11/Allgemeine_Lieferbedingungen_agrenius_1117.pdf; Nr. 6 Abs. 6 der Allgemeinen Geschäftsbedingungen der Deutsche Einkaufsfinanzierer GmbH, abrufbar unter: http://www.einkaufsfinanzierer.com/doc/DEF-anlage-8-allgemeinegeschaeftsbedingungen.pdf.

609 § 7 Abs. 7 der allgemeinen Lieferbedingungen der Deutsche Finetrading AG, abrufbar unter: https://dft-ag.de/fileadmin/user_upload/Universum/Finetrading_/Downloads/Rechtliches/Allgemeine_Lieferbedingungen_DFT_1117.pdf; § 7 Abs. 7 der allgemeinen Lieferbedingungen der InterFin GmbH, abrufbar unter: http://www.interfin.de/assets/interFin-AGBs.pdf; § 7 Abs. 7 der allgemeinen Lieferbedingungen der agrenius GmbH, abrufbar unter: https://agrenius.de/de/wp-content/uploads/2017/11/Allgemeine_Lieferbedingungen_agrenius_1117.pdf.

610 Nr. 6 Abs. 6 der Allgemeinen Geschäftsbedingungen der Deutsche Einkaufsfinanzierer GmbH, abrufbar unter: http://www.einkaufsfinanzierer.com/doc/DEF-anlage-8-allgemeine-geschaeftsbedingungen.pdf.

611 Vgl. BGH, Urteil v. 16.06.2010, Az. VIII ZR 317/09, NJW 2010, 2798; *Zehelein* in Bamberger/Roth/Hau/Poseck, BGB, § 535, Rn. 95; *Schmalenbach/Sester*, WM 2002, 2184, 2185.

insgesamt begründet und nicht etwa zeitweilig (und damit Verzugsfolgen ausschließend) unbegründet war".[612]

Wie oben erläutert,[613] lassen sich die vom BGH zur Situation des Finanzierungsleasings gemachten Aussagen auch auf die Situation des Finetrading übertragen, so dass die Klausel nicht zu beanstanden ist.

g) Schadensersatz

Die zwischen dem Abnehmer und dem Finetrader vereinbarte Abtretung der Gewährleistungsrechte beinhaltet typischerweise auch die Abtretung etwaiger Schadensersatzansprüche gemäß § 437 Nr. 3 i.V.m. §§ 440, 280, 281, 283, 311a BGB.[614] Auch die AGB der Finetradinggesellschaften enthalten hierzu keine Einschränkung. Folglich muss der Abnehmer Schadensersatzansprüche, so wie alle Gewährleistungsrechte, welche aus einem Mangel der Ware resultieren, gegenüber dem Lieferanten geltend machen.[615]

Die Geltendmachung eines Schadensersatzes neben der Leistung, bei dem der Abnehmer die Sache behält, tangiert im Gegensatz zum Schadensersatz statt der (ganzen) Leistung den Kaufvertrag zwischen Finetrader und Abnehmer nicht.[616] Verlangt der Abnehmer hingegen Schadensersatz statt der (ganzen) Leistung, muss der Kaufvertrag zwischen Finetrader und Abnehmer entsprechend angepasst werden.[617] Mangels Regelungen in den AGB der Finetradinggesellschaften hierzu wird man, dem Finanzierungsleasing entsprechend, eine Anpassung des Kaufvertrages über die Grundsätze des Wegfalls der Geschäftsgrundlage gemäß § 313 Abs. 1, Abs. 3 Satz 1 BGB vornehmen müssen,[618] wie zum Rücktritt und zur Minderung erläutert.

---

612 BGH, Urteil v. 16.09.2015, Az. VIII ZR 119/14, NJW 2016, 397, 399; BGH, Urteil v. 19.02.1986, Az. VIII ZR 91/85, NJW 1986, 1744, 1746; *Zehelein* in Bamberger/Roth/Hau/Poseck, BGB, § 535, Rn. 95; *Schmalenbach/Sester*, WM 2002, 2184, 2185.
613 Siehe oben unter § 3 III. 1. c) bb).
614 Vgl. *Koch* in MüKo-BGB, Finanzierungsleasing Anh. § 515, Rn. 121.
615 Vgl. *Koch* in MüKo-BGB, Finanzierungsleasing Anh. § 515, Rn. 121; *Von Westphalen/Thüsing*, VertrR/AGB-Klauselwerke, Leasing, Rn. 136.
616 Vgl. *Von Westphalen/Thüsing*, VertrR/AGB-Klauselwerke, Leasing, Rn. 136.
617 Vgl. *Koch* in MüKo-BGB, Finanzierungsleasing Anh. § 515, Rn. 121.
618 Vgl. *Koch* in MüKo-BGB, Finanzierungsleasing Anh. § 515, Rn. 121; *Von Westphalen/Thüsing*, VertrR/AGB-Klauselwerke, Leasing, Rn. 137 f.

h) Informationspflicht

Die AGB der Finetradinggesellschaften enthalten zudem noch folgende Informationsklausel: *„Der Kunde ist verpflichtet, [den Finetrader] unverzüglich und umfassend über eine Geltendmachung von Ansprüchen und Rechten wegen vertragswidrigen oder rechtsmangelhaften Vertragsprodukten zu informieren."*[619] Die Auferlegung einer solchen Informationspflicht ist eine denklogische Folge aus der zuvor erörterten Abtretungskonstellation und den daraus resultierenden Auswirkungen der Geltendmachung der Gewährleistungsrechte durch den Abnehmer auf den Kaufvertrag zwischen ihm und dem Finetrader. Insbesondere hat der Finetrader auch ein berechtigtes Interesse, über etwaige Mängel und deren Geltendmachung gegenüber dem Lieferanten unterrichtet zu werden, denn er muss das Ergebnis eines Gewährleistungsprozesses zwischen Abnehmer und Lieferanten gegen sich gelten lassen. Zudem erlangt er dadurch die Möglichkeit, je nach Interessenlage dem Rechtsstreit auf Seiten des Lieferanten oder des Abnehmers als Nebenintervenient gemäß § 66 ZPO beizutreten und so Einfluss auf das Verfahren nehmen zu können.[620] Die Klausel ist daher nicht zu beanstanden.

i) Zusammenfassung

Indem der Finetrader dem Abnehmer gegenüber nicht nur als Finanzierer, sondern auch als Zwischenhändler auftritt, stehen dem Abnehmer grundsätzlich im Falle einer mangelhaften Lieferung durch den Lieferanten die Gewährleistungsrechte aus § 437 BGB gegen den Finetrader zu. Um einer solchen Haftung zu entgehen, vereinbaren Finetradinggesellschaften in aller Regel mit dem Abnehmer den Ausschluss jeglicher Gewährleistungsrechte gemäß § 444 BGB und

---

619 § 7 Abs. 3 der allgemeinen Lieferbedingungen der Deutsche Finetrading AG, abrufbar unter: https://dft-ag.de/fileadmin/user_upload/Universum/Finetrading_/Downloads/Rechtliches/Allgemeine_Lieferbedingungen_DFT_1117.pdf; § 7 Abs. 3 der allgemeinen Lieferbedingungen der InterFin GmbH, abrufbar unter: http://www.interfin.de/assets/interFin-AGBs.pdf; § 7 Abs. 3 der allgemeinen Lieferbedingungen der agrenius GmbH, abrufbar unter: https://agrenius.de/de/wp-content/uploads/2017/11/Allgemeine_Lieferbedingungen_agrenius_1117.pdf; Nr. 6 Abs. 2 der Allgemeinen Geschäftsbedingungen der Deutsche Einkaufsfinanzierer GmbH, abrufbar unter: http://www.einkaufsfinanzierer.com/doc/DEF-anlage-8-allgemeine-geschaeftsbedingungen.pdf.
620 Vgl. *Koch* in MüKo-BGB, Finanzierungsleasing Anh. § 515, Rn. 125; *Von Westphalen/Thüsing*, VertrR/AGB-Klauselwerke, Leasing, Rn. 143.

treten ihm im Gegenzug ihre gegen den Lieferanten bestehenden Gewährleistungsrechte gemäß §§ 398, 413, 437 BGB ab. Diese Abtretungskonstruktion ist in Anlehnung an die Rechtsprechung des BGH zu Finanzierungsleasingverträgen auch zulässig. Trotz der Freizeichnung des Finetraders von der Geltendmachung der Gewährleistungsrechte durch den Abnehmer stellen sich für den Finetrader in diesem Zusammenhang zwei grundlegende Probleme. Zum einen legen die Finetradinggesellschaften ihre Regelungen zu Gewährleistungsansprüchen des Abnehmers regelmäßig in ihren AGB nieder, und diese unterliegen der Inhaltskontrolle nach §§ 305 ff. BGB, und zum anderen hat die Geltendmachung der Gewährleistungsrechte durch den Abnehmer gegenüber dem Lieferanten aus abgetretenem Recht trotz Gewährleistungsausschlusses mit dem Finetrader in gewissen Konstellationen Auswirkungen auf den zwischen Abnehmer und Finetrader bestehenden Kaufvertrag.

Während das einfache Nachbesserungsverlangen des Abnehmers gegenüber dem Lieferanten den Finetrader nicht betrifft, hat der Finetrader dem Lieferanten im Falle eines Nachlieferungsverlangens des Abnehmers eine Nutzungsentschädigung zu zahlen, welche er sich jedoch vom Abnehmer erstatten lassen kann. Verweigert der Lieferant dem Abnehmer gegenüber jede Form der Nacherfüllung, ist der Abnehmer gegenüber dem Finetrader zur Zurückbehaltung des Kaufpreises berechtigt, wenn er unverzüglich Klage gegen den Lieferanten erhebt und zwar unabhängig davon, ob der Finetrader bereits an den Lieferanten gezahlt hat oder nicht. Dies gilt auch bei Zurückweisung eines Rücktritts- oder Minderungsverlangens des Abnehmers durch den Lieferanten. Dementsprechend erhält der Finetrader bis zum Ausgang des Gewährleistungsprozesses keine Zahlung vom Abnehmer.

Tritt der Abnehmer vom Kaufvertrag mit dem Lieferanten zurück, führt dies auch zur Rückabwicklung des Kaufvertrages zwischen Abnehmer und Finetrader. Die Finetradinggesellschaften räumen dem Abnehmer in der Regel ein vertragliches Rücktrittsrecht für den Fall ein, dass er vom Kaufvertrag mit dem Lieferanten zurücktritt. Ist ein solches Rücktrittsrecht nicht vereinbart, kann der Abnehmer nach den Grundsätzen über den Wegfall der Geschäftsgrundlage ähnlich einem Leasingnehmer dennoch vom Kaufvertrag mit dem Finetrader zurücktreten. Verlangt der Abnehmer dem Lieferanten gegenüber Minderung des Kaufpreises, mindern sich auch der Kaufpreis sowie die Finetradingkosten im Verhältnis zum Finetrader.

Macht der Abnehmer gegenüber dem Lieferanten Schadensersatz geltend, ist zu differenzieren. Verlangt der Abnehmer Schadensersatz neben der Leistung, tangiert dies die Vertragsbeziehung zum Finetrader nicht. Fordert der Abnehmer hingegen Schadensersatz statt der (ganzen) Leistung vom Lieferanten, muss der Kaufvertrag mit dem Finetrader entsprechend angepasst werden. Die Anpassung erfolgt dann wiederum wie beim Finanzierungsleasing nach den Grundsätzen über den Wegfall der Geschäftsgrundlage.

2. Erlaubnispflicht nach KWG

Die aufsichtsrechtliche Behandlung des Finetrading ist derzeit noch ungeklärt. Sofern es als Finanzdienstleistung im Sinne des § 1 Abs. 1a KWG eingestuft würde, bedürfte es der Erlaubnis nach § 32 KWG und würde die Finetrader der Aufsicht der BaFin gemäß §§ 6 ff. KWG unterstellen.[621]

Nach § 32 Abs. 1 KWG bedarf der schriftlichen Erlaubnis der Aufsichtsbehörde, wer im Inland gewerbsmäßig oder in einem Umfang, der einen in kaufmännischer Weise eingerichteten Geschäftsbetrieb erfordert, Bankgeschäfte betreiben oder Finanzdienstleistungen erbringen will. Die erste Voraussetzung des Tatbestands, das Erfordernis eines in kaufmännischer Weise eingerichteten Geschäftsbetriebs, ist beim Finetrading bereits erfüllt. Wie gezeigt, handelt es sich beim Finetrading um ein Handelsgeschäft i.s.d. § 343 Abs. 1 HGB. Dort ist das Handelsgeschäft definiert als alle Geschäfte eines Kaufmanns, die zum Betrieb seines Handelsgewerbes gehören. Nach § 1 Abs. 1 HGB ist wiederum Kaufmann, wer ein Handelsgewerbe betreibt. Ein solches ist nach der negativen Legaldefinition in § 1 Abs. 2 HGB jeder Gewerbebetrieb, es sei denn, dass das Unternehmen nach Art oder Umfang einen in kaufmännischer Weise eingerichteten Geschäftsbetrieb nicht erfordert.[622] Damit statuiert § 1 Abs. 2 2. Halbsatz HGB im Interesse des Geschäftsverkehrs eine widerlegliche Vermutung.[623]

Folglich ist allein fraglich, ob es sich beim Finetrading um ein Bankgeschäft oder eine Finanzdienstleistung handelt.

a) Finetrading als Bankgeschäft i.S.d. § 32 Abs. 1 KWG

Was als Bankgeschäft i.S.d. § 32 Abs. 1 KWG gilt, ist dem Katalog in § 1 Abs. 1 Satz 2 KWG zu entnehmen. Finetrading als Kreditgeschäft i.S.d. § 1 Abs. 1 Satz 2 Nr. 2 KWG einzuordnen scheidet aus, denn der Begriff des Kreditgeschäfts, also die Bestimmung, was Gelddarlehen im Sinne des Tatbestands ist, richtet sich

---

621 *Clausnitzer/Stumpf*, BB 2016, 2311, 2317.
622 Vgl. auch *Schaaf*, FLF 2016, 117, 118.
623 *Hopt* in Baumbach/Hopt, HGB, 1. Teil, § 1, Rn. 25; *Kindler* in Ebenroth/Boujong/Joost/Strohn, HGB, § 1, Rn. 43; *Schmidt* in MüKo-HGB, § 1, Rn. 75.

grundsätzlich nach der Regelung des § 488 BGB.[624] Wie oben erläutert,[625] handelt es sich beim Finetrading jedoch nicht um eine Darlehensgewährung i.S.d. § 488 BGB, sondern um ein Streckengeschäft. So sieht auch die BaFin in einer wie beim Finetrading vorliegenden Konstellation, bei der ein Verkäufer seinen eigenen Absatz lediglich kreditiert, indem er den Kaufpreis stundet, kein Kreditgeschäft, sogar wenn er sich den Stundungskredit verzinsen lässt. Zwar gebe der Verkäufer dem Käufer wirtschaftlich Kredit, diesem Kredit liege aber kein Darlehensvertrag, sondern allein ein atypisch ausgestalteter Kaufvertrag zugrunde.[626]

Auch eine Klassifizierung als Finanzkommissionsgeschäft i.S.d. § 1 Abs. 1 Satz 2 Nr. 4 KWG scheidet aus, denn nach mittlerweile gefestigter Rechtsprechung[627] ist der gesetzliche Tatbestand entgegen der früheren Praxis der Bundesanstalt für Finanzdienstleistungsaufsicht und der älteren Rechtsprechung der Instanzgerichte grundsätzlich auf die handelsrechtliche Kommission im Sinne der §§ 383 ff. HGB einzuschränken.[628] Wie oben erläutert,[629] handelt es sich beim Finetrading jedoch nicht um ein Kommissionsgeschäft i.S.d. §§ 383 ff. HGB. Zudem scheitert eine Klassifizierung als Finanzkommissionsgeschäft auch bereits an der fehlenden Anschaffung und Veräußerung von Finanzinstrumenten i.S.d. Katalogs des § 1 Abs. 11 KWG.

Die Leistung des Finetraders verwirklicht folglich nicht den Tatbestand des erlaubnispflichtigen Bankgeschäfts nach §§ 32 Abs. 1, 1 Abs. 1 Satz 2 KWG.[630]

b) Finetrading als Finanzdienstleistung i.S.d. § 1 Abs. 1a KWG

Finetrading könnte des Weiteren eine Finanzdienstleistung darstellen. Diese sind im Katalog des § 1 Abs. 1a KWG abschließend aufgezählt.[631] In Betracht

---

624 Vgl. BaFin-Merkblatt – Hinweise zum Tatbestand des Kreditgeschäfts, Stand 02. Mai 2016, Ziff. 1. a) bb) (1); *Schaaf*, FLF 2016, 117, 121.
625 Siehe oben unter § 3 II. 1.
626 Vgl. BaFin-Merkblatt – Hinweise zum Tatbestand des Kreditgeschäfts, Stand 02. Mai 2016, Ziff. 1. a) aa); *Schaaf*, FLF 2016, 117, 118.
627 BVerwG, Urteil v. 27.02.2008, Az. 6 C 11/07 [6 C 12/07], BVerwGE 130, S. 262 ff.; BVerwG, Urteil v. 08.07.2009, Az. 8 C 4/09, ZIP 2009, 1899; vgl. auch, BVerwG, Beschluss v. 18.01.2017, Az. 8 B 16/16, LKV 2017, 126.
628 Vgl. BaFin-Merkblatt – Hinweise zum Tatbestand des Finanzkommissionsgeschäfts, Stand 04. Mai 2017, Ziff. 1. d).
629 Siehe oben unter § 3 II. 2.
630 So auch *Koch/Schade*, FLF 2015, 136, 138; *Schaaf*, FLF 2016, 117, 122; *Sudahl*, FLF 2017, 104, 106.
631 Hessischer VGH, Beschluss v. 14.02.2006, Az. 6 TG 1447/05, BeckRS 2006, 21379; *Schäfer* in Boos/Fischer/Schulte-Mattler, KWG, § 1, Rn. 131.

kommt vorliegend der Tatbestand des Factoring gemäß § 1 Abs. 1a Nr. 9 KWG. Zwischen Finetrading und Factoring lassen sich teilweise Abgrenzungsschwierigkeiten beobachten. So ist es ihnen unter anderem gemein, dass beide Instrumente das Ziel verfolgen, einem Einkaufsvorgang Liquidität zu verschaffen.[632] Dies gilt umso mehr für das Reverse Factoring.[633] Denn auch dieses dient, wie gezeigt, der Vorfinanzierung der Verbindlichkeiten eines Abnehmers gegenüber seinem Lieferanten.[634]

Im Unterschied zum Reverse Factoring kauft der Finetrader jedoch nicht die Forderung des Lieferanten gegen seinen Abnehmer an, sondern die Ware selbst. Sein Zahlungsanspruch gegen den Abnehmer ergibt sich folglich aus dem zwischen ihm und dem mit dem Abnehmer geschlossenen Kaufvertrag, während der Factor beim Reverse Factoring lediglich aus dem vom Lieferanten abgetretenen Recht gegen den Abnehmer vorgehen kann.[635]

Fraglich ist somit, ob der Tatbestand des Factoring im Sinne des § 1 Abs. 1a Nr. 9 KWG einer wirtschaftlichen Betrachtungsweise zugänglich ist und somit neben dem laufenden Ankauf von Forderungen auch den Ankauf von Waren zu Finanzierungszwecken erfasst.[636] Im Rahmen des Finanzkommissionsgeschäfts nach § 1 Abs. 1 Satz 2 Nr. 4 KWG hat das BVerwG[637] bereits eine wirtschaftliche Betrachtungsweise abgelehnt und den Tatbestand auf das Kommissionsgeschäft i.S.d. §§ 383 ff. HGB beschränkt.[638] Der Katalog der erlaubnispflichtigen Geschäfte in § 1 KWG sei zudem als abschließend zu betrachten.[639] Des Weiteren stellt ein Verstoß gegen § 32 Abs. 1 Satz 1 KWG eine Straftat gemäß § 54 Abs. 1 Nr. 2 KWG dar.[640] Eine Erweiterung der erlaubnispflichtigen Tatbestände durch eine Analogie hätte folglich einen Verstoß gegen das strafrechtliche Analogieverbot, verankert in Art. 103 Abs. 2 GG, zur Folge.[641]

---

632 *Schaaf*, FLF 2016, 117, 122.
633 Siehe oben unter § 2 I. 1.
634 *Schaaf*, FLF 2016, 117, 122.
635 *Schaaf*, FLF 2016, 117, 123.
636 *Schaaf*, FLF 2016, 117, 123.
637 BVerwG, Urteil v. 27.02.2008, Az. 6 C 11/07 [6 C 12/07], BVerwGE 130, S. 262 ff.; BVerwG, Urteil v. 08.07.2009, Az. 8 C 4/09, ZIP 2009, 1899; vgl. auch, BVerwG, Beschluss v. 18.01.2017, Az. 8 B 16/16, LKV 2017, 126.
638 Siehe oben unter § 3 III. 2. a).
639 VG Frankfurt, Urteil v. 27.10.2005, Az. 1 E 1159/05, BeckRS 2006, 26237; *Schäfer* in Boos/Fischer/Schulte-Mattler, KWG, § 1, Rn. 131.
640 *Fischer* in Boos/Fischer/Schulte-Mattler, KWG, § 32, Rn. 29.
641 VG Frankfurt, Urteil v. 27.10.2005, Az. 1 E 1159/05, BeckRS 2006, 26237.

Diese Argumente lassen sich allesamt auf den Tatbestand des Factoring in § 1 Abs. 1a Nr. 9 KWG übertragen.[642] Zudem ist der Wortlaut des § 1 Abs. 1a Nr. 9 KWG noch deutlicher gefasst als der des Finanzkommissionsgeschäfts in § 1 Abs. 1 Satz 2 Nr. 4 KWG. Factoring wird in § 1 Abs. 1a Nr. 9 KWG als „der laufende Ankauf von Forderungen(!)" definiert. Wie oben erläutert,[643] werden beim Finetrading jedoch keine Forderungen, sondern Waren angekauft. Eine wirtschaftliche Betrachtungsweise und damit eine Erweiterung des Tatbestands des Factoring im Sinne des § 1 Abs. 1a Nr. 9 KWG auf Finetrading scheidet somit aus.[644]

Die Leistung des Finetraders verwirklicht folglich nicht den Tatbestand der erlaubnispflichtigen Finanzdienstleistung nach §§ 32 Abs. 1, 1 Abs. 1a KWG.[645]

c) Zusammenfassung

Finetrading ist kein erlaubnispflichtiges Geschäft nach § 32 Abs. 1 KWG. Es unterfällt weder der Definition des Bankgeschäfts aus § 1 Abs. 1 Satz 2 KWG noch der Finanzdienstleistung nach § 1 Abs. 1a KWG. Die Erfassung des Finetrading unter den Begriff des Kreditgeschäfts aus § 1 Abs. 1 Satz 2 Nr. 2 KWG scheitert daran, dass dem Finetrading kein Darlehensvertrag nach § 488 BGB zu Grunde liegt. Finetrading kann auch nicht unter das Finanzkommissionsgeschäft nach § 1 Abs. 1 Satz 2 Nr. 4 KWG gefasst werden, da es kein Kommissionsgeschäft im Sinne der §§ 383 ff. HGB darstellt. Auch eine Subsumtion des Finetrading unter den Tatbestand des Factoring nach § 1 Abs. 1a Nr. 9 KWG scheitert, da beim Finetrading im Gegensatz zum Factoring gerade kein Ankauf von Forderungen stattfindet und sich eine wirtschaftliche Betrachtungsweise verbietet.

3. Erlaubnispflicht nach ZAG

Nachdem eine Erlaubnispflicht nach dem KWG, wie gezeigt, ausscheidet, könnte jedoch eine Erlaubnispflicht nach dem ZAG in Betracht kommen.[646] Nach dem von der BaFin am 29. November 2017 aktualisierten „Merkblatt – Hinweise zum Zahlungsdiensteaufsichtsgesetz (ZAG)" könnte Finetrading unter den nach § 10 Abs. 1 Satz 1 ZAG erlaubnispflichtigen Tatbestand des Finanztransfergeschäfts

---

642 Vgl. auch *Schaaf*, FLF 2016, 117, 124.
643 Siehe oben unter § 3 III. 3.
644 So auch *Schaaf*, FLF 2016, 117, 124.
645 So auch *Koch/Schade*, FLF 2015, 136, 138; *Schaaf*, FLF 2016, 117, 124; *Sudahl*, FLF 2017, 104, 106.
646 *Faber*, FLF 2018, 23, 24.

gemäß § 1 Abs. 1 Satz 2 Nr. 6 ZAG fallen.[647] Diese sind legal definiert als *„Dienste, bei denen ohne Einrichtung eines Zahlungskontos auf den Namen des Zahlers oder des Zahlungsempfängers ein Geldbetrag des Zahlers nur zur Übermittlung eines entsprechenden Betrags an einen Zahlungsempfänger oder an einen anderen, im Namen des Zahlungsempfängers handelnden Zahlungsdienstleister entgegengenommen wird oder bei dem der Geldbetrag im Namen des Zahlungsempfängers entgegengenommen und diesem verfügbar gemacht wird"*.

In der Regierungsbegründung zum Gesetz zur Umsetzung der Zweiten Zahlungsdiensterichtlinie vom 17. Juli 2017[648] wird der Tatbestand des Finanztransfers als einfacher Zahlungsdienst, der ursprünglich Bargeldtransfers erfasst hat und sich im Verlauf der Zeit erweitert hat, beschrieben.[649] Kennzeichnend ist dabei, dass es sich um Zahlungsdienste handelt, die nicht über ein Zahlungskonto ausgeführt werden. Die Einzahlung von Bargeld ist indes nicht Tatbestandsvoraussetzung. Auch eine Überweisung ist vom Tatbestand erfasst, denn jeder Zahlungsvorgang, bei dem zwischen dem Zahlungsdienstleister und dem Zahlungsdienstnutzer keine kontenmäßige Beziehung begründet wird, soll erfasst werden.[650]

Fraglich ist, ob Finetrading unter ein solches Finanztransfergeschäft subsumiert werden kann. Übertragen auf die Beteiligten beim Finetrading stellt der Finetrader den Zahlungsdienstleister gemäß § 1 Abs. 1 Satz 1 Nr. 1 ZAG dar, sofern er denn tatsächlich Zahlungsdienste erbringt, was im Folgenden zu klären sein wird. Zahler ist gemäß § 1 Abs. 15 ZAG eine natürliche oder juristische Person, die Inhaber eines Zahlungskontos ist und die Ausführung eines Zahlungsauftrags von diesem Zahlungskonto gestattet oder, falls kein Zahlungskonto vorhanden ist, eine natürliche oder juristische Person, die den Zahlungsauftrag erteilt. Zahler wäre folglich im Rahmen des Finetrading der Abnehmer, der den Finetrader zur Zahlung an den Lieferanten anweist. Ein Zahlungskonto ist gemäß § 1 Abs. 17 ZAG ein auf den Namen eines oder mehrerer Zahlungsdienstnutzer laufendes Konto, das für die Ausführung von Zahlungsvorgängen genutzt wird. Ein solches existiert beim Finetrading in der Regel nicht. Zahlungsempfänger wäre der Lieferant, denn er ist nach § 1 Abs. 16 ZAG definitionsgemäß

---

647 Vgl. BaFin-Merkblatt – Hinweise zum Zahlungsdiensteaufsichtsgesetz, Stand 29. November 2017, Ziff. 2. e).
648 BGBl. I 2017, 2446.
649 BT-Drucks. 18/11495, S. 106; vgl. BaFin-Merkblatt – Hinweise zum Zahlungsdiensteaufsichtsgesetz, Stand 29. November 2017, Ziff. 2. e).
650 BT-Drucks. 18/11495, S. 107; vgl. BaFin-Merkblatt – Hinweise zum Zahlungsdiensteaufsichtsgesetz, Stand 29. November 2017, Ziff. 2. e).

die natürliche oder juristische Person, die den Geldbetrag, der Gegenstand eines Zahlungsvorgangs ist, als Empfänger erhalten soll.

In der ersten Tatbestandsalternative ist der Finanztransferdienstleister auf der Seite des Zahlers tätig.[651] Dies entspricht grundsätzlich auch der Konstellation beim Finetrading,[652] da der Finetrader vom Abnehmer beauftragt wird. Dem Wortlaut nach muss der Finanztransferdienstleister den Geldbetrag des Zahlers nur zur Übermittlung eines entsprechenden Betrags an einen Zahlungsempfänger entgegennehmen. Dies ist beim Finetrading jedoch gerade nicht der Fall. Der Finetrader zahlt an den Lieferanten auf seine Kaufpreisschuld, und der Abnehmer zahlt wiederum am Ende des zwischen Finetrader und ihm verhandelten Zahlungsziels auf seine Kaufpreisschuld gegenüber dem Finetrader. Eine „Übermittlung" im eigentlichen Sinne findet folglich nicht statt.

Die BaFin legt dem hingegen eine wirtschaftliche Betrachtungsweise zu Grunde. Danach sei vielmehr entscheidend, dass ein Bezahlverfahren etabliert werde, bei dem der gewollte Empfänger schlussendlich das Geld erhält. Dies entspreche auch dem grundlegenden Rechtsgedanken der Ersten[653] und der Zweiten Zahlungsdiensterichtlinie[654].[655]

Zudem gelte als Zahler, von dem der Dienstleister einen Geldbetrag entgegennimmt, nicht nur derjenige, der tatsächlich dem Dienstleister einen Geldbetrag überweist oder in bar übergibt. Zahler im Sinne der Vorschrift sei vielmehr auch derjenige, der von dem Dienstleister die Auszahlung eines Geldbetrages verlangen kann und statt der Auszahlung an sich die Weisung zur Zahlung an einen Dritten erteilt. Dabei laufe es im Ergebnis auf das Gleiche hinaus, ob ein Dienstleister, der seinem Kunden gegenüber aus einem beliebigen Rechtsgrund

---

651 BT-Drucks. 18/11495, S. 107.
652 Vgl. BaFin-Merkblatt – Hinweise zum Zahlungsdiensteaufsichtsgesetz, Stand 29. November 2017, Ziff. 2. e).
653 Richtlinie 2007/64/EG des Europäischen Parlaments und des Rates vom 13. November 2007 über Zahlungsdienste im Binnenmarkt, zur Änderung der Richtlinien 97/7/EG, 2002/65/EG und 2006/48/EG sowie zur Aufhebung der Richtlinie 97/5/EG, EU-Amtsblatt vom 5. Dezember 2007, L 319, S. 1.
654 Richtlinie (EU) 2015/2366 des Europäischen Parlaments und des Rates vom 25. November 2015 über Zahlungsdienste im Binnenmarkt, zur Änderung der Richtlinien 2002/65/EG, 2009/110/EG und 2013/36/EU und der Verordnung (EU) Nr. 1093/2010 sowie zur Aufhebung der Richtlinie 2007/64/EG, EU-Amtsblatt vom 23. Dezember 2015, L 337, S. 35 und EU-Amtsblatt vom 28. Juni 2016, L 169, S. 18.
655 Vgl. BaFin-Merkblatt – Hinweise zum Zahlungsdiensteaufsichtsgesetz, Stand 29. November 2017, Ziff. 2. e).

zur Zahlung eines Geldbetrages verpflichtet ist, diesen Geldbetrag an den Kunden auszahlt, und der Kunde sodann diesen Geldbetrag dem Dienstleister zur Weiterleitung an einen Dritten zurückzahlt[656] oder ob die Parteien auf das Hin- und Herzahlen des Geldes verzichten und der Dienstleister den Geldbetrag auf Weisung des Zahlers unmittelbar an einen Dritten überweist. Hierdurch werde der Zahlungsweg lediglich verkürzt. Dem Charakter als Zahlungsdienst tue dies jedoch keinen Abbruch.[657] Danach könnte die Zahlung des Finetraders an den Lieferanten doch als Übermittlung eines entsprechenden Betrags an einen Zahlungsempfänger angesehen werden.

Ein weiteres Indiz, wonach die Konstellation des Finetrading als Finanztransfergeschäft eingeordnet werden könnte, ist, dass von Gesetzes wegen auch keine zeitliche Abfolge des Geldflusses vorgegeben ist. Die Richtlinie wie auch das Gesetz sprechen von der Übermittlung eines „entsprechenden Betrags". Tatbestandsmäßig ist der Geldfluss daher auch dann, wenn der Dienstleister das Geld zunächst an den Zahlungsempfänger auszahlt bzw. vorstreckt und er sich den Geldbetrag, mit dem er in Vorleistung tritt, später vom Zahler zurückholt.[658] Diese Reihenfolge entspricht auch der Konstellation beim Finetrading, denn der Finetrader zahlt zunächst zeitlich vorgelagert an den Lieferanten und erhält erst später Zahlung vom Abnehmer.

Die BaFin ordnet daher Finetrading aufgrund der vorgebrachten Argumente grundsätzlich als Finanztransfergeschäft ein. Dies gelte nur dann nicht, wenn der Zahlungsdienstleister in vollem Umfang mit allen Rechten und Pflichten als Käufer in den Kaufvertrag mit dem Verkäufer eintritt, die Ware selbst erwirbt, und diese aufgrund eines weiteren Vertrags mit dem Abnehmer, wiederum unter Übernahme aller Rechte und Pflichten in vollem Umfang, weiterverkauft.[659]

In Bezug auf Treuhandservices hat die BaFin diese Anforderungen weiter dahin konkretisiert, dass der Tatbestand des Finanztransfergeschäfts entfalle, sofern die zwei Kaufverträge unabhängig voneinander abgewickelt werden, selbst wenn sie denselben Geschäftsgegenstand betreffen. In diesem Fall finde

---

656 Vgl. BaFin-Merkblatt – Hinweise zum Zahlungsdiensteaufsichtsgesetz, Stand 29. November 2017, Ziff. 2. e).
657 Vgl. BaFin-Merkblatt – Hinweise zum Zahlungsdiensteaufsichtsgesetz, Stand 29. November 2017, Ziff. 2. e).
658 Vgl. BaFin-Merkblatt – Hinweise zum Zahlungsdiensteaufsichtsgesetz, Stand 29. November 2017, Ziff. 2. e).
659 Vgl. BaFin-Merkblatt – Hinweise zum Zahlungsdiensteaufsichtsgesetz, Stand 29. November 2017, Ziff. 2. e).

keine Weiterleitung von Geldern und damit auch kein Finanztransfergeschäft statt.[660]

Das Geschäft werde auch nicht dadurch zum Finanztransfergeschäft, wenn der Geschäftsgegenstand unmittelbar vom Lieferanten an den Abnehmer befördert oder versendet werde, solange die unabhängige Abwicklung der zwei selbstständigen Kaufverträge davon nicht tangiert werde. Schließt der zweite Verkäufer den Kaufvertrag mit dem Abnehmer hingegen nur formal, ohne die Sachmängelgewährleistung zu übernehmen, liege ein Finanztransfergeschäft vor. Denn bei wirtschaftlicher Betrachtung werde der eigentliche Kauf dann zwischen dem Lieferanten und dem Abnehmer vorgenommen, und die Leistung des zweiten Verkäufers sei ohne Weiteres als (verdecktes) Finanztransfergeschäft anzusehen.[661]

Diese zu den Treuhandservices aufgestellten Voraussetzungen ließen sich ohne Weiteres auf das Finetrading übertragen. Danach unterliegt Finetrading nur dann nicht der Genehmigungspflicht des ZAG, sofern der Finetrader in vollem Umfang mit allen Rechten und Pflichten als Käufer gegenüber dem Lieferanten auftritt, die Ware selbst erwirbt, und diese aufgrund eines weiteren Vertrags mit dem Abnehmer, wiederum unter Übernahme aller Rechte und Pflichten in vollem Umfang, weiterverkauft. Eine Erlaubnispflicht könnte die BaFin hinsichtlich des Finetrading, angelehnt an ihre Auffassung zu Treuhandservices, insbesondere gegeben sehen, sofern der Finetrader die Gewährleistungsrechte des Abnehmers vertraglich ausschließt und die ihm gegen den Lieferanten zustehenden Gewährleistungsrechte lediglich an den Abnehmer abtritt. Wie oben erläutert,[662] ist diese Variante jedoch gerade der Regelfall beim Finetrading.

Folglich ist Finetrading grundsätzlich ein nach §§ 10 Abs. 1 Satz 1, 1 Abs. 1 Satz 2 Nr. 6 ZAG erlaubnispflichtiges Finanztransfergeschäft. Dies gilt nur dann nicht, wenn der Finetrader die volle Sachmängelgewährleistung gegenüber dem Käufer übernimmt. Soweit erkennbar gibt es bisher jedoch zur aufsichtsrechtlichen Behandlung des Finetrading aktuell noch keine Verwaltungspraxis der BaFin.[663]

---

660 Vgl. BaFin-Merkblatt – Hinweise zum Zahlungsdiensteaufsichtsgesetz, Stand 29. November 2017, Ziff. 2. e).
661 Vgl. BaFin-Merkblatt – Hinweise zum Zahlungsdiensteaufsichtsgesetz, Stand 29. November 2017, Ziff. 2. e).
662 Siehe oben unter § 3 III. 1. a).
663 So auch *Clausnitzer/Stumpf*, BB 2016, 2311, 2317.

4. Bilanzielle Bewertung

Im Falle des Finetrading dürften sich die zum Reverse Factoring diskutierten Probleme beim Ausweis der Verbindlichkeit gegenüber dem Finetrader in der Bilanz des Abnehmers zumindest nicht in derselben Intensität stellen.[664] Da beim Finetrading der Abnehmer von vorneherein nur eine Verbindlichkeit mit dem Finetrader eingeht und zwischen Lieferant und Abnehmer keine vertragliche Beziehung besteht, ist nicht ersichtlich, inwiefern sich das zum Reverse Factoring diskutierte Problem zweier etwa nebeneinander bestehender Verbindlichkeiten im Rahmen einer Finetrading Transaktion stellen sollte.

Dennoch zielt auch das Instrument Finetrading als finanzwirtschaftliches Streckengeschäft auf die Einkaufsfinanzierung und somit auf die Gestaltung von Zahlungszielen ab. Vor diesem Hintergrund bleibt abzuwarten, ob künftig auch Konstellationen des Finetrading von Wirtschaftsprüfern in der Bilanz des Abnehmers hinterfragt werden.[665]

IV. Zusammenfassung

Finetrading hat sich aus der Finanz- und Wirtschaftskrise Ende der 2000er entwickelt. Es dient der Finanzierung des Wareneinkaufs durch das Hinausschieben von Zahlungszielen und der Reduzierung der Kapitalbindung von Lieferant und Abnehmer. Wie für die Einkaufsfinanzierung typisch, geht die Initiative zum Abschluss einer Finetrading Vereinbarung vom Abnehmer aus. Innerhalb der Dreiecksbeziehung zwischen Lieferant, Abnehmer und Finetrader schließt nur der Finetrader jeweils mit dem Abnehmer und dem Lieferanten eine vertragliche Vereinbarung. Zwischen dem Abnehmer und dem Lieferanten besteht hingegen keine rechtliche Beziehung.

Finetrading ist ein finanzwirtschaftliches Streckengeschäft, das auf zwei nacheinander geschalteten Kaufverträgen beruht. Zunächst schließen Finetrader und Abnehmer einen Rahmenvertrag, in dem sich der Finetrader verpflichtet, auf Anweisung des Abnehmers Waren im eigenen Namen und auf eigene Rechnung beim Lieferanten anzukaufen und diese dem Abnehmer weiter zu verkaufen. Der Vertrag zwischen Finetrader und Abnehmer enthält neben einer Stundungsabrede auch die Vereinbarung zur Zahlung von Finetrading- und Stundungsgebühren durch den Abnehmer. Nach Aushandeln der Konditionen durch den Abnehmer schließt der Finetrader mit dem Lieferanten einen Kaufvertrag

---

664 *Clausnitzer/Stumpf*, BB 2016, 2311, 2317.
665 *Clausnitzer/Stumpf*, BB 2016, 2311, 2317.

über die vom Abnehmer ausgesuchten Waren und verkauft diese an den Abnehmer weiter. Während der Lieferant sofort nach vertragsgemäßer Lieferung Kaufpreiszahlung vom Finetrader und damit einen Liquiditätszufluss erhält, zahlt der Abnehmer den vereinbarten Kaufpreis einschließlich der anfallenden Finetrading- und Stundungsgebühren erst später innerhalb der mit dem Finetrader ausgehandelten Stundungsfrist.

Rechtlich basiert die vertragliche Beziehung zwischen Finetrader und Abnehmer auf einem Rahmenvertrag, der als Geschäftsbesorgungsvertrag nach § 675 Abs. 1 BGB einzuordnen ist, und einem Kaufvertrag nach § 433 BGB. Zwischen Finetrader und Lieferant besteht ebenfalls ein Kaufvertrag. Abnehmer und Lieferant gehen beim Finetrading keine vertragliche Beziehung ein.

Die vertragliche Ausgestaltung des Finetrading ist der Struktur des Finanzierungsleasings ähnlich, was sich insbesondere aus dem Inhalt der vertraglichen Abreden zwischen Finetrader und Abnehmer entnehmen lässt. Im Unterschied zum Finanzierungsleasing ist Finetrading allerdings auf den Eigentumserwerb des Abnehmers ausgerichtet.

Rechtliche Problemfelder ergeben sich beim Finetrading insbesondere in zwei Punkten. Erstens kommt es trotz vereinbartem Gewährleistungsausschluss zwischen Abnehmer und Finetrader bei Ausübung der Gewährleistungsrechte durch den Abnehmer gegenüber dem Lieferanten zu Auswirkungen auf den Kaufvertrag zwischen Finetrader und Abnehmer. Dies ist insbesondere der Fall, wenn der Abnehmer Nachlieferung oder Minderung verlangt oder den Rücktritt vom Kaufvertrag erklärt. Zweitens ist Finetrading zwar nicht nach dem KWG, wohl aber nach dem ZAG erlaubnispflichtig und untersteht damit der Aufsicht der BaFin. Bei der Bilanzierung von Finetradinggeschäften ergeben sich hingegen nach jetzigem Kenntnisstand für den Abnehmer keine Besonderheiten.

3. Teil: Vergleichende Betrachtung

Supply Chain Finance umfasst, wie gezeigt, sowohl die verschiedenen Arten der Absatzfinanzierung als auch die verschiedenen Formen der Einkaufsfinanzierung. Dabei sind die Instrumente der Einkaufsfinanzierung noch nicht ansatzweise so bekannt und verbreitet wie diejenigen der Absatzfinanzierung, obwohl sie sowohl für den Lieferanten als auch für den Abnehmer in der Lieferkette entscheidende Vorteile mit sich bringen. Im Folgenden werden daher zunächst im Rahmen einer zusammenfassenden Gegenüberstellung (§ 4) die beiden hier behandelten Instrumente der Einkaufsfinanzierung, Reverse Factoring und Finetrading, im Hinblick auf ihre Einsatzgebiete, ihre Kosten, ihre Zielsetzung und Funktionsweise sowie ihre rechtliche Gestaltung und rechtlichen Problemfelder verglichen und ihre Vor- und Nachteile sowohl für Lieferanten als auch für Abnehmer kurz zusammengefasst. In einer abschließenden Gesamtbetrachtung (§ 5) wird sodann das Verhältnis zwischen der Absatz- und der Einkaufsfinanzierung und ihrer im Rahmen dieser Arbeit behandelten Finanzierungsinstrumente entlang der Lieferkette beleuchtet.

§ 4 Zusammenfassende Gegenüberstellung

Die beiden zuvor erläuterten Formen der Einkaufsfinanzierung, Reverse Factoring und Finetrading, werden im Folgenden nun anhand der aus Sicht von den jeweils beteiligten Parteien maßgeblichen Kriterien einander gegenübergestellt und ihre jeweiligen Gemeinsamkeiten und Unterschiede herausgearbeitet.

I. Einsatzgebiet

1. Reverse Factoring

Reverse Factoring ist aufgrund des Strukturierungsaufwands ein Finanzierungsmodell, das sich insbesondere für DAX-Unternehmen sowie große mittelständische Unternehmen mit einem Einkaufsvolumen von mehr als 15 Mio. Euro pro Jahr und einer Vielzahl von Zulieferern eignet.[666] Bei einer häufig wechselnden Lieferantenbeziehung des Abnehmers ist es weniger flexibel,[667] da mit den einzelnen Lieferanten wie gezeigt jeweils Rahmenverträge abgeschlossen werden müssen. Zudem ist eine relative Marktmacht gegenüber den Zulieferern von Vorteil.[668] Reverse Factoring eignet sich folglich insbesondere für große Abnehmer, wie z.B. Automobilhersteller, welche die Finanzierung ihrer Einkäufe optimieren wollen.[669]

2. Finetrading

Finetrading eignet sich als Finanzierungsform vor allem für kleinere und mittlere Unternehmen[670] mit einem Einkaufsvolumen ab 200.000 Euro[671] bis zu 15 Mio. Euro.[672] Aufgrund der Ausgestaltung als Streckengeschäft und dem Abschluss

---

666 *Clausnitzer/Stumpf*, BB 2016, 2311, 2317; *Koch*, CF 2014, 460, 467; *Koch/Schade*, FLF 2015, 136, 139; *Stumpf/Clausnitzer*, FLF 2016, 208; *Redenius-Hövermann*, Jura 2019, 803, 806.
667 *Koch/Schade*, FLF 2015, 136, 139.
668 *Koch/Schade*, FLF 2015, 136, 139; *Klüwer*, Die Bank Nr. 10, Oktober 2016, 18, 20.
669 *Baums*, Unternehmensfinanzierung, § 20, Rn. 32.
670 *Krimphove/Lüke*, FLF 2017, 82; *Koch*, CF 2014, 460, 467; *Clausnitzer/Stumpf*, BB 2016, 2311, 2317; *Stange*, FLF 2014, 262, 266.
671 *Koch*, CF 2014, 460, 467; *Clausnitzer/Stumpf*, BB 2016, 2311, 2317.
672 *Koch*, ZfgK 2015, 248; *Koch/Schade*, FLF 2015, 136, 138.

einzelner Kaufverträge eignet sich das Finetrading insbesondere bei Vorhandensein einer nur kleinen Anzahl von Zulieferern.[673]

a) Finanzierung durch Konsignationslager

Eine weitere Einsatzmöglichkeit des Finetrading liegt in der Finanzierung durch Konsignationslager.[674] Ein Konsignationslager ist ein Warenlager, das aus handelbaren Waren eines Lieferanten, des Konsignanten, besteht, und sich beim Abnehmer dieser handelbaren Waren befindet.[675] Es dient der sofortigen Lieferfähigkeit des Lieferanten.[676]

Der Lieferant verpflichtet sich dabei, bestimmte Güter in einer bestimmten Anzahl für den Abnehmer vorzuhalten. Aus der Sicht des Lieferanten bindet die Vorhaltung eines solchen Konsignationslagers Liquidität, denn die Waren, die der Lieferant bereits vorfinanziert hat, gehen erst mit Entnahme aus dem Warenlager in das Eigentum des Abnehmers über, worauf erst dann die Bezahlung erfolgt.[677] Der Lieferant übernimmt folglich die Finanzierungs- und Delkrederefunktion.

Durch Zwischenschaltung eines Finetraders kann der Lieferant hingegen diese Risiken auf den Finetrader abwälzen. Diese Lagerfinanzierung unter Einschaltung eines Finetraders läuft dergestalt ab, dass zunächst der Abnehmer und der Finetrader wiederum einen Rahmenvertrag schließen. Sodann definieren Abnehmer und Lieferant die Ausgestaltung des Konsignationslagers bezüglich der vorzuhaltenden Produkte, deren Mengen und Preise.[678] Daraufhin bestellt der Abnehmer innerhalb des mit dem Finetrader vereinbarten Limits die Waren für das Konsignationslager zu den ausgehandelten Konditionen. Der Finetrader leitet diese Bestellung an den Lieferanten auf Anweisung des Abnehmers weiter. Nach Lieferung und Eingang der Ware in das Konsignationslager erfolgt die sofortige Zahlung der Lieferung durch den Finetrader unter Inanspruchnahme eines Skontoabschlags.[679] Der Abnehmer kann sodann über die Ware verfügen. Die Rückzahlung erfolgt flexibel unter den zwischen Finetrader und Abnehmer

---

673 *Clausnitzer/Stumpf*, BB 2016, 2311, 2317.
674 *Koch*, CF 2014, 460, 463; *Clausnitzer/Stumpf*, BB 2016, 2311, 2316.
675 *Koch*, CF 2014, 460, 463; *WCF*, BC 2014, 304; *Budde/Geks*, ZVertriebsR 2012, 37, 47; *Liebchen/Kaiser*, BB 2017, 224.
676 *Budde/Geks*, ZVertriebsR 2012, 37, 47.
677 *Koch*, CF 2014, 460, 463; *WCF*, BC 2014, 304; *Budde/Geks*, ZVertriebsR 2012, 37, 47.
678 *WCF*, BC 2014, 304; *Koch*, CF 2014, 460, 463.
679 *WCF*, BC 2014, 304; *Koch*, CF 2014, 460, 463.

ausgehandelten Konditionen, insbesondere des vereinbarten Zahlungsziels. Sofern sich nach Ablauf des Zahlungsziels noch Waren im Konsignationslager befinden, ist der Abnehmer gegenüber dem Finetrader verpflichtet diese abzunehmen und eine entsprechende Rückzahlung an den Finetrader vorzunehmen.[680]

Dank der unverzüglichen Bezahlung durch den Finetrader erhält der Lieferant umgehend Liquidität, kann den Umsatz direkt realisieren und die Lagerbestände als Aktivposten „Vorräte" in der Bilanz reduzieren. Der Abnehmer entnimmt die Ware gemäß dem Konsignationslagervertrag binnen 120 Tagen aus dem Konsignationslager, erhält die Rechnung vom Finetrader und bezahlt diese.[681]

Das Finetrading in Verbindung mit einem Konsignationslager wird regelmäßig für Branchen und Waren ab einem Lagervolumen von 500.000 Euro angeboten. Für die Nutzung werden individuelle Gebühren erhoben, die abhängig von Lagervolumen, -umschlagshäufigkeit, Bonität und Art der Ware sind. Auch die Kreditversicherbarkeit beider Partner, sprich von Abnehmer und Lieferant, muss gewährleistet sein.[682]

b) Importfinanzierung

Ein weiteres Einsatzgebiet des Finetrading ist die Importfinanzierung von handelbaren Waren aus dem EU-Ausland oder Drittländern. Der internationale Lieferant, mit Sitz in einem Drittland, erhält den Kaufpreis sofort, ohne dass die Waren dazu den europäischen Freihafen erreicht haben müssen.[683] Der Abnehmer kann auf diese Weise einer drohenden Währungsproblematik entgehen.[684] Auch hier bietet sich wiederum die Finanzierung durch ein in Deutschland gelegenes Konsignationslager an.[685]

3. Ergebnis

Beim Einsatz von Reverse Factoring und Finetrading gibt es in der Regel keine Überschneidungen. Während Finetrading bis zu einem Einkaufsvolumen von 15 Mio. Euro einsetzbar ist, lohnt sich der Einsatz von Reverse Factoring erst

---

680 *Koch,* CF 2014, 460, 463.
681 *WCF,* BC 2014, 304.
682 *WCF,* BC 2014, 304.
683 *Koch,* CF 2014, 460, 462; *Pennannen,* FLF 2014, 173, 176.
684 *Koch,* CF 2014, 460, 462.
685 *Langer,* DStR 2017, 242.

ab einem Einkaufsvolumen von über 15 Mio. Euro pro Jahr. Reverse Factoring ist insbesondere bei Bestehen einer Vielzahl von Zulieferern geeignet, während beim Finetrading eine geringe Anzahl von Zulieferern von Vorteil ist. Folglich werden kleinere und mittlere Unternehmen mit einem Einkaufsvolumen von bis zu 15 Mio. Euro und einer geringen Anzahl von Zulieferern eher zum Einsatz von Finetrading als Form der Einkaufsfinanzierung neigen, und große mittelständische Unternehmen sowie DAX-Konzerne mit einem Einkaufsvolumen von über 15 Mio. Euro und einer Vielzahl von Zulieferern werden zur Einkaufsfinanzierung eher Reverse Factoring in Betracht ziehen.

II. Zielsetzung

Sowohl Reverse Factoring als auch Finetrading führen beide zur Optimierung des Working Capital, indem sie die Kapitalbindung des Abnehmers und des Lieferanten reduzieren.[686]

Für den Lieferanten ergeben sich diese positiven Effekte insbesondere durch die sofortige Zahlung des Factors oder Finetraders innerhalb der Skontofrist. Diese reduzieren zum einen die Außenstände des Lieferanten und führt zum anderen zu einer besseren Liquiditätsplanung. Denn der Lieferant kann die liquiden Mittel für andere Zwecke, wie den Abbau von Verbindlichkeiten oder die Vorfinanzierung weiterer Aufträge, nutzen.[687]

Der Abnehmer profitiert insbesondere von der Möglichkeit der flexiblen Rückzahlung innerhalb des vereinbarten Zahlungsziels. Er wird dadurch in die Lage versetzt, die in der Zwischenzeit vorhandenen liquiden Mittel temporär für andere Zwecke zu nutzen,[688] wie zum Beispiel für den Abbau von Finanzverbindlichkeiten.[689]

Reverse Factoring und Finetrading bringen folglich die eigentlich gegenläufigen Interessen von Lieferant und Abnehmer innerhalb der Lieferkette in Einklang.

---

686 Vgl. *Koch*, CF 2014, 460, 461 ff.; *Koch*, ZfgK 2015, 248; *Muñoz*, JR 2013, 2, 3; *Klüwer*, Die Bank Nr. 10, Oktober 2016, 18.
687 Vgl. *Koch*, CF 2014, 460, 466; *Klüwer*, Die Bank Nr. 10, Oktober 2016, 18.
688 Vgl. *Koch*, CF 2014, 460, 466; *Koch*, ZfgK 2015, 248, 249.
689 *Wagner*, FLF 2008, 281.

III. Kosten

Die Gesamtkosten des Reverse Factoring berechnen sich aus der Factoringgebühr und einem Finanzierungszinssatz.[690] Die Factoringgebühr bemisst sich nach der Anzahl der zu zahlenden Rechnungen und der Streuung der Lieferanten,[691] unter Einpreisung des vom Factor übernommenen Delkredererisikos, welches sich wiederum nach der Bonität des Abnehmers richtet.[692] Der vom Abnehmer zu zahlende Finanzierungszins ist in der Regel marktüblich, entspricht also dem Zinssatz, den Banken für einen kurzfristigen Kredit berechnen würden[693] und ist wiederum abhängig von der Bonität des Abnehmers und der Dauer der Kreditierung.[694] Die Ausgaben für Zins und Factoringgebühr kann der Abnehmer regelmäßig zumindest teilweise über die Inanspruchnahme der von Lieferanten bei frühzeitiger Zahlung gewährten Skonti refinanzieren,[695] welche die anfallende Factoringgebühr sowie die Factoringzinsen in den ersten 30 Tagen decken.[696]

Die Kosten für das Finetrading setzen sich ebenfalls aus zwei unterschiedlichen Komponenten zusammen, der Finetrading- und der Stundungsgebühr. Die Finetradinggebühr, die jährlich fällig wird, ist abhängig vom gewährten Limit zur wiederkehrenden Bonitätsprüfung sowie der vorausgesetzten Warenkreditversicherung. Die taggenaue Stundungsgebühr, die für die Inanspruchnahme des Limits anfällt, richtet sich nach der Höhe und Dauer der Inanspruchnahme sowie der Abnehmerbonität und des Volumens. Sie ist nach Monaten gestaffelt, wobei der erste Monat in der Regel frei von Stundungsgebühren ist,[697] da die Inanspruchnahme des gewährten Skontos beim Finetrader verbleibt und die anfallen Kosten deckt.[698] Die weiteren Stundungsgebühren steigen additiv bis zu einem maximalen Finanzierungszeitraum – dem Zahlungsziel – von 120 Tagen an.[699]

---

690 *Koch*, CF 2014, 460, 464.
691 *Muñoz*, JR 2013, 2, 3.
692 *Koch*, CF 2014, 460, 464.
693 *Muñoz*, JR 2013, 2, 3; *Koch*, CF 2014, 460, 464.
694 *Koch*, CF 2014, 460, 464.
695 *Muñoz*, JR 2013, 2, 3; *Koch*, CF 2014, 460, 464.
696 *Koch*, CF 2014, 460, 464.
697 *Koch*, CF 2014, 460, 461; *Koch*, ZfgK 2015, 248.
698 *Koch*, CF 2014, 460, 461; *Koch/Schade*, FLF 2015, 136, 138; *Pennanen*, FLF 2014, 173, 174; *Koch*, ZfgK 2015, 248.
699 *Koch*, CF 2014, 460, 462; *Koch*, ZfgK 2015, 248.

Für den Lieferanten hingegen fallen üblicherweise weder beim Reverse Factoring noch beim Finetrading zusätzliche Kosten an. Entscheidend für die Höhe der Kosten beider Finanzierungsinstrumente ist insbesondere die Bonität des Abnehmers. Verfügt der Abnehmer über eine gute Bonität, sind sowohl Reverse Factoring als auch Finetrading bei einer Forderungslaufzeit von bis zu 30 Tagen kostenneutral.[700] Mit zunehmender Forderungslaufzeit steigen auch die Kosten der beiden Finanzierungsinstrumente proportional an, sodass der Einsatz von Reverse Factoring und Finetrading bei voller Ausnutzung des Zahlungsziels unter Umständen für den Abnehmer teuer werden kann.[701] Die Ausnutzung des Zahlungsziels und die dadurch entstehende positive Wirkung auf das Nettoumlaufvermögen ist jedoch gerade für den Abnehmer oftmals das entscheidende Kriterium, sich für den Einsatz von Reverse Factoring oder Finetrading zu entscheiden. Folglich müssen Abnehmer abwägen, ob die sonstigen Vorteile der beiden Finanzierungsinstrumente, wie insbesondere ihre Wirkung auf das Nettoumlaufvermögen, ihre Bindungswirkung auf Lieferanten etc., die mitunter hohen Kosten aufwiegen.

IV. Funktionsweise

Reverse Factoring und Finetrading funktionieren im Prinzip nach demselben Schema. In die Lieferkette zwischen Lieferant und Abnehmer wird, jeweils durch den Abnehmer initiiert, eine dritte Person eingeschaltet, der Factor oder Finetrader. Diese finanzieren den Wareneinkauf des Abnehmers vor, indem sie die Forderung des Lieferanten bei Fälligkeit oder unter Ausnutzung des Skontos vor Fälligkeit begleichen und dem Abnehmer wiederum ein längeres Zahlungsziel für seine Zahlung einräumen. Während beim Reverse Factoring der Factor lediglich die Forderung des Lieferanten gegen den Abnehmer ankauft, erwirbt der Finetrader das Eigentum an der Ware selbst. Reverse Factoring ist damit ein Finanzierungsgeschäft, während Finetrading ein Handelsgeschäft darstellt.[702]

V. Rechtliche Gestaltung

Der Einsatz von Reverse Factoring setzt im Gegensatz zum Finetrading den Abschluss von drei verschiedenen Verträgen voraus: einen zwischen Factor und

---

700 *Koch*, CF 2014, 460, 465 f.
701 *Koch*, CF 2014, 460, 466.
702 *Koch*, ZfgK 2015, 248; *Koch*, CF 2014, 460, 467.

Abnehmer, einen zwischen Lieferant und Factor und einen zwischen Lieferant und Abnehmer. Beim Finetrading hingegen bestehen nur zwei vertragliche Beziehungen: eine zwischen Finetrader und Abnehmer sowie eine zwischen Finetrader und Lieferant. Zwischen Lieferant und Abnehmer besteht beim Finetrading, anders als beim Reverse Factoring, keine vertragliche Beziehung.

Sowohl beim Reverse Factoring als auch beim Finetrading schließen Factor und Abnehmer bzw. Finetrader und Abnehmer einen Rahmenvertrag, der die grundsätzlichen Verpflichtungen der Parteien festlegt. Beide Rahmenverträge sind als Geschäftsbesorgungsverträge gemäß § 675 Abs. 1 BGB einzuordnen, enthalten aber völlig verschiedene Verpflichtungen. Während der Factor sich beim Reverse Factoring verpflichtet, die Forderung des Lieferanten gegen den Abnehmer anzukaufen, erwirbt der Finetrader die Ware selbst und verpflichtet sich diese an den Abnehmer weiterzuverkaufen. Auch die Festlegung des Zeitpunktes, an dem der Abnehmer Zahlung leisten muss, ist rechtlich unterschiedlich ausgestaltet. Während beim Reverse Factoring Abnehmer und Factor ein verlängertes Zahlungsziel gemäß § 271 Abs. 1 BGB vereinbaren, stundet der Finetrader dem Abnehmer den Kaufpreis nach § 271 Abs. 2 BGB.

Sowohl der Factor als auch der Finetrader schließen jeweils auch einen Vertrag mit dem Lieferanten. Während beim Reverse Factoring der Factor jedoch nur die Forderungen des Lieferanten gegen den Abnehmer gemäß §§ 453, 433 BGB ankauft, erwirbt der Finetrader vom Lieferanten gemäß § 433 BGB das Eigentum an der Ware selbst.

VI. Rechtliche Problemfelder

1. Gewährleistungsansprüche des Abnehmers

Die Ausübung von Gewährleistungsrechten durch den Abnehmer hat beim Reverse Factoring im Gegensatz zum Finetrading grundsätzlich keine Auswirkungen auf das Vertragsverhältnis zwischen Factor und Abnehmer. Dies resultiert aus der Tatsache, dass die Factoringgesellschaften in aller Regel mit dem Abnehmer einen Verzicht auf die Geltendmachung von Einwendungen durch den Abnehmer aus dem Schuldverhältnis zwischen ihm und dem Lieferanten vereinbaren. Der Abnehmer kann dem Zahlungsverlangen des Factors folglich das Geltendmachen von Gewährleistungsrechten im Normalfall nicht entgegenhalten.

Selbst wenn Factor und Abnehmer keinen wie auch immer gearteten Einwendungsverzicht vereinbaren, hat die Ausübung von Gewährleistungsrechten durch den Abnehmer beim Reverse Factoring im Gegensatz zum Finetrading kaum Auswirkungen auf die Vertragsbeziehung zwischen Factor und Abnehmer.

Sofern der Abnehmer bereits an den Factor gezahlt hat, werden der Factor und seine Rechtsbeziehung zum Abnehmer durch das Geltendmachen von Gewährleistungsrechten durch den Abnehmer nicht tangiert, da ihm, im Gegensatz zur Konstellation der Anfechtung des Kaufvertrages, kein bereicherungsrechtlicher Direktanspruch gegen den Factor zusteht. Hat der Abnehmer hingegen noch nicht an den Factor gezahlt, kann er die Zahlung dem Factor gegenüber gemäß § 404 BGB bei Geltendmachen der Gewährleistungsrechte nach Maßgabe des § 320 BGB verweigern.

Beim Finetrading hingegen hat das Geltendmachen von Gewährleistungsrechten durch den Abnehmer gegenüber dem Lieferanten, trotz des in der Regel zwischen Finetrader und Abnehmer vereinbarten Gewährleistungsausschlusses, fast in jeder Konstellation Auswirkungen auf die Vertragsbeziehung zwischen Finetrader und Abnehmer.[703] Lediglich ein Nacherfüllungsverlangen des Abnehmers und die Geltendmachung eines Schadensersatzanspruchs neben der Leistung durch den Abnehmer tangieren die vertragliche Beziehung zwischen Finetrader und Abnehmer nicht. Im Falle des Rücktritts des Abnehmers vom Kaufvertrag mit dem Lieferanten ist auch der Kaufvertrag mit dem Finetrader rückabzuwickeln. Die Minderung des Kaufpreises des Abnehmers führt ebenfalls zur Minderung des vereinbarten Kaufpreises zwischen ihm und dem Finetrader. Macht der Abnehmer Schadensersatz statt der (ganzen) Leistung geltend, ist auch der Kaufvertrag mit dem Finetrader entsprechend anzupassen. Zudem steht dem Abnehmer gegen den Finetrader im Falle der Geltendmachung von Gewährleistungsrechten ein Zurückbehaltungsrecht zu und zwar unabhängig davon, ob der Finetrader bereits an den Lieferanten gezahlt hat oder nicht. Einzige Voraussetzung ist lediglich das klageweise, unverzügliche Geltendmachen der Gewährleistungsansprüche durch den Abnehmer gegenüber dem Lieferanten.

Während also beim Reverse Factoring das Geltendmachen von Gewährleistungsansprüchen durch den Abnehmer in der Regel keinerlei Auswirkungen auf die Rechtsbeziehung zwischen Abnehmer und Factor hat, führt das Geltendmachen von Gewährleistungsrechten durch den Abnehmer beim Finetrading fast immer zu Anpassungen im Verhältnis zwischen Finetrader und Abnehmer.

2. Erlaubnispflicht nach dem KWG/ZAG

Reverse Factoring unterliegt anders als Finetrading der Erlaubnispflicht nach dem KWG. Das Factoringunternehmen ist somit an die zahlreichen

---

703 *Klüwer*, Die Bank Nr. 10, Oktober 2016, S. 18, 20.

einschränkenden, bankrechtlichen Vorgaben, wie etwa die strengen Eigenkapitalanforderungen an Kredit- und Finanzdienstleistungsinstitute, gebunden.[704] Allerdings untersteht auch Finetrading der Aufsicht der BaFin und zwar nach dem ZAG. Gemäß § 15 Abs. 3 ZAG i.V.m. der Verordnung zur Änderung der ZAG-Instituts-Eigenkapitalverordnung (ZIEVÄndV)[705] sind auch Institute im Sinne des ZAG an gewisse Vorgaben hinsichtlich ihrer Eigenmittelausstattung gebunden. Folglich sind sowohl Reverse Factoring als auch Finetrading erlaubnis- und aufsichtspflichtig und deren Anbieter unterliegen daher gewissen Vorgaben, wie insbesondere einer ausreichenden Eigenmittelausstattung.

3. Bilanzielle Bewertung

Bei der Bilanzierung von Reverse Factoring Transaktionen kann es aufgrund der zwischen Factor und Abnehmer regelmäßig nachträglich vereinbarten Änderungen der Vertragsbedingungen der ursprünglichen Forderung des Lieferanten gegen den Abnehmer, wie insbesondere durch die Vereinbarung eines Einredeverzichts und von Zinszahlungen sowie durch die Verlängerung des Zahlungsziels,[706] zu einer Ausweisänderung der Verbindlichkeit in der Bilanz des Abnehmers kommen. Der damit verbundene Passivtausch, bestehend aus der Ausbuchung der ursprünglichen Verbindlichkeit aus Lieferungen und Leistungen und der Einbuchung einer sonstigen finanziellen Verbindlichkeit, kann dabei dazu führen, dass der Abnehmer die in seinen etwaig mit Banken bestehenden Darlehensverträgen festgelegten finanziellen Anforderungen nicht mehr einhält. Dies kann zu rechtlichen Konsequenzen für den Abnehmer führen bis hin zu einer Kündigung der Darlehensverträge durch die Banken.[707] Diese Problematik besteht beim Finetrading, soweit bisher ersichtlich, nicht.[708] Durch den Einsatz von Finetrading verändert sich der Ausweis als Verbindlichkeit aus Lieferungen und Leistungen in der Bilanz des Abnehmers nicht, sodass er keine rechtlichen Konsequenzen von Seiten seiner Banken zu befürchten hat.

---

704 Vgl. *Krimphove/Lüke*, FLF 2017, 82, 83.
705 Verordnung zur Änderung der ZAG-Instituts-Eigenkapitalverordnung (ZIEVÄndV) v. 10.12.2018, BGBl. I 2018, 2330.
706 *Hartenberger* in Driesch/Riese/Schlüter/Senger, IFRS-Handbuch, § 3, Rn. 119; *Bardens/Geisel/Kuhn/Meurer*, WPg 24/2015, 1281, 1282, 1286.
707 *Stumpf*, Einkaufsfinanzierung unter Druck, Börsenzeitung v. 18.06.2016, S. 9; *Klüwer*, Die Bank Nr. 10, Oktober 2016, S. 18, 20.
708 *Clausnitzer/Stumpf*, BB 2016, 2311, 2317.

VII. Vor- und Nachteile der Finanzierungsformen

1. Reverse Factoring

Reverse Factoring bietet auf Seiten aller Parteien entscheidende Vorteile, bringt jedoch auch einige wenige Nachteile mit sich.

Der Factor trägt, wie beim regulären Factoring, auch beim Reverse Factoring das Delkredere- bzw. Ausfallrisiko, denn ihm steht – jedoch anders als beim regulären Factoring, bei dem die Forderungen gegen verschiedene Schuldner gebündelt sind – als Schuldner für die übernommene Forderung und die Factor-Gebühr nur der einzelne Abnehmer gegenüber. Der Factor muss folglich die Bonität des Abnehmers genau prüfen.[709] Doch auch hier bietet Reverse Factoring gegenüber dem regulären Factoring für den Factor den Vorteil, dass durch die Einbindung des Abnehmers in das Finanzierungsmodell und dessen Pflicht, dem Factor seine Finanzkennzahlen zu übermitteln, der Factor in der Lage ist, eine viel präzisere Risikoeinschätzung vorzunehmen als beim regulären Factoring.[710] Zudem entfällt somit das Veritätsrisiko hinsichtlich des rechtlichen Bestands der Forderung.[711] Der Factor ist folglich nur noch dem Kredit- bzw. Spätzahlungsrisiko des Abnehmers ausgesetzt.[712]

Für den Lieferanten bietet sich zunächst der Vorteil, dass er mit dem Factor einen solventen Schuldner erhält. Dies wiederum kann dazu führen, dass sich die geschäftliche Beziehung von Lieferant und seinem Abnehmer verbessert, da eventuelle Zahlungsschwierigkeiten des Abnehmers die Vertragsbeziehung nicht mehr belasten.[713] Durch den Erhalt der Zahlung vor Fälligkeit kann der Lieferant darüber hinaus seine Verbindlichkeiten gegenüber Zulieferern schneller tilgen.[714] Weitere Vorteile für den Lieferanten aus der Reverse Factoring Transaktion sind insbesondere die Verbesserung seiner Liquiditätsplanung durch planbare Zahlungseingänge, die stärkere Kundenbindung durch den Factoringvertrag sowie der Wegfall des Zahlungsausfallrisikos.[715] Nachteilig für den Lieferanten ist der

---

709 *Muñoz*, JR 2013, 2, 3.
710 *Baums*, Unternehmensfinanzierung, § 20, Rn. 32; *Clausnitzer/Stumpf*, BB 2016, 2311, 2313; *Krüger* in Krüger, Hdb. FactoringR, § 14, Rn. 3.
711 *Freiberg*, PiR 2015, 148; *Bardens/Geisel/Kuhn/Meurer*, WPg 24/2015, 1281, 1282.
712 *Bardens/Geisel/Kuhn/Meurer*, WPg 24/2015, 1281, 1282.
713 *Muñoz*, JR 2013, 2, 3.
714 *Klüwer*, Die Bank Nr. 10, Oktober 2016, 18, 19; *Krüger* in Krüger, Hdb. FactoringR, § 14, Rn. 3.
715 *Wagner*, FLF 2008, 281, 282; *Koch*, CF 2014, 460, 469.

mitunter bestehende Zwang zur Gewährung von Skonti, die aus der frühzeitigen Zahlung vor Fälligkeit durch den Factor resultieren können.[716]

Der Abnehmer kann durch die Inanspruchnahme des Reverse Factoring die Liquidität seiner Lieferanten sicherstellen[717] und gleichzeitig seine eigenen Zahlungsziele liquiditätsschonend verlängern.[718] Dadurch, dass der Abnehmer erst am Ende des verlängerten Zahlungsziels an den Factor Zahlung leisten muss, wird der Abnehmer folglich in die Lage versetzt, das Zahlungsziel voll auszuschöpfen, erhält jedoch durch die Vorleistung des Factors an den Lieferanten die Möglichkeit Skonti in Anspruch zu nehmen.[719] Zudem kann der Abnehmer durch die Reverse Factoring Transaktion verbesserte Einkaufskonditionen und ein höheres Einkaufsvolumen verhandeln.[720] Weitere Vorteile für den Abnehmer sind die gestärkte Verhandlungsposition gegenüber dem Lieferanten, die Ausweitung von Einkaufs- und Absatzkapazitäten, sowie die Bindung von strategischen Lieferanten durch den Rahmen- und den Factoringvertrag.[721] Die engere Lieferantenbindung reduziert zudem die Wahrscheinlichkeit von Lieferausfällen oder -engpässen.[722] Nachteile des Reverse Factoring für den Abnehmer stellen die hohen und variablen Finanzierungskosten ab dem 31. Tag sowie die eingeschränkte Flexibilität und fehlende Dispositionsfreiheit hinsichtlich der Auswahl der Lieferanten – diese ist durch die Festlegung im Rahmenvertrag begrenzt – dar.[723] Ein weiterer Nachteil besteht darin, dass zwischen der Beantragung des Reverse Factoring und den nötigen Vertragsabschlüssen ein Zeitraum von bis zu vier Monaten vergehen kann,[724] während Finetrading im Idealfall bereits nach einer Woche einsetzbar ist.[725]

---

716 *Koch*, CF 2014, 460, 469.
717 *Wassermann*, FLF 2009, 181, 185; *Baums*, Unternehmensfinanzierung, § 20, Rn. 32; *Malzahn*, BB 2016, 1964.
718 *Baums*, Unternehmensfinanzierung, § 20, Rn. 32; *Von Bernstorff*, RIW 2018, 634, 637; *Malzahn*, BB 2016, 1964; *Wagner*, FLF 2008, 281; *Freiberg*, PiR 2015, 148; *Krüger* in Krüger, Hdb. FactoringR, § 14, Rn. 2.
719 *Clausnitzer/Stumpf*, BB 2016, 2311, 2313; *Stumpf*, BB 2012, 1045, 1051; *Wagner*, FLF 2008, 281; *Koch*, CF 2014, 460, 469; *Krüger* in Krüger, Hdb. FactoringR, § 14, Rn. 2.
720 *Muñoz*, JR 2013, 2, 3; *Klüwer*, Die Bank Nr. 10, Oktober 2016, 18; *Wagner*, FLF 2008, 281; *Koch*, CF 2014, 460, 469; *Krüger* in Krüger, Hdb. FactoringR, § 14, Rn. 2.
721 *Koch*, CF 2014, 460, 469.
722 *Wagner*, FLF 2008, 281, 282.
723 *Koch*, CF 2014, 460, 469.
724 *Koch*, CF 2014, 460, 464; *Pennanen*, FLF 2014, 173, 174.
725 *Pennanen*, FLF 2014, 173, 174.

2. Finetrading

Für den Lieferanten sind die Vorteile des Finetrading insbesondere die Verbesserung seiner Liquiditätsplanung durch planbare Zahlungseingänge sowie der Wegfall des Zahlungsausfallrisikos.[726] Die vorzeitige Befriedigung seiner Kaufpreisforderung verbessert zudem seine Liquidität, da er das dadurch gewonnene Kapital zur Fortsetzung seiner Geschäftstätigkeit und zum Abbau von Schulden einsetzen kann. Dadurch verbessern sich zusätzlich auch die Finanzkennzahlen und das Unternehmensrating des Lieferanten. Auf der anderen Seite verringern sich seine Finanzierungskosten.[727] Nachteilig für den Lieferanten ist der mitunter bestehende Zwang zur Gewährung von Skonti, die aus der frühzeitigen Zahlung vor Fälligkeit durch den Finetrader resultieren können.[728]

Der Abnehmer tritt beim Finetrading dem Lieferanten gegenüber als Sofortzahler auf und kann dadurch seine Verhandlungsposition diesem gegenüber stärken.[729] Für den Abnehmer sind spiegelbildlich die Gewährung von Skontoabschlägen,[730] die gestärkte Verhandlungsposition gegenüber dem Lieferanten, insbesondere durch Verbesserung der Einkaufskonditionen,[731] sowie die Ausweitung von Einkaufs- und Absatzkapazitäten vorteilhaft. Einen Nachteil des Finetrading für den Abnehmer stellen, ebenso wie beim Reverse Factoring, die hohen und variablen Finanzierungskosten ab dem 31. Tag dar.[732]

3. Ergebnis

Sowohl Reverse Factoring als auch Finetrading beinhalten für die jeweils beteiligten Parteien weit mehr Vorteile als Nachteile. Ob nun der Einsatz von Reverse Factoring oder Finetrading zur Einkaufsfinanzierung besser geeignet ist, sollten Abnehmer daher anhand einer Gesamtschau aller oben erläuterten Aspekte der beiden Finanzierungsinstrumente entscheiden, um so die auf ihr Unternehmen individuell abgestimmte, bessere Einkaufsfinanzierungsform für sich zu finden.

---

726 *Koch*, CF 2014, 460, 469; *Pennanen*, FLF 2014,173.
727 *Krimphove/Lüke*, FLF 2017, 82, 83; *Pennanen*, FLF 2014, 173, 176.
728 *Koch*, CF 2014, 460, 469.
729 *Krimphove/Lüke*, FLF 2017, 82, 83; *Pennanen*, FLF 2014, 173, 174; *Sudahl*, FLF 2017, 104, 107.
730 *Stange*, FLF 2014, 262, 266; *Koch*, CF 2014, 460, 469; *Sudahl*, FLF 2017, 104, 107;
731 *Pennanen*, FLF 2014, 173, 175; *Koch*, CF 2014, 460, 469.
732 *Koch*, CF 2014, 460, 469.

§ 5 Abschließende Gesamtbetrachtung

Anknüpfungspunkt sowohl für den Einsatz der Absatz- als auch der Einkaufsfinanzierung innerhalb der Lieferkettenfinanzierung sind die gegenläufigen Interessen von Lieferanten auf der einen und ihren Abnehmern auf der anderen Seite. Während Lieferanten ein Interesse an einer schnellstmöglichen Zahlung haben, zahlen Abnehmer gerne später als vereinbart.

Die Instrumente der Absatzfinanzierung lösen dieses Problem nur bedingt, da sie jeweils nur das Interesse einer der beiden Parteien befriedigen. Beim Einsatz des Lieferantenkredites erhält der Abnehmer durch das Hinausschieben der Fälligkeit oder einer entsprechenden Stundung durch den Lieferanten mehr Zeit bis zur Bezahlung der Ware. Diese Form der Absatzfinanzierung geht jedoch auf Kosten des Lieferanten, denn er muss für die Zeit bis zur Zahlung durch den Abnehmer auf Liquidität verzichten oder sich diese anderweitig beschaffen. Der Lieferant hat von diesem Finanzierungsinstrument folglich keinen Vorteil, außer, dass er den Abnehmer durch die Befriedigung seines Interesses an einer späteren Zahlung eventuell als Kunden halten kann. Je nach Marktmacht des Abnehmers bleibt dem Lieferanten auch oft keine andere Wahl.

Factoring hingegen gewährt dem Lieferanten zwar durch die Zahlung des Factors einen sofortigen Liquiditätszufluss, ermöglicht aber dem Abnehmer kein längeres Zahlungsziel. Zudem erhält der Lieferant vom Factor nur einen um Gebühren, Vorfälligkeitszinsen und Risikoabschlag verminderten Kaufpreis in Höhe von 80 % bis 90 % der Forderungssumme ausbezahlt, sodass er auf einen Teil seiner Marge verzichten muss, um schnellere Zahlung vom Factor zu erhalten. Folglich geht auch diese Form der Absatzfinanzierung auf Kosten des Lieferanten und bringt dem Abnehmer zudem keinen Vorteil.

Die Einkaufsfinanzierung hingegen verbindet die eigentlich gegenläufigen Interessen von Lieferant und Abnehmer, indem sie auf das gemeinsame Interesse der Parteien abstellt, nämlich die Reduzierung der Kapitalbindung im Umlaufvermögen. Diese lässt sich durch die Kombination eines schnellen Rückflusses der eingesetzten Mittel auf Seiten des Lieferanten und einer Verlängerung des Zahlungsziels auf Seiten des Abnehmers umsetzen. Zur Erreichung dieses Ziels bedient sich die Einkaufsfinanzierung bei den Instrumenten der Absatzfinanzierung und entwickelt diese insofern weiter, als sie den Abnehmer in die Finanzierung mit einbindet.

So liegt dem Reverse Factoring wie auch dem regulären Factoring zwischen Lieferant und Factor ein Forderungskauf zugrunde. Dieser wird allerdings durch den Rahmenvertrag mit dem Abnehmer dergestalt ergänzt, dass der Factor die Verbindlichkeiten des Abnehmers dem Lieferanten gegenüber auf Anweisung des Abnehmers ankauft, die Forderung des Lieferanten begleicht und dem Abnehmer ein verlängertes Zahlungsziel zur Rückzahlung einräumt. Auf diese Weise können die Nachteile aus dem regulären Factoring durch die Einbindung des Abnehmers überwunden werden. Zum einen muss der Lieferant nicht wie beim regulären Factoring die Kosten tragen und erhält zudem 100 % der Forderungssumme, abzüglich eines etwaigen Skontos, vom Factor ausbezahlt und zum anderen kann der Abnehmer mit dem Factor ein seinen Anforderungen entsprechendes langes Zahlungsziel aushandeln.

Dem Finetrading liegt wie beim Lieferantenkredit eine Stundung des Kaufpreises gegenüber dem Abnehmer zugrunde. Anders als beim Lieferantenkredit muss diese Stundung nicht vom Lieferanten unter Verzicht auf einen Kapitalzufluss in diesem Zeitraum gewährt werden, sondern wird vom Finetrader übernommen. Ergänzend zum Vertrag zwischen Finetrader und Abnehmer wird in einem zusätzlichen Vertragsverhältnis zwischen Lieferant und Finetrader die sofortige Kaufpreiszahlung bei ordnungsgemäßer Lieferung vereinbart. Folglich eliminiert Finetrading den bei Gewährung eines Lieferantenkredites bestehenden Nachteil für den Lieferanten bei gleichzeitiger Beibehaltung der für den Abnehmer vorteilhaften Stundung des Kaufpreises.

Die Einkaufsfinanzierung stellt folglich die Weiterentwicklung der Absatzfinanzierung dar. Trotz der theoretisch für beide Parteien durch den Einsatz der Einkaufsfinanzierung entstehenden Vorteile besteht für deren Implementierung in der Lieferbeziehung zwischen Lieferant und Abnehmer in der Praxis jedoch unter Umständen ein entscheidendes Hindernis, nämlich dass der Abnehmer derjenige sein muss, der den Einsatz der Einkaufsfinanzierung initiiert. Da auch er derjenige ist, der im Gegensatz zur Situation bei der Absatzfinanzierung, die anfallenden Kosten tragen muss, wird er sich jedoch nur für den Einsatz von Einkaufsfinanzierungsinstrumenten wie Reverse Factoring und Finetrading entscheiden, wenn zwei Voraussetzungen gegeben sind. Das ist zum einen eine gute Bonität des Abnehmers und zum anderen ein Interesse des Abnehmers an der Aufrechterhaltung und dem reibungslosen Ablauf der Beziehung mit dem Lieferanten.

Die Bonität des Abnehmers ist ein wichtiges Kriterium für den Einsatz der Einkaufsfinanzierung, da erstens ein bonitätsstarker Abnehmer eher bereit sein wird die Finanzierungskosten zu übernehmen, als ein bonitätsschwacher Abnehmer. Zweitens kommt Reverse Factoring und Finetrading aus Sicht des Factors oder Finetraders auch nur bei einem bonitätsstarken Abnehmer wirklich in Betracht. Drittens profitiert nur ein bonitätsstarker Abnehmer bei der

Finanzierung auch von besseren Konditionen und kann daher günstiger finanzieren als ein bonitätsschwächerer Lieferant. Entscheidend ist jedoch insbesondere ein spezielles Interesse des Abnehmers an der Lieferbeziehung mit dem Lieferanten. Ihm muss gerade daran gelegen sein, den reibungslosen Ablauf der Lieferungen durch den Lieferanten zu gewährleisten und etwaige Lieferausfälle oder Lieferengpässe innerhalb der Lieferbeziehung zu vermeiden. Das ist zum Beispiel denkbar, wenn der Lieferant der einzige oder einer der wenigen ist, der die durch den Abnehmer benötigte Ware liefern kann. Weiterhin können auch eine etwaige Spezialisierung des Lieferanten in der Branche sowie besondere Kenntnisse eine Rolle spielen. Dies ist zum Beispiel insbesondere denkbar in Branchen wie der Luftfahrt oder Schifffahrt, in denen die Kenntnis des Lieferanten von Sicherheitsstandards und deren Einhaltung besonders relevant ist. Auch in Branchen in denen Lieferengpässe den Abnehmer direkt betreffen, könnte ein Abnehmer den Einsatz der Einkaufsfinanzierung eher in Betracht ziehen. So können Lieferengpässe in der Automobilbranche bei Fehlen wichtiger Teile zum Stillstand der Produktion führen oder in der Pharmabranche unter Umständen Menschenleben kosten.

Die Einkaufsfinanzierung stellt folglich eine sowohl den Lieferanten als auch den Abnehmern innerhalb der Lieferkette dienende echte Alternative zur bekannten Absatzfinanzierung dar. Ihr Einsatz hängt jedoch als abnehmerbasierte Finanzierung primär vom Willen, den Möglichkeiten und dem Interesse des Abnehmers ab.

Literaturverzeichnis

Backhaus, Desirée	Das Versprechen: Schneller Zugang zu Liquidität In: FAZ v. 26.09.2017, Sonderbeilage Mittelstandsfinanzierung, S. V2. (zitiert als: *Backhaus*, Das Versprechen: Schneller Zugang zu Liquidität, FAZ v. 26.09.2017, Sonderbeilage Mittelstandsfinanzierung, S.)
Bamberger, Heinz Georg/Roth, Herbert/Hau, Wolfgang/Poseck, Roman [Hrsg.]	Beck'scher Online-Kommentar BGB 50. Edition Stand: 01.05.2019 München 2019 (zitiert als: *Bearbeiter* in Bamberger/Roth/Hau/Poseck, BGB, §, Rn.)
Bardens, Andrea/ Geisel, Adrian/ Kuhn, Steffen/ Meurer, Holger	Reverse-Factoring-Transaktionen nach IFRS In: WPg 24/2015, 1281. (zitiert als: *Bardens/Geisel/Kuhn/Meurer*, WPg 24/2015, S.)
Baumbach, Adolf/ Hopt, Klaus J. [Hrsg.]	Handelsgesetzbuch 38. Auflage München 2018 (zitiert als: *Bearbeiter* in Baumbach/Hopt, HGB, Teil, Kap./§, Rn.)
Baums, Theodor	Recht der Unternehmensfinanzierung München 2017 (zitiert als: *Baums*, Unternehmensfinanzierung, §, Rn.)
Berger, Jens/Fischer, Felix	Ausgewählte Fragestellungen der Klassifizierung von Zahlungsströmen in der Kapitalflussrechnung nach IAS 7 In: BB 2019, 1451. (zitiert als: *Berger/Fischer*, BB 2019, S.)
Boos, Karl-Heinz/ Fischer, Reinfrid/ Schulte-Mattler, Hermann [Hrsg.]	Kommentar zum KWG, CRR-VO 5. Auflage München 2016 (zitiert als: *Bearbeiter* in Boos/Fischer/Schulte-Mattler, KWG, §, Rn.)
Budde, Robert/ Geks, Victoria	Rahmenlieferverträge – Ein Instrument zur Verstetigung von Vertriebsbeziehungen In: ZVertriebsR 2012, 37. (zitiert als: *Budde/Geks*, ZVertriebsR 2012, S.)

Canaris, Claus-Wilhelm	Der Bereicherungsausgleich im Dreipersonenverhältnis S. 799 ff. In: Paulus, Gotthard/Diederichsen, Uwe/Canaris, Carl-Wilhelm [Hrsg.] Festschrift für Karl Larenz zum 70. Geburtstag München 1973. (zitiert als: *Canaris*, FS Larenz, S.)
Clausnitzer, Sven A./Stumpf, Wolf	Supply Chain Finance – Finanzierungsmodelle und ihre Einsatzbereiche In: BB 2016, 2311. (zitiert als: *Clausnitzer/Stumpf*, BB 2016, S.)
Compeon	Einkaufsfinanzierung online finden: So profitieren Unternehmer In: Handelsblatt v. 02.08.2018. Abrufbar unter: https://innovationen.handelsblatt.com/2018/08/02/einkaufsfinanzierung-online-finden/; (zitiert als: *Compeon*, Einkaufsfinanzierung online finden: So profitieren Unternehmer, Handelsblatt v. 02.08.2018, abrufbar unter: https://innovationen.handelsblatt.com/2018/08/02/einkaufsfinanzierung-online-finden/)
Deutscher Factoring Verband e.V.	Kommentierung zum Entwurf IDW RS HFA 48 v. 30.10.2015 Abrufbar unter: https://www.idw.de/blob/86454/f77ffeaa81582a422cf266feea7474a5/down-idwershfa9-dt-factoring-verband-data.pdf; (zitiert als: *Deutscher Factoring Verband e.V.*, Kommentierung zum Entwurf IDW RS HFA 48 v. 03.10.2015, S., abrufbar unter: https://www.idw.de/blob/86454/f77ffeaa81582a422cf266feea7474a5/down-idwershfa9-dt-factoring-verband-data.pdf)
Driesch, Dirk/Riese, Joachim/Schlüter, Jörg/Senger, Thomas [Hrsg.]	Beck'sches IFRS-Handbuch Kommentierung der IFRS/IAS 5. Auflage München 2016 (zitiert als: *Bearbeiter* in Driesch/Riese/Schlüter/Senger, IFRS-Handbuch, §, Rn.)
Drukarczyk, Jochen/Lobe, Sebastian	Finanzierung 11. Auflage Stuttgart 2015 (zitiert als: *Drukarczyk*, Finanzierung, S.)

Ebenroth, Karlheinz/Boujong, Carsten Thomas/ Joost, Detlev/ Strohn, Lutz	Handelsgesetzbuch Band 2 3. Auflage 2015 (zitiert als: *Bearbeiter* in Ebenroth/Boujong/Joost/Strohn, HGB, Kap./§, Rn.)
Ehmann, Erik	Das Schuldanerkenntnis In: WM 2007, 329. (zitiert als: *Ehmann*, WM 2007, S.)
Eilers, Stephan/ Rödding, Adalbert/ Schmalenbach, Dirk [Hrsg.]	Unternehmensfinanzierung 2. Auflage München 2014 (zitiert als: *Bearbeiter* in Eilers/Rödding/Schmalenbach, S., Kap., Rn.)
Erben, Sabrina	Finetrading Vorschuss vom Zwischenhändler In: Handelsblatt v. 04.12.2009. Abrufbar unter: https://www.handelsblatt.com/unternehmen/mittelstand/strategie_und_finanzierung/finetrading-vorschuss-vom-zwischenhaendler/3318816.html; (zitiert als: *Erben*, Vorschuss vom Zwischenhändler, Handelsblatt v. 04.12.2009, abrufbar unter: https://www.handelsblatt.com/unternehmen/mittelstand/strategie_und_finanzierung/finetrading-vorschuss-vom-zwischenhaendler/3318816.html)
Ertl, Manfred	Strategien und Maßnahmen zur Sicherstellung der Liquidität im Unternehmen In: BC 2000, 86. (zitiert als: *Ertl*, BC 2000, S.)
Euro Banking Association	Supply Chain Finance EBA European Market Guide Version 2.0 Juni 2014 Abrufbar unter: https://www.abe-eba.eu/media/azure/production/1544/eba-market-guide-on-supply-chain-finance-version-20.pdf; (zitiert als: *EBA*, Supply Chain Finance, S., abrufbar unter: https://www.abe-eba.eu/media/azure/production/1544/eba-market-guide-on-supply-chain-finance-version-20.pdf)

Faber, Christian	Können Fintechs Factoring? In: FLF 2018, 23. (zitiert als: *Faber*, FLF 2018, S.)
Fellenz, Martin R./ Augustenborg, Cara/ Brady, Mairead/ Greene, Joe	Requirements for an Evolving Model of Supply Chain Finance: A Technology and Service Providers Perspective In: Communications of the IBIMA, Vol. 10, 2009, 227. (zitiert als: *Fellenz/Augustenborg/Brady/Greene*, Communications of the IBIMA 2009, S.)
Freiberg, Jens	Abbildung von reverse factoring-Vereinbarungen In: PiR 2015, 148. (zitiert als: *Freiberg*, PiR 2015, S.)
Glos, Alexander/ Sester, Peter	Aufsichtsrechtliche Erfassung der Leasing- und Factoringunternehmen In: WM 2009, 1209. (zitiert als: *Glos/Sester*, WM 2009, S.)
Graf von Bernstorff, Christoph	Aktuelle Entwicklung der Exportfinanzierung In: RIW 2018, 634. (zitiert als: *Von Bernstorff*, RIW 2018, S.)
Graf von Westphalen, Friedrich	Wandelung - Wegfall der Geschäftsgrundlage In: BB-Beilage Nr. 6, 11 (zu BB 1994, Heft 12). (zitiert als: *Von Westphalen*, BB-Beilage Nr. 6, S.)
Graf von Westphalen, Friedrich	Die Auswirkungen der Schuldrechtsreform auf die „Abtretungskonstruktion" beim Leasing In: ZIP 2001, 2258. (zitiert als: *Von Westphalen*, ZIP 2001, S.)
Graf von Westphalen, Friedrich	Das Schuldrechtsmodernisierungsgesetz und Leasing Was ändert sich, was bleibt? In: DB 2001, 1291. (zitiert als: *Von Westphalen*, DB 2001, S.)
Graf von Westphalen, Friedrich/Thüsing, Gregor [Hrsg.]	Vertragsrecht und AGB-Klauselwerke 43. Ergänzungslieferung 2019 München 2019 (zitiert als: *Von Westphalen/Thüsing*, VertrR/AGB-Klauselwerke, Kapitel, Rn.)

Literaturverzeichnis 151

Groth, Julia	Reverse Factoring Ein Herz für Lieferanten In: Handelsblatt v. 13.02.2009. Abrufbar unter: https://www.handelsblatt.com/unternehmen/mittelstand/strategie_und_finanzierung/reverse-factoring-ein-herz-fuer-lieferanten/3111130.html?ticket = ST-695656-DYy3nPRBWbzupwNZ5y5Y-ap1; (zitiert als: *Groth*, Ein Herz für Lieferanten, Handelsblatt v. 13.02.2009, abrufbar unter: https://www.handelsblatt.com/unternehmen/mittelstand/strategie_und_finanzierung/reverse-factoring-ein-herz-fuer-lieferanten/3111130.html?ticket = ST-695656-DYy3nPRBWbzupwNZ5y5Y-ap1)
Grziwotz, Herbert	Haftung für die Bebaubarkeit beim Grundstückskauf nach neuem Schuldrecht In: ZfIR 2002, 246. (zitiert als: *Grziwotz*, ZfIR 2002, S.)
Harriehausen, Simone	Der Gewährleistungsausschluss im Finanzierungsleasingvertrag In: NJW 2013, 3393. (zitiert als: *Harriehausen*, NJW 2013, S.)
Harriehausen, Simone	Die aktuellen Entwicklungen im Leasingrecht In: NJW 2019, 1493. (zitiert als: *Harriehausen*, NJW 2019, S.)
Hartmann-Wendels, Thomas/Lehmann-Björnekärr, Julia L./Moseschus, Alexander M./Wessel, Magdalena [Hrsg.]	Factoring-Handbuch 2. Auflage Frankfurt am Main 2018 (zitiert als: *Hartmann-Wendels*, Factoring-Hdb., S.)
Häublein, Martin/Hoffmann-Theinert, Roland [Hrsg.]	Beck'scher Online Kommentar HGB 25. Edition Stand: 15.07.2019 München 2019 (zitiert als: *Bearbeiter* in Häublein/Hoffmann-Theinert, HGB, §, Rn.)
Heide, Ronny	Erfahrungsbericht – Aus der Praxis für die Praxis Aufbau und Organisation eines Forderungsmanagements In: BC 2014, 146. (zitiert als: *Heide*, BC 2014, S.)

Herzog, Felix/ Achtelik, Olaf [Hrsg.]	Geldwäschegesetz (GwG) 3. Auflage München 2018 (zitiert als: *Bearbeiter* in Herzog/Achtelik, GwG, §, Rn.)
Hofmann, Erik	Supply Chain Finance – some conceptual insights S. 203 ff. In: Lasch, Rainer/Janker, Christian G. [Hrsg.] Logistik Management – Innovative Logistikkonzepte Wiesbaden 2005. (zitiert als: *Hofmann* in Lasch/Janker, Logistik Management, S.)
Hua, Song [Hrsg.]	Supply Chain Perspectives and Issues in China A Literature Review Hong Kong 2013 (zitiert als: *Bearbeiter* in Hua, Supply Chain Perspectives in China, S.)
IDW	Entwurf einer Fortsetzung zu IDW RS HFA 9 „Reverse Factoring" vom 07.05.2015 Abrufbar unter: https://www.idw.de/idw/idw-aktuell/entwurf-einer-fortsetzung-zu-idw-rs-hfa-9--reverse-factoring-/27870; (zitiert als: IDW Aktuell v. 07.05.2015, Entwurf einer Fortsetzung zu IDW RS HFA 9 „Reverse Factoring", abrufbar unter: https://www.idw.de/idw/idw-aktuell/entwurf-einer-fortsetzung-zu-idw-rs-hfa-9--reverse-factoring-/27870)
IDW	Entwurf einer IDW Stellungnahme zur Rechnungslegung: Einzelfragen der Bilanzierung von Finanzinstrumenten nach IFRS 9 (IDW ERS HFA 48) vom 13.05.2016 Abrufbar unter: https://www.idw.de/idw/idw-aktuell/entwurf-einer-idw-stellungnahme-zur-rechnungslegung--einzelfragen-der-bilanzierung-von-finanzinstrumenten-nach-ifrs-9--idw-ers-hfa-48-/88160; (zitiert als: IDW Aktuell v. 18.05.2016, Entwurf einer IDW Stellungnahme zur Rechnungslegung: Einzelfragen der Bilanzierung von Finanzinstrumenten nach IFRS 9 (IDW ERS HFA 48), abrufbar unter: https://www.idw.de/idw/idw-aktuell/entwurf-einer-idw-stellungnahme-zur-rechnungslegung--einzelfragen-der-bilanzierung-von-finanzinstrumenten-nach-ifrs-9--idw-ers-hfa-48-/88160)

Literaturverzeichnis 153

IDW	Fortsetzung zu IDW RS HFA 9: Einzelfragen zur Bilanzierung von Finanzinstrumenten nach IFRS vom 23.05.2016 Abrufbar unter: https://www.idw.de/idw/idw-aktuell/fortsetzung-zu-idw-rs-hfa-9--einzelfragen-zur-bilanzierung-von-finanzinstrumenten-nach-ifrs/88164; (zitiert als: IDW Aktuell v. 23.05.2016, Fortsetzung zu IDW RS HFA 9: Einzelfragen zur Bilanzierung von Finanzinstrumenten nach IFRS, abrufbar unter: https://www.idw.de/idw/idw-aktuell/fortsetzung-zu-idw-rs-hfa-9--einzelfragen-zur-bilanzierung-von-finanzinstrumenten-nach-ifrs/88164)
IDW	IDW RS HFA 48: Ausführungen zur Modifikation finanzieller Vermögenswerte ergänzt vom 08.10.2018 Abrufbar unter: https://www.idw.de/idw/idw-aktuell/idw-rs-hfa-48--ausfuehrungen-zur-modifikation-finanzieller-vermoegenswerte-ergaenzt/111200; (zitiert als: IDW Aktuell v. 08.10.2018, IDW RS HFA 48: Ausführungen zur Modifikation finanzieller Vermögenswerte ergänzt, abrufbar unter https://www.idw.de/idw/idw-aktuell/idw-rs-hfa-48--ausfuehrungen-zur-modifikation-finanzieller-vermoegenswerte-ergaenzt/111200)
IDW	IDW RS HFA 48: Einzelfragen der Bilanzierung von Finanzinstrumenten nach IFRS 9 IDW Verlautbarung vom 11.09.2018 Abrufbar unter: https://www.idw.de/idw/verlautbarungen/idw-rs-hfa-48/87036; (zitiert als: IDW Verlautbarung v. 11.09.2018, IDW RS HFA 48: Einzelfragen der Bilanzierung von Finanzinstrumenten nach IFRS 9, abrufbar unter https://www.idw.de/idw/verlautbarungen/idw-rs-hfa-48/87036)
Immel, Ina-Maria/ Schilling, Dirk	Net Working Capital – eine empirische Untersuchung internationaler Handelsunternehmen In: BC 2013, 206. (zitiert als: *Immel/Schilling*, BC 2013, S.)

Jansen, Jan H.	Supply Chain Finance 'Is SCF ready to be applied in SMEs?' Contribution to the International Business Engineering Conference (IBEC) in Kuala Lumpur, Malaysia 2016 Abrufbar unter: https://www.researchgate.net/publication/305391903_Supply_Chain_Finance_Is_SCF_ready_to_be_applied_in_SMEs; (zitiert als: *Jansen*, Supply Chain Finance, S., abrufbar unter: https://www.researchgate.net/publication/305391903_Supply_Chain_Finance_Is_SCF_ready_to_be_applied_in_SMEs)
Klose, Bernhard	Der erneute Entwurf eines Gesetzes zur Bekämpfung des Zahlungsverzugs im Geschäftsverkehr In: NJ 2014, 272. (zitiert als: *Klose*, NJ 2014, S.)
Klüwer, Arne	Vielfältige Geschäftsmöglichkeiten für Banken In: Die Bank Nr. 10 Oktober 2016, 18. (zitiert als: *Klüwer*, Die Bank Nr. 10, Oktober 2016, S.)
Koch, Sven	Finetrader – Konkurrent oder Partner der Hausbank? In: ZfgK 2015, 248. (zitiert als: *Koch*, ZfgK 2015, S.)
Koch, Sven	Finetrading versus Reverse Factoring: Fremdfinanzierungsinstrumente zur Working Capital-Optimierung In: Corporate Finance 2014, 460. (zitiert als: *Koch*, CF 2014, S.)
Koch, Sven/Schade, Tim	Mit Finetrading den Factoring Umsatz steigern KMU-Finanzierung im Wandel In: FLF 2015, 136. (zitiert als: *Koch/Schade*, FLF 2015, S.)
Koller, Ingo/Kindler, Peter/Roth, Wulf-Henning/Morck, Winfried [Hrsg.]	Handelsgesetzbuch Kommentar 9. Auflage München 2019 (zitiert als: *Bearbeiter* in Koller/Kindler/Roth/Morck, HGB, §, Rn.)

Krieg, Bernd	Erfahrungsbericht: Aus der Praxis – für die Praxis Finanzierungsalternativen für KMU's – Beispiel eines Start-up-Unternehmens In: BC 2016, 123. (zitiert als: *Krieg*, BC 2016, S.)
Krimphove, Dieter/ Lüke, Christoph	Finetrading – neue Finanzierungsmöglichkeit im grenzüberschreitenden Handel In: FLF 2017, 82. (zitiert als: *Krimphove/Lüke*, FLF 2017, S.)
Krüger, Stefan [Hrsg.]	Handbuch Factoringrecht Köln 2018 (zitiert als: *Bearbeiter* in Krüger, Hdb. FactoringR, §, Rn.)
Lange, Knut Werner	Die Untersuchungs- und Rügeobliegenheiten beim Streckengeschäft In: JZ 2008, 661. (zitiert als: *Lange*, JZ 2008, S.)
Langenbucher, Katja/Bliesener, Dirk H./Spindler, Gerald [Hrsg.]	Bankrechts-Kommentar 2. Auflage München 2016 (zitiert als: *Bearbeiter* in Langenbucher/Bliesener/Spindler, Bankrechts-KO, Kap., §, Rn.)
Langer, Ronny	Konsignationslager auf dem Prüfstand In: DStR 2017, 242. (zitiert als: *Langer*, DStR 2017, S.)
Liebchen, Daniel/ Kaiser, Anna Judith	Das Konsignationslager in der ertrag- und umsatzsteuerlichen Betrachtung In: BB 2017, 224. (zitiert als: *Liebchen/Kaiser*, BB 2017, S.)
Locker, Alvin/ Grosse-Ruyken, Pan Theo	„Panta Rhei" – Alles Geld soll fließen S. 173 ff. In: Locker, Alvin/Grosse-Ruyken, Pan Theo Chefsache Finanzen in Einkauf und Supply Chain 3. Auflage Wiesbaden 2019 (zitiert als: *Locker/Grosse-Ruyken*, Chefsache Finanzen, S.)

Löwer, Chris	Finetrading Neues Geschäftsmodell hilft bei der Finanzierung In: Handelsblatt v. 10.02.2010. Abrufbar unter: https://www.handelsblatt.com/unternehmen/mittelstand/strategie_und_finanzierung/finetrading-neues-geschaeftsmodell-hilft-bei-der-finanzierung/3366418.html; (zitiert als: *Löwer*, Neues Geschäftsmodell hilft bei der Finanzierung, Handelsblatt v. 10.02.2010, abrufbar unter: https://www.handelsblatt.com/unternehmen/mittelstand/strategie_und_finanzierung/finetrading-neues-geschaeftsmodell-hilft-bei-der-finanzierung/3366418.html)
Malzahn, Christian	IDW ERS HFA 48: Rechtliche Einordnung von Zahlungsversprechen des Abnehmers beim Reverse Factoring und ihre Folgen für die Finanzierung In: BB 2016, 1964. (zitiert als: *Malzahn*, BB 2016, S.)
Michalski, Lutz [Hrsg.]	Kommentar zum Gesetz betreffend die Gesellschaften mit beschränkter Haftung (GmbH-Gesetz) Band 1 3. Auflage München 2017 (zitiert als: *Bearbeiter* in Michalski, GmbHG, Systematische Darstellung 5, Rn.)
Muñoz, Jan Claudio	Reverse Factoring in Deutschland In: JR 2013, 2. (zitiert als: *Muñoz*, JR 2013, S.)
Oetker, Hartmut [Hrsg.]	Handelsgesetzbuch Kommentar 6. Auflage München 2019 (zitiert als: *Bearbeiter* in Oetker, HGB, §, Rn.)
Palandt, Otto [Hrsg.]	Bürgerliches Gesetzbuch Kommentar 78. Auflage München 2019 (zitiert als: *Bearbeiter* in Palandt, BGB, §, Rn.)

Pape, Dieter	Alternative Finanzierungsformen für den Mittelstand Mittelstandsfonds als erfolgsversprechende Lösung In: DStR 2003, 950. (zitiert als: *Pape*, DStR 2003, S.)
Pennanen, Petri	Mittelständische Unternehmensfinanzierung im Wandel In: FLF 2014, 173. (zitiert als: *Pennanen*, FLF 2014, S.)
Pfohl, Hans-Christian/Gomm, Moritz	Supply chain finance: optimizing flows in supply chains In: Logistics Research 2009, 149. (zitiert als: *Pfohl/Gomm*, Logistics Research 2009, S.)
Randall, Wesley S./Farris II, M. Theodore	Supply chain financing: using cash-to-cash variables to strengthen the supply chain In: International Journal of Physical Distribution & Logistics Management, Vol. 39, No. 8, 2009, 669. (zitiert als: *Randall/Farris*, Int. Journal of Physical Distribution & Logistics Management 2009, S.)
Redenius-Hövermann, Julia	Reverse Factoring Begriffsbestimmung, vertragliche Ausgestaltung und zivilrechtliche Folgeprobleme In: Jura 2019, 803. (zitiert als: *Redenius-Hövermann*, Jura 2019, S.)
Reschke, Hartmut	Finanzierungsleasing und Factoring – Zwei neue Erlaubnistatbestände im Kreditwesen In: BKR 2009, 141. (zitiert als: *Reschke*, BKR 2009, S.)
Reuter, Dieter/Martinek, Michael	Ungerechtfertigte Bereicherung 2. Auflage Tübingen 2016 (zitiert als: *Reuter/Martinek*, Ung. Bereicherung, S.)
Riedel, Ernst/Volmer, Michael/Wilsch, Harald/Schöner, Hartmut/Stöber, Kurt [Hrsg.]	Grundbuchrecht 15. Auflage München 2012 (zitiert als: *Schöner/Stöber*, Grundbuchrecht, Rn.)

Säcker, Franz Jürgen/Rixecker, Roland/Oetker, Hartmut/Limperg, Bettina [Hrsg.]	Münchener Kommentar zum BGB Band 1 8. Auflage München 2018 Band 2, 3, 4 8. Auflage München 2019 Band 6, 7 7. Auflage München 2017 (zitiert als: *Bearbeiter* in MüKo-BGB, §, Rn.)
Schaaf, Joel Felix	Finetrading – Mittelstandsfinanzierung unter dem Radar der Bankenaufsicht In: FLF 2016, 117. (zitiert als: *Schaaf*, FLF 2016, S.)
Schimansky, Herbert/Bunte, Hermann-Josef/ Lwowski, Hans Jürgen [Hrsg.]	Bankrechts-Handbuch Band II 5. Auflage München 2017 (zitiert als: *Bearbeiter* in Schimansky/Bunte/Lwowski, Bankrechts-Handbuch, §, Rn.)
Schmalenbach, Dirk/ Sester, Peter	Fortschreibung der typischen Vertragsstruktur für Leasingtransaktionen nach der Schuldrechtsreform In: WM 2002, 2184. (zitiert als: *Schmalenbach/Sester*, WM 2002, S.)
Schmidt, Karsten [Hrsg.]	Münchener Kommentar zum HGB Band 1 4. Auflage München 2016 Band 5 4. Auflage München 2018 (zitiert als: *Bearbeiter* in MüKo-HGB, §, Rn.)
Seifert, Ralf W./ Seifert, Daniel	Supply Chain Finance – What's it worth? Lausanne 2009 Abrufbar unter: https://pdfs.semanticscholar.org/e49e/b10fd 1329021d46f7dd68d6f4e0e0f18fb9d.pdf; (zitiert als: *Seifert/Seifert*, Supply Chain Finance – What's it worth?, S., abrufbar unter: https://pdfs.semanticscholar.org/ e49e/b10fd1329021d46f7dd68d6f4e0e0f18fb9d.pdf)

Literaturverzeichnis

Stange, Martin	Die Vorteile herstellernaher Finanzierungsmodelle In: FLF 2014, 262. (zitiert als: *Stange*, FLF 2014, S.)
Steffan, Bernhard	Ist der Lieferantenkredit noch zu retten? In: ZIP 2016, 2147. (zitiert als: *Steffan*, ZIP 2016, S.)
Stumpf, Wolf	Factoring – ein modernes und attraktives Finanzierungsinstrument zur Liquiditätssicherung In: BB 2012, 1045. (zitiert als: *Stumpf*, BB 2012, S.)
Stumpf, Wolf	Einkaufsfinanzierung unter Druck Wirtschaftsprüfer erschweren Supply Chain Finance mit neuen IDW-Standards In: Börsenzeitung v. 18.06.2016, S. 9. (zitiert als: *Stumpf*, Einkaufsfinanzierung unter Druck, Börsenzeitung v. 18.06.2016, S.)
Stumpf, Wolf/ Clausnitzer, Sven A.	Die Fortsetzung der Stellungnahme IDW RS HFA 9 zur Rechnungslegung – „Todesstoß" für das Reverse Factoring? In: FLF 2016, 208. (zitiert als: *Stumpf/Clausnitzer*, FLF 2016, S.)
Stürner, Rolf [Hrsg.]	Bürgerliches Gesetzbuch Kommentar 17. Auflage München 2018 (zitiert als: *Bearbeiter* in Jauernig, BGB, §, Rn.)
Sudahl, Michael	Fintechs – vom harten Wettbewerber zum ergänzenden Kooperationspartner In: FLF 2017, 104. (zitiert als: *Sudahl*, FLF 2017, S.)
Tavakoli, Anusch	Das Leistungsverweigerungsrecht des Leasingnehmers Der mangelhafte Land Rover In: NJW 2010, 2768. (zitiert als: *Tavakoli*, NJW 2010, S.)
Unbekannter Verfasser	Nachrichten zu IFRS und US-GAAP In: IRZ 2015, 230. (zitiert als: IRZ 2015, S.)

Unbekannter Verfasser	IDW: Fortsetzung zu IDW RS HFA 9 „Einzelfragen zur Bilanzierung von Finanzinstrumenten nach IFRS" In: BB 2016, 1321. (zitiert als: BB 2016, S.)
Unbekannter Verfasser	IDW: Entwurf einer Fortsetzung zu IDW RS HFA 9 „Reverse Factoring" In: BB 2015, 1257. (zitiert als: BB 2015, S.)
Unrein, Daniel/ Üzmez, Emel	Forderungsmanagement als Bestandteil der Working-Capital-Optimierung – ein Praxisleitfaden In: BC 2011, 176. (zitiert als: *Unrein/Üzmez*, BC 2011, S.)
Verse, Dirk A.	Das Gesetz zur Bekämpfung von Zahlungsverzug im Geschäftsverkehr In: ZIP 2014, 1809. (zitiert als: *Verse*, ZIP 2014, S.)
Vogel, Raoul/Maier, Katharina	Bilanzielle Konsequenzen aus Reverse Factoring-Transaktionen In: RWZ 2016, 360. (zitiert als: *Vogel/Maier*, RWZ 2016, S.)
Wagner, Stefan	Mit Reverse Factoring gezielt die Einkaufsfinanzierung optimieren In: FLF 2008, 281. (zitiert als: *Wagner*, FLF 2008, S.)
Wälzholz, Eckhard/ Bülow, Lorenz	Die Schuldrechtsreform in der notariellen Praxis – ein Überblick mit Checklisten und Formulierungsvorschlägen In: MittBayNot 2001, 509. (zitiert als: *Wälzholz/Bülow*, MittBayNot 2001, S.)
Waschbusch, Gerd/ Knoll, Jessica/Staub, Nadine	Mittelstandsfinanzierung: Die Finanzierungssituation mittelständischer Unternehmen – Bestandsaufnahme und Herausforderungen In: StB 2009, 182. (zitiert als: *Waschbusch/Knoll/Staub*, StB 2009, S.)
Waschbusch, Gerd/ Staub, Nadine/ Knoll, Jessica	Mittelstandsfinanzierung: Finanzierung durch den Verkauf von Forderungen – Fremdkapitalersatz für mittelständische Unternehmen? In: StB 2009, 390. (zitiert als: *Waschbusch/Staub/Knoll*, StB 2009, S.)

Wasserman, Heinrich	Factoring in Deutschland 2008: 125,86 Milliarden Marktvolumen erreicht In: FLF 2009, 181. (zitiert als: *Wassermann*, FLF 2009, S.)
WCF Finetrading GmbH	Konsignationslager – Finanzierungslösung für den Mittelstand In: BC 2014, 304. (zitiert als: *WCF*, BC 2014, S.)
Weitnauer, Wolfgang [Hrsg.]	Handbuch Venture Capital 6. Auflage München 2019 (zitiert als: *Bearbeiter* in Weitnauer, Handbuch Venture Capital, Teil, Rn.)
Weller, Marc-Philippe/Harms, Charlotte Sophie	Die Kultur der Zahlungstreue im BGB Zur Umsetzung der neuen EU-Zahlungsverzugsrichtlinie ins deutsche Recht In: WM 2012, 2305. (zitiert als: *Weller/Harms*, WM 2012, S.)
Wuttke, David/ Blome, Constantin/ Foerstl, Kai/Henke, Michael	Managing the Innovation Adoption of Supply Chain Finance – Empirical Evidence From Six European Case Studies In: Journal of Business Logistics 2013, 148. (zitiert als: *Wuttke/Blome/Foerstl/Henke*, Journal of Business Logistics 2013, S.)

www.ingramcontent.com/pod-product-compliance
Ingram Content Group UK Ltd.
Pitfield, Milton Keynes, MK11 3LW, UK
UKHW021841210426
5322IPUK00022B/405